BEHANDLUNGS
FEHLER

DR. MED. BRITTA KONRADT

BEHANDLUNGS
FEHLER

Ein Plädoyer
für selbstbewusste
Patienten und
eine menschliche
Medizin

Impressum

© 2012 by Südwest Verlag, einem Unternehmen der Verlagsgruppe
Random House GmbH, 81673 München

Hinweis: Das vorliegende Buch ist sorgfältig erarbeitet worden.
Dennoch erfolgen alle Angaben ohne Gewähr. Weder die Autorin
noch der Verlag und seine Mitarbeiter können für eventuelle Nachteile oder Schäden, die aus den im Buch gegebenen Hinweisen
resultieren, eine Haftung übernehmen.

Redaktionsleitung: Silke Kirsch
Projektleitung: Esther Szolnoki
Textbegleitung: Cornelia Gerlach
Redaktion: Isabella Kortz, www.isabella-kortz.de
Satz und Produktion: Lore Wildpanner
Umschlaggestaltung und -konzeption: zeichenpool, München

Druck und Verarbeitung: GGP Media GmbH, Pößneck
Printed in Germany

ISBN 978-3-517-08818-1
817 2635 4453 6271
www.suedwest-verlag.de

MIX
Papier aus verantwor-
tungsvollen Quellen
FSC® C014496
www.fsc.org

Verlagsgruppe Random House FSC-DEU-0100
Das FSC®-zertifizierte Papier *Munken Premium Cream*
für dieses Buch liefert Arctic Paper, Munkedals

Dem Leben und meinen Lieben

Hinweis: Die nachfolgend beschriebenen Ereignisse haben sich tatsächlich so zugetragen. Aus persönlichkeitsrechtlichen Gründen wurden Namen, Daten und Orte verändert.

Inhalt

Einleitung

Behandlungsfehler – da denken die meisten Menschen als erstes an die Schere im Bauch. Und so etwas kommt tatsächlich vor.

Vor einiger Zeit kam eine Mandantin zu mir, bei der die Ärzte nach einer Operation eine Klemme im Bauch vergessen hatten. Das gute Stück war zehn Zentimeter lang, und eigentlich wäre es nicht zu übersehen gewesen. Aber irgendwie war das trotzdem passiert. Die Patientin klagte nach ihrer Operation immer wieder über Bauchschmerzen und Krämpfe. Niemand wusste, was ihr fehlte. Ein Jahr später hat ein Arzt sie geröntgt – und da sah man sie, die Klemme. Der Körper hatte sie langsam immunologisch eingebaut. Zu Anfang war sie sicherlich noch beweglich gewesen, aber bald saß sie fest. So wie eine Spinne ihre Beute fesselt, hatte das Gewebe die Klemme umschlossen.

Für die Boulevard-Zeitungen sind solche Fälle ein gefundenes Fressen. »Bei OPs werden jedes Jahr rund 2700 Gegenstände in Patienten vergessen«, schrieb die BZ am 3. Oktober 2011. »Das ist ein Thema, das den Leuten wirklich unter die Haut geht.«

Für mich als Juristin sind das eher unspektakuläre Fälle. Die Lage ist klar, denn die Schere gehört nicht in den Bauch, und wer sie darin liegen lässt, muss dafür haften, muss zahlen für die Unannehmlichkeiten, die der Patient erlitten hat. Das ist ein klassischer Behandlungsfehler.

Wenn es um Behandlungsfehler geht, wird meist am Schaden orientiert diskutiert. Ein ausgezehrter Junge ohne Haare, eine Frau, die nach einer ärztlichen Behandlung im Rollstuhl sitzt. Da hat der Arzt einen Fehler gemacht, für den er einstehen muss. »Wenn ich das vorher gewusst hätte, hätte ich mich niemals behandeln lassen, aber mit mir hat keiner gesprochen.« Hier wird Schuld zugewiesen, da werden Menschen vorab verurteilt. Für jede Abweichung des Ist- vom Sollzustand wird der Arzt verantwortlich gemacht.

Aber das ist nicht das, was das Arzthaftungsrecht ausmacht. Das Arzthaftungsrecht ist differenziert, schwierig, spannend, und nicht immer lässt sich ein Schuldiger finden, auch wenn die Auswirkungen für das Individuum im Einzelfall verheerend sind.

In diesem Buch berichte ich von meiner Arbeit. Ich bin Ärztin und Anwältin und habe mich als Fachanwältin auf das Medizinrecht, das Arzthaftungsrecht, spezialisiert. Kein anderes Rechtsgebiet ist so emotional geprägt wie das des Arzthaftungsrechts. Und keines ist so dicht dran am realen Leben. In meinem Beruf geht es stets um Eingriffe in die höchsten Rechtsgüter: Leben und Gesundheit. Hinter den Fällen, die ich tagtäglich erlebe, verbergen sich menschliche Dramen. Das macht meinen Beruf als Fachanwältin für Medizinrecht so einzigartig, vielschichtig und auch interessant. Ich habe deutschlandweit Klienten. Ihre Schicksale lassen mich auch nach Feierabend nicht los. Nie hört mein Kopf auf zu denken, nie hört er auf, nach Lösungen zu suchen.

Ich möchte erzählen, aufklären, das Bewusstsein der Betroffenen schärfen und Mut machen, dass Sie als Patient Ihr Recht bekommen können, wenn Sie fehlerhaft behandelt worden sind. Und ich möchte auch Ängste nehmen, möchte aufzeigen, dass Sie sich als Patient in Deutschland recht sicher fühlen können. So viele Behandlungen werden tagtäglich in diesem Land von Ärzten durchgeführt, so viele Operationen geplant und ausgeführt – an manchen Tagen vermutlich mehr als eine Million. Dagegen steht, dass beispielsweise die Schlichtungsstelle für Arzthaftpflichtfragen der norddeutschen Ärztekammern im Jahr 2010 etwa 4000 Behandlungen wegen vermuteter Fehler überprüft hat, und nur in circa einem Drittel dieser Fälle ein vermeidbares, behandlungsfehlerhaftes Vorgehen festgestellt wurde.

Aber wenn dann etwas passiert, löst das Schicksale aus, verändern die Fehler oftmals ein ganzes Leben. Und das ist häufig sehr tragisch. Müttern wird das Sorgerecht für ihre Kinder entzogen, Ehen gehen in die Brüche, Menschen verlieren ihren Arbeitsplatz und manch einer sinkt unter die Hartz-IV-Grenze. Da ist anschließend nichts mehr so, wie es vorher war. Von den gesundheitlichen Folgen und körperlichen Schmerzen ganz zu schweigen.

Und wenn mir jemand sagt, man solle sich damit trösten, dass es schlimmere Dinge auf der Welt gibt, sage ich: Nein, die gibt es zwar, aber das eigene Leid ist immer das größte, und das wird sich nicht ändern. Es lässt sich alles toppen, sowohl im positiven als auch im negativen Sinn, aber das eigene Leid spürt man, es trifft einen emotional und in jeder Sekunde des Tages. Wen es trifft, der fragt sich: Warum ich? Warum ist mir das passiert? Es gibt keine Antworten auf diese Fragen. Die Ohnmacht des geschädigten Patienten ist groß, sie lähmt ihn und geht an seine Substanz, und er hat das Gefühl, sich in einen Kampf mit ungleichen Waffen zu begeben, an dessen Ende ein »Verloren!« für ihn steht.

Ich möchte nicht behaupten, dass es ein gleicher, ein fairer Kampf ist. Er ist es nicht und wird es auch nie sein. Egal, was man versucht. Aber die Betroffenen können Hilfe bekommen, und ich werde aufzeigen, wie. Diese Hilfe ist unabhängig von den finanziellen Möglichkeiten, die der Einzelne hat, und unabhängig von seiner sozialen Herkunft und Bildung. Sie kann jedem im Rahmen der Menschlichkeit zuteilwerden, und wenn das gelingt, wird die Welt am Ende ein bisschen schöner, ein bisschen gerechter.

Als Nebeneffekt ist diese Hilfe auch noch als ein besonders befriedigendes Fehlermanagement einzuordnen. Man kann einem Kind zehnmal sagen, dass es den heißen Ofen nicht anfassen soll, weil es sich sonst die Finger verbrennt – aber erst, wenn es ihn doch angefasst hat und mit lautem Schreien zu den Eltern läuft, weiß es sicher, dass die Eltern mit ihrer Warnung recht hatten.

Wenn Patienten versuchen aufzuklären, warum bei ihnen eine Behandlung misslungen ist, so muss sich der behandelnde Arzt mit dem Verlauf auseinandersetzen. Er wird erkennen, dass er es beim nächsten Mal besser machen kann und muss. Der nächste Patient wird geschützt. Das Kind fasst den heißen Ofen kein zweites Mal an.

Aber es geht auch um den Arzt, der zuweilen Opfer wird – er wird von einem Patienten angezeigt, verklagt, soll haften – und oft ist das ungerechtfertigt. Kein Arzt steckt so etwas einfach weg, ohne Blessuren davonzutragen.

Ich persönlich betrachte mich als ein Organ der Rechtspflege, als Kämpferin auf der Seite des Rechts, Ihres Rechts. Ich möchte mit diesem Buch zur Gerechtigkeit beitragen, zum gegenseitigen Verständnis; ich möchte zum Nachdenken anregen und die Wege aufzeigen, wie eine für alle Beteiligten sachgerechte Lösung herbeigeführt werden kann. Mein Ziel ist es, aufzuklären und Transparenz zu schaffen. Ich will, dass über Lösungsansätze nachgedacht wird. Dafür werde ich viele Anreize geben. Und ich wünsche mir, meine Faszination für dieses einzigartige Rechtsgebiet vermitteln und deutlich machen zu können, dass Hoffnung besteht. Hoffnung auf Gerechtigkeit.

Dr. med. Britta Konradt
Berlin, Juni 2012

Ihr blieb die Stimme weg

Ein Verhandlungstag am Landgericht

Es ist Freitag, der Parkplatz hinter dem Landgericht Berlin ist angenehm leer. Heute wird mein Auto hier niemand so zuparken, dass ich nicht mehr herauskomme. Ein schneller Blick auf die Uhr: Die Zeit reicht noch für ein Durchatmen im Sonnenschein. Ich mag diesen Moment, bevor die Verhandlung beginnt. Ich mag es, alles hinter mir zu lassen: Den Ärger darüber, dass meine Tochter gestern meine Stiefel, die ich so gern heute angezogen hätte, nicht vom Schuster geholt hat. Aber auch das Nachdenken über den Vortrag, den ich noch halten muss, und all die Akten auf dem Schreibtisch. Hier vor Gericht muss ich voll und ganz da sein, denn hier zählt der Augenblick, das, was jetzt verhandelt wird. Es ist spannend, man weiß nie, wie die Verhandlung enden wird. Heute stehe ich mit einem Fall vor Gericht, den ich nun schon seit Jahren begleite, und den wir heute mit ein bisschen Glück endlich abschließen können. Vielleicht. Vielleicht auch nicht. Denn auch wenn für mich die Lage inzwischen sehr klar ist, erleben wir in den Verhandlungen immer wieder überraschende Wendungen.

Das Landgericht am Tegeler Weg in Berlin ist ein einschüchternder Bau. Es stammt noch aus der Kaiserzeit. Wer das Gebäude vom Parkplatz her durch den Hintereingang betritt, muss durch lange, mit grünem Linoleum ausgelegte Gänge. Unter dem massigen Gewölbe hallt das Klacken meiner Absätze auf dem harten Boden. Ich gehe lieber durch den Haupteingang, dort sitzt Justizia auf einem Löwenthron. Ihre Augen sind verbunden, sie hält das Gesetzbuch auf den Knien. Das Gebäude stammt aus den Anfangstagen des Bürgerlichen Gesetzbuchs. Es atmet den Geist jener Zeit, das Solide, Gewichtige. Die Architektur des Landgerichts ist, wie auch das Bürgerliche Gesetzbuch, geprägt durch den Wunsch, dass Bestand haben möge, was entschieden wird. Der Bau ist ein versteinerter Gegenpol zu dem, was hier verhandelt wird. Ein menschliches Schicksal. Und zwar eines, dessen Auslöser eine Operation war. Im Vergleich zu der Architektur des Landgerichts wirkt ein Operationssaal eher außerirdisch – modern, abweisend, steril, die Menschen verhüllt in grün oder blau, mit Mundschutz und Häubchen, sodass man sogar die eigenen Freunde kaum erkennt.

Meine Mandantin ist schon da. Birgit König ist eine junge Mutter, die vor acht Jahren nach einer Operation aufwachte und nicht mehr sprechen konnte. Eigentlich hatte man ihr nur einen Teil der Schilddrüse entfernen wollen und in diese Operation hatte sie eingewilligt. Der Anästhesist kam und versetzte sie in den Ruhezustand. Dann ist irgendetwas passiert. Denn als die Betäubung nachließ, waren die Stimmbänder gelähmt. Später wurde festgestellt, dass die vier Nebenschilddrüsen, die unseren Calcium-Haushalt kontrollieren, nach dem operativen Eingriff auch nicht mehr vorhanden waren. Wie das geschehen konnte, ist bis heute unklar. Die Behandlungsunterlagen helfen wenig weiter. Klar ist nur: Das war nicht abgesprochen. Auch der Sachverständige, ein Professor und Experte in Schilddrüsenangelegenheiten, ist schon erschienen. Er sitzt, in einen dicken Roman vertieft, auf der Bank. Die Gerichtsdienerin kommt, um den Saal aufzuschließen. Der Saal ist elektronisch gesichert, sie hält einen Chip vor die Tür und ein blaues Lämpchen leuchtet. Dass es hier keine dicken, klirrenden Schlüsselbunde mehr gibt, macht klar, dass wir uns in der Gegenwart befinden.

So treten wir ein in einen würdevollen Saal. Die Wände sind mit Holz vertäfelt und mit stilisierten Blüten bemalt. Die Fenster sind bleiverglast, die Decken gewölbt, die Mauern dick wie in einer Ritterfestung, und wäre da nicht mein modernes Handy, welches ich brav ausschalte, würde ich mich fühlen wie in der Jugendstilzeit. Die Gerichtsdienerin nimmt die Personalien auf. Wir warten auf die Richter. In manchen Sälen müssen die Prozessbeteiligten während der Verhandlung stehen. Wir sitzen in diesem Saal an sachlich zweckmäßigen und zeitgemäßen Tischen, die in einem Oval stehen, auf der einen Seite der Kläger, auf der anderen Seite der Beklagte und zwischen uns nimmt der Sachverständige Platz. Die Kammer, die aus drei Richtern besteht, kommt pünktlich zu dem Termin herein. Wir stehen auf. Ehre wem Ehre gebührt. Ich finde das gut.

Der Vorsitzende redet nicht lange und kommt direkt zum Punkt. »Wir haben uns die Unterlagen gründlich angeschaut«, sagt er, »und wir würden Ihnen zu einem Vergleich raten.« Er nennt auch gleich einen Betrag. Eine ähnliche Summe hatte ein anderes Gericht einer Mandantin nach einer ähnlich verlaufenen Schilddrüsenoperation zugesprochen. Aber jeder Fall ist anders. Urteile aus anderen Verfahren können nur als Richtwerte dienen. Ich hatte in der Klageschrift fast das Doppelte eingefordert – meine Mandantin ist Anwältin, sie hat früher oft Vorträge gehalten, aber auch acht Jahre nach der Operation ist ihre Stimme gebrochen. Sie wird ohne Mikrofon nie wieder Reden halten. Und ich finde, dass man bei der Bemessung des Schmerzensgeldes auch den Beruf und das Umfeld berücksichtigen muss, schließlich soll es dem einzelnen Kläger Genugtuung bringen. In diesem Fall erscheint mir der vom Gericht genannte Betrag deutlich zu wenig. Meine Mandantin zeigt wenig Regung. Sie schiebt mir ein Papier zu, auf dem sie ausgerechnet hat, was allein die Medikamente sie kosten, die sie nun für den Rest des Lebens einnehmen muss. Legt man die durchschnittliche Lebenserwartung für Frauen zugrunde, dann liegen noch 46 Jahre vor ihr, das sind

16 790 Tage, an denen sie Medikamente einnehmen muss, um die Funktion der Schilddrüse zu ersetzen. Allein die Kosten dafür liegen schon annähernd bei 25 000 Euro.

Meine Mandantin und ich bitten, das Verfahren zu unterbrechen, um uns kurz beraten zu können. Sollen wir uns auf den Vorschlag einlassen? Ich bin sehr dafür zu versuchen, heute zu einem Vergleich (siehe Seite 105 f.) zu kommen, durch den die Angelegenheit endgültig abgeschlossen würde. Es gibt vieles, was für uns spricht, auch, dass jemand versucht hat, die Unterlagen zu manipulieren: Plötzlich war da ein Kreuzchen mehr. Ein Kreuz in der Einverständniserklärung. Und damit sah es so aus, als sei es völlig in Ordnung gewesen, auch die ganze Schilddrüse zu entfernen und nicht nur einen Teil derselben. Mir war das gar nicht aufgefallen, denn in den Unterlagen, die das Krankenhaus mir geschickt hatte, fehlte das Kreuz noch. Es war erst später eingefügt worden. Ein klares Indiz, ein Hinweis darauf, dass jemand bemüht war, etwas zu vertuschen. Aber das allein würde nicht reichen, um uns in einem Klageverfahren recht zu geben. Denn auch wenn man die Schilddrüse nur zu einem Teil entfernt hätte, so können daraus Stimmbandlähmungen und der Verlust der Nebenschilddrüsen als Komplikation auftreten; nur eben nicht so oft. Die Chancen standen gut. Aber der Beklagte könnte im Falle eines Unterliegens noch Berufung einlegen und das Berufungsverfahren würde weitere Zeit kosten. Mit einem Vergleich wäre das ausgeschlossen.

Auch meine Mandantin ist bestrebt, das Verfahren abzuschließen. Es zieht sich nun schon so lange hin. Und obwohl die Sache lange her ist, muss sie sich immer noch damit befassen. »Irgendwann will man damit abschließen«, sagt sie. Aber ein bisschen mehr sollte schon drin sein. Schließlich haben wir nicht nur das Schmerzensgeld, sondern auch einen Feststellungsantrag gestellt. Dieser betrifft Schäden, die noch nicht absehbar sind. Wir arbeiten damit, wenn wir noch nicht wissen, wohin die Reise geht. Manchmal kann niemand voraussagen, was noch auf einen Patienten zukommt – bei

Geburtsschäden können es Millionenbeträge sein. Schäden, die sich aufgrund des Tatbestandes entwickeln werden, sind dann von dem Urteil erfasst – und damit auch die Option, alle künftigen Kosten an die Versicherung weiterzugeben. Unser Vergleich sieht vor, dass diese Option entfällt. Es werden keine weiteren Ansprüche seitens der Klägerin mehr gestellt werden. Damit kommen wir der Versicherung ein großes Stück entgegen.

Ungerührt nimmt die Anwältin der Haftpflichtversicherung des Krankenhauses – und damit des Arztes – unseren Vorschlag entgegen. Schließlich muss diese für den Schaden aufkommen, ähnlich wie bei der KFZ-Versicherung. Sie blättert in ihren Akten. Dann nimmt sie ihr Handy. Sie müsse eben telefonieren und fragen, ob die Versicherung da mitgeht. Und wieder wird die Sitzung unterbrochen.

Meine Mandantin ist ziemlich blass geworden. Ihr setzt das Verfahren zu. Erinnerungen steigen auf. Sie erzählt noch einmal, wie blauäugig sie in die Operation gegangen war, voller Vertrauen. »Ich dachte, das wäre eine Kleinigkeit, eine Routine, so wie bei einer Blinddarmoperation, schnell gemacht und schnell vergessen«, sagt sie, »und dann war es wie ein Albtraum, als ich aufgewacht bin und nicht mehr sprechen konnte.« Der Sachverständige sieht sie aufmerksam an. Er fragt sie, ob nur das Sprechen ihr schwerfällt oder auch das Atmen. Und sie erzählt, wie jeder kleine Infekt sie angreift. Wie sie dann die Nächte auf der Couch verbringt, weil sie, wenn sie flach liegt, Angst hat zu ersticken. Die beiden verwickeln sich in ein Gespräch über Notfallpläne: Wie man einen Schnitt in die Luftröhre macht und ein Röhrchen einsetzt, um einen künstlichen Atemweg zu schaffen. Und dann sagt der Sachverständige den entscheidenden Satz: Wenn sie zu ihm gekommen wäre, um sich eine Zweitmeinung einzuholen, hätte er zu ihr gesagt: »Diese OP machen wir nicht.« Sie hätte ihre Schilddrüse behalten. Frau König fühlt sich schuldig. »Ich hätte den Arzt sorgfältiger aussuchen müssen«, sagt sie. »Aber das weiß ich heute. Das nützt jetzt nichts mehr.«

Die gegnerische Anwältin kommt zurück in den Saal. Es tue ihr leid, sie könne den Ansprechpartner bei der Versicherung leider nicht erreichen. Der sei zu Tisch. Sie habe zwar Vorabgespräche geführt, aber eine endgültige Regelung könne sie jetzt nicht treffen. Wir einigen uns darauf, den Vergleich unter dem Vorbehalt des Widerrufs zu schließen. Die Versicherung hat drei Wochen Zeit, zu widerrufen. Der Richter blickt die Anwältin streng an. »Sie meinen, dass der Vergleich dann auch hält?«, fragt er. Wenn nicht, müsste er den Sachverständigen ein zweites Mal laden, neue Kosten entstünden und das Verfahren zöge sich weiter in die Länge. Die Anwältin hält sich bedeckt, natürlich kann sie für ihre Mandantin, die Haftpflichtversicherung, keine feste Zusage machen. Aber sie deutet an, dass die Chancen gut stehen.

Die Gerichtsdienerin nimmt das Protokoll auf. Sie tippt es in den Computer, dessen eleganter Flachbildschirm sich in den würdigen Raum erhebt. Es gibt noch eine kurze Verwirrung. Denn die Klinik, in der damals die Operation stattfand, gehört heute zu einem anderen Konsortium als damals. Wie genau ist der Name, der in das »Rubrum«, die Bezeichnung der Parteien, aufgenommen wird? Ein kleiner Fehler hier, und schon sind Tür und Tor offen, um den Vergleich aus den Angeln heben zu können. Auch die Anwältin ist überfragt. Der Richter schlägt eine Formulierung vor, die Bestand hat. Dann ist die Verhandlung beendet.

Ich ziehe die Robe aus und packe sie mitsamt den Unterlagen in meine Aktentasche. Ich schalte das Handy wieder ein. Nebenbei plaudere ich ein wenig mit den Richtern. Diesmal über das neue Patientenrechtegesetz. Ich halte es aus juristischer Sicht nicht für notwendig. Aber politisch ist es sicher gewollt. Es ist ein gutes Gefühl zu spüren, dass die Richter ähnliche Vorbehalte hegen. Und: Solche kleinen Gespräche am Rande machen das Gericht für mich zu einem schönen, einem menschlichen Ort.

In der großen, von einem blauen Sternenzelt überwölbten Eingangshalle des Gerichts trennen sich dann die Wege. Die

Mandantin geht durch den Vordereingang hinaus. Nachdenklich. Auf der einen Seite macht das Geld vieles leichter. Auf der anderen Seite: Es macht nichts ungeschehen. Es macht die Stimme nicht wieder heil, es hält die Erstickungsanfälle nicht auf. Aber auf sich beruhen lassen wollte sie die Sache nicht. Es war ihr wichtig, den Schaden zu regulieren.

Sie zieht den Reißverschluss ihres Anoraks hoch und schreitet durch das altehrwürdige Portal. »Suum cuique« steht über der Tür, »jedem das Seine.« Preußens Wahlspruch, ein Prinzip, das auf Platon zurückgeht. Jeder soll das Seine tun, schreibt der Philosoph, und zwar so, wie es seinem Wesen, seinen Möglichkeiten und den individuellen Umständen entspricht. Auch der Arzt kann das Geschehene nicht wieder rückgängig machen. Aber er kann das Seine dafür tun, den Schaden zu regulieren.

In diesem Fall würde das die Versicherung für ihn übernehmen. Wir haben drei Wochen gewartet. Der Vergleich wurde nicht widerrufen. Meine Mandantin konnte die Angelegenheit abschließen und wieder nach vorn blicken.

Die Kehrseite des modernen Gesundheitssystems

Vor 30 Jahren wäre kaum ein Patient auf die Idee gekommen, gerichtlich gegen seinen Arzt vorzugehen. Es wurde einfach nicht hinterfragt, was er tat. Heute sind die Ansprüche der Patienten gewachsen. Wenn der Orthopäde sagt:»Wissen Sie, Frau Müller, wir sollten langsam einmal überlegen, ob wir die Hüfte nicht ersetzen«, geht Frau Müller zu einem anderen Orthopäden und holt eine zweite Meinung ein. Vermutlich googelt sie auch noch im Internet, um sich umfassend über die Operation zu informieren. Die Patienten sind skeptisch, sie pochen auf ihr Recht, sie sehen den Arzt als Dienstleister. Wenn Frau Müller sich in der Klinik eine neue Hüfte einsetzen lässt, dann muss das gut gehen. Und wenn sie danach nicht mehr hüpfen und springen kann, wenn sie nicht nach acht Tagen wieder auf dem Tennisplatz steht, dann hat sie das Gefühl, dass der Arzt etwas falsch gemacht hat. Sie hat doch einen Anspruch darauf, dass die neue Hüfte funktioniert. Sofort und einwandfrei. Sie hätte sich nie operieren lassen, wenn sie gewusst hätte, dass das auch anders laufen kann. Die Patienten sehen den ärztlichen Vertrag zunehmend als Garantievertrag und akzeptieren immer weniger, wenn die Behandlung nicht den gewünschten Erfolg hat.

Und weil das so ist, werde ich nicht arbeitslos.

Das Verhältnis zwischen Arzt und Patient früher und heute

Die Schwarzwaldklinik war einst eine meiner Lieblingsserien im Fernsehen. Sie wurde 1985 zum ersten Mal gesendet und lief über 70 Folgen hinweg auf den besten Sendeplätzen – und das nicht nur in Deutschland, sondern in 38 Ländern. Sie vermittelte das Bild einer heilen Welt, in der Ärzte und Patienten eng verbunden waren. Doch diese Welt war und ist Fiktion, heute noch viel mehr als damals. Schwester Hildegard im wahren Klinikalltag macht Feierabend, wenn die nächste Schicht kommt, statt im Ernstfall quasi rund um die Uhr bei ihren Patienten zu sein. Und

Professor Brinkmann kennt seine Patienten und deren Familien kaum, er weiß nicht, was für Sorgen, Ängste und Nöte sie plagen. Der Patient schneit auch nicht mal eben im Chefarztzimmer herein, sagt »Grüß Gott«und erzählt, was ihm wehtut. Die Distanz zwischen Arzt und Patient ist gewachsen.

Als ich klein war, gehörte unser Kinderarzt quasi mit zur Familie, er wurde – wie der Pfarrer – zur Taufe und zur Kommunion eingeladen. Da war ein Vetrauensverhältnis vorhanden, eine zwischenmenschliche Basis. Er war unser Ansprechpartner und blieb es, bis wir erwachsen waren.

Gesundheit zählt zu den bedeutendsten menschlichen Interessen. Ohne Gesundheit geht nichts. Sie spielt in allen Bereichen unseres Lebens eine entscheidende Rolle. Wir wünschen uns zu den wichtigen Anlässen Gesundheit, zum Beispiel zum Geburtstag. Sind wir gesund, nehmen wir das allerdings häufig als selbstverständlich hin. Erst wenn wir krank werden, erleben wir, wie verletzbar wir sind. Die Krankheit wird dann häufig zum Mittelpunkt unseres Daseins. Laut der Weltgesundheitsorganisation (WHO) bezeichnet Gesundheit einen Zustand »völligen körperlichen, geistigen und sozialen Wohlbefindens«. Die Ärzte sind bemüht, diesen Zustand zu fördern. Doch die Bedingungen, unter denen sie arbeiten, werden immer schwieriger.

Viele Mandanten kommen in meine Kanzlei, um den Verlauf ihrer Behandlung überprüfen zu lassen. Sie sind zutiefst verunsichert, weil etwas anders gelaufen ist als erwartet. Meine Aufgabe ist dann, ihnen zu erklären, was passiert ist. Das hat früher der Arzt getan. Heute ist das leider oft nicht mehr der Fall, denn in den meisten Kliniken und Praxen ist dafür schlichtweg kein Budget und keine Zeit vorhanden.

Die Gründe dieser negativen Entwicklung

Der wichtigste Grund für diese Entwicklung ist vor allem der Kostendruck. Der Anteil älterer Menschen in der Bevölkerung ist in Deutschland stark gestiegen und damit natürlich auch der Anteil der Kranken. Hinzu kommt, dass der Fortschritt in der Medizin neue Kosten mit sich bringt. Das fängt bei kleinen Dingen an. Bei einer Darmoperation werden die Enden des Darms zum Beispiel meist nicht mehr genäht, sondern mittels eines sogenannten Staplers, einem Klammernahtgerät, verbunden. Eine ordentliche Naht kostet vielleicht fünf Euro, der Stapler mit Magazin in etwa 500 Euro. Die Kosten für das Gesundheitssystem drohen zu explodieren. Laut Statistischem Bundesamt betragen sie inzwischen mehr als zehn Prozent des Bruttosozialprodukts. Die Politik sucht schon lange nach Lösungen für dieses Problem. Sie hat das Solidarsystem, das Bismarcks Grundgedanke in der Sozialgesetzgebung war, ausgehöhlt. Viele Kommunen haben Krankenhäuser, die Zuschussbetriebe waren, an Klinik-Konzerne verkauft. Inzwischen ist nur noch weniger als die Hälfte aller Krankenhäuser in öffentlicher Hand.

Private Träger wollen Gewinne erzielen, Zuschussbetriebe wollen und können sie sich nicht leisten. Um die Kosten zu senken, prüfen sie, wo sie sparen können. Sie haben Personal abgebaut und Leistungen wie das Labor, die Pathologie und die Sterilisation zentralisiert. Und die kommunalen Krankenhäuser ziehen nach. Dies hat zum Teil eigenwillige Auswirkungen.

Die Auswirkungen des Kostendrucks

Ein Beispiel: Das Reinigungspersonal war früher beim Krankenhaus angestellt. Wer irgendwo Schmutz sah, konnte die für die Station zuständige Raumpflegerin ansprechen und dafür sorgen, dass sie den Schmutz wegmachte und die Ecke auch künftig im Blick behielt. Heute ist das Reinigen an eine Firma ausgelagert. Fremdkräfte kommen und machen sauber. Sie wechseln häufig und haben feste Zeitvorgaben. Der Druck ist enorm, die vorgegebene Zeit reicht oft nur, um minimalistisch den Vertrag zu erfüllen. Manche Aufgaben wurden weitgehend wegrationalisiert. So wurden früher die Betten im Ganzen sterilisiert. Heute wird ein frisches Laken darüber gezogen und das Gestell abgewischt. Die Hygiene ist dadurch nicht besser geworden. Aber die Räume und die Kosten für die klinikinterne Sterilisation werden gespart. Das Reinigungspersonal, das vor Ort ist, fühlt sich für die Station nicht verantwortlich. Es tut seine Arbeit, entsprechend der engen Zeitvorgaben. Es ist heute hier und morgen da. Und die Ansprechpartner – der Chef oder die Chefin der Reinigungsfirma – sind nicht vor Ort.

Ein anderes Beispiel: Früher konnte ein Arzt nur ambulant behandeln, wenn er in persona die Kassenzulassung hatte. Seit 2004 können Kliniken medizinische Versorgungszentren gründen. Dort werden – ähnlich wie in den Polikliniken in der DDR – die Patienten ambulant versorgt. Die Kassenzulassung wird auf das Zentrum übertragen, und das Zentrum stellt die Ärzte ein. Gerade im ländlichen Raum soll so, trotz Ärztemangel, die Versorgung sichergestellt werden. Aber es ändert sich damit auch das Verhältnis zwischen Arzt und Patient. Ein niedergelassener Arzt ist oft über viele Jahre für seine Patienten da, er hat seine Praxis und da bleibt er. Vertrauen kann wachsen. Im Versorgungszentrum wechselt das Personal, nicht selten sogar sehr häufig, und bei jedem neuen Arzt muss der Patient sich neu orientieren. Das Recht auf freie Arztwahl wird dadurch faktisch eingeschränkt.

Vergütungszahlen als Grundlage für ärztliche Entscheidungen

Bei einem Orthopäden sitzen heutzutage fünf Patienten nebeneinander, die alle auf eine Spritze in ihr Gelenk warten. Das ist wie am Fließband. Für ein Gespräch ist fast kein Raum. Wenn der Arzt auch als Belegarzt in einer Klinik arbeitet, ist die Hemmschwelle niedrig, ein künstliches Knie zu empfehlen. Neulich hörte ich in einem Beitrag in den Tagesthemen einen Orthopäden klagen, dass zu viel operiert wird. Er selbst würde 3000 Knieprothesen im Jahr implantieren. Das sind fast zehn am Tag, mehr als eine pro Stunde! Computerprogramme geben vor, wie die Behandlungen zu kombinieren sind, um am meisten Geld einzubringen. Ohne solche Programme kann ein Arzt oder ein Krankenhaus kaum wirtschaftlich arbeiten. Der ehemalige Präsident der Deutschen Gesellschaft für Chirurgie erklärte auf dem Chirurgenkongress 2010, dass über Diagnose- und Therapieverfahren viel zu häufig auf der Grundlage von Vergütungszahlen entschieden wird. Der Arzt, der für eine Beratung 4,66 Euro erhält, erhöht durch besser bezahlte Maßnahmen sein Honorar. Verwunderlich ist das nicht. Im ambulanten Bereich sind die Honorare für einige ärztliche Leistungen so niedrig, dass zum Beispiel Neurologen und Kinderärzte heute teilweise ihre Kosten kaum decken können. Durch die Budgetierungen werden sie für Leistungen bestraft: der Arzt, der zu viele Medikamente verschreibt, muss der Krankenkasse Regress leisten. Und die Kliniken bekommen Fallpauschalen – für eine bestimmte Erkrankung gibt es eine vorher festgelegte Summe. In weiten Teilen Deutschlands wird es schwierig, genügend qualifiziertes Personal zu finden. Vor allem auf dem Land gibt es nicht genug Ärzte. In den großen Städten ist das anders, die sind attraktiv. Aber wer will schon in eine Kleinstadt, auf ein Dorf mit wenig Infrastruktur für die Freizeit?

Die aktuelle Situation in Zahlen

Ein paar Zahlen des Statistischen Bundesamtes: 2010 wurden 47 Millionen Eingriffe durchgeführt, das sind fünf Prozent mehr als in 2009. 14,9 Millionen waren Operationen, davon 320 000 am Darm, 280 000 Gelenkspiegelungen und 154 000 an der Wirbelsäule. In Deutschland bekommen mehr als doppelt so viele Patienten ein künstliches Kniegelenk wie in Großbritannien oder Frankreich. Wie ich bei einem Vortrag in Medizinrecht von Dr. Jochen Gottstein im April 2012 erfuhr, waren es im Jahr 2009 170 000 – das sind 25 Prozent mehr als noch in 2001.

Dazu trägt sicher eine vermehrte Überdiagnostik bei, die möglicherweise damit zusammenhängt, dass die Zahl allein der MRT-Geräte (Magnet-Resonanz-Therapie-Geräte) in acht Jahren um 72 Prozent gestiegen ist. 2010 hatten wir in Deutschland bereits 826 solcher Geräte. Diese müssen ausgelastet werden, damit sie sich rechnen. Der Patient fordert diese Untersuchung aber auch immer mehr ein. Mit dem MRT können der Arzt und der Patient Restzweifel bezüglich der Diagnose fast beseitigen. Aber je besser die Diagnostik, umso häufiger folgen operative Therapien. Dazu kommt die Ungeduld des Patienten. Er will schnell wieder fit sein und nicht über viele Monate hinweg Physiotherapien machen müssen. Und wenn das nicht klappt? Wenn er leider doch nicht sofort nach der Behandlung oder Operation wiederhergestellt ist? Nun, dann hat der Arzt etwas falsch gemacht, dann ist dem Arzt ein Fehler unterlaufen.

Vor einiger Zeit hatten wir im Umland von Berlin folgenden Fall: Da wurde ein Patient in die Notaufnahme eines kleinen Krankenhauses gebracht. Er hatte ein großes Loch im Magen. Die Ärzte fühlten sich überfordert, den Mann chirurgisch zu versorgen. Sie sagten:»Warten wir mal ab, vielleicht deckelt sich das noch.« Der Mann bekam eine Blutvergiftung und starb. In dem Krankenhaus arbeiten fast nur Ärzte, die kaum Deutsch sprechen. Sie sind zwar gut qualifiziert, aber sie können sich eben nicht gut verständigen. Eigentlich hätten sie den Mann in das Nachbarkrankenhaus verlegen müssen, in dem es einen Chirurgen gab, der ihn hätte operieren können. Aber das haben sie unterlassen – vielleicht, weil es ihnen zu kompliziert war, das Problem in Worte zu fassen.

Die Folgen der Zeitoptimierung des modernen Gesundheitssystems

Auch der Ablauf bei stationären Behandlungen wurde optimiert. Das Gesundheitssystem ist heute von möglichst kurzen Liegezeiten geprägt. Früher hat der preisgünstige, unkomplizierte Patient den teuren Patienten finanziert. Das war eine Mischkalkulation. Heute gibt es DRG – diagnostic related groups –, es wird fallbezogen abgerechnet. Die Mischkalkulation wurde aufgegeben. Die Patienten werden schnell wieder auf die Straße gesetzt. Die Klinik ist teuer, was ambulant gemacht werden kann, das wird auch ambulant gemacht. Und nach stationären Behandlungen werden die Patienten schneller wieder nach Hause entlassen. Oft bleiben sie nach einer Operation nur bis zum nächsten Morgen in der Klinik.

Der Durchlauf ist gewaltig. Eine chirurgische Abteilung, der ich verbunden bin, hatte früher 170 Betten. Mittlerweile hat sie nur noch 70. Aber die Anzahl der Operationen ist fast gleich geblieben. Das schaffen sie, weil sie die Patienten schnell wieder entlassen. Im Jahr 2000 betrug laut Statistischem Bundesamt die durchschnittliche Verweildauer im Krankenhaus 9,7 Tage, im Jahr 2010 nur noch 7,9 Tage.

Die Kliniken haben die Abläufe optimiert und arbeiten mit viel moderner Technik, aber nicht mit mehr Personal. Das führt zu sehr engen Zeitfenstern und dann dazu, dass der Arzt seine Patienten oft kaum noch wiedererkennt. Aus Christine Meyer, Mutter von zwei fröhlichen Kindern, ist die »Meniskusläsion rechts« geworden. Und aus Martin Baumann, kinderloser Sporttherapeut mit eigener Praxis und zutraulichem Hund, der »Bandscheibenvorfall auf Zimmer 312«.

Der erste Paragraf der medizinischen Behandlung lautet für mich: »Der Arzt hört dem Patienten zu und ordnet seine Beschwerden, nach notwendiger Diagnostik, einer Krankheit und damit einer Therapie zu.« Dieser Schritt wird zunehmend übersprungen. Ich sage immer: Hört dem Patienten zu, denn er kann seine Beschwerden am besten beschreiben. Aber wer soll ihn wann anhören?

Auch die Klinikaufenthaltszeiten werden immer kürzer. Früher blieb zum Beispiel ein Patient, der an der Gallenblase operiert wurde, sieben Tage in der Klinik. Diese bekam für jeden Tag Geld. Der Patient kam am Montagmorgen, bezog sein Zimmer, richtete sich ein, lernte die Krankenschwestern und den Stationsarzt kennen und sprach mit dem Anästhesisten. Ihm wurde Blut abgenommen, er wurde geröntgt, ein EKG wurde geschrieben, und dann wurde er am nächsten Tag operiert. Bei der Visite am Nachmittag erfuhr der Stationsarzt von der Krankenschwester, was sich am Tage ereignet hatte, und gab diese Information in der Nachmittagsbesprechung an die Kollegen weiter, sodass alle Ärzte in der Abteilung Bescheid wussten. Der Arzt konnte den Patienten kennenlernen, sich Zeit für ihn nehmen und quasi mit dem Patienten gesund werden.

Heute kommt der Patient am Montagmittag in die Klinik, um mit dem Anästhesisten zu sprechen. Labor und EKG bringt er mit, die sind ambulant gemacht worden. Auch die Diagnostik ist fertig. Der Anästhesist führt das Aufklärungsgespräch und gibt dem Patienten die Medikamente, die er vorab nehmen muss. Nachmittags ruft der Patient an und erfragt, wann er am nächsten Tag da sein soll. Am Dienstag kommt er dann zur angegebenen Zeit nüchtern in das Krankenhaus. Wenn er Glück hat, ist sein Zimmer schon frei und er kann seine Sachen in den Schrank legen und sich sein Operationshemd anziehen. Wenn er Pech hat, ist der Vorgänger noch nicht entlassen und er muss erst einmal in ein Nachbarzimmer, einen Wartesaal. Von dort wird er dann in den Operationssaal geschoben und operiert. Wenn er aufwacht, bezieht er sein Zimmer. Nach drei Tagen wird er entlassen, wenn er länger bleibt, wird er für die Klinik zum Verlustgeschäft. Sie bekommt eine Pauschale für die Operation. Wenn sie ihn schneller nach Hause schickt, wird ihr das vom Honorar abgezogen, behält sie ihn länger, zahlt sie drauf. Für ein persönliches Gespräch bleibt da wenig Zeit, es gelingt kaum noch, sich mit dem Patienten gemeinsam auf den Weg zum Gesunden zu machen. Der hohe Durchlauf an Patienten birgt auch neue Fehlerquellen.

Hinzu kommt: Die Schwester vom Frühdienst ist am Nachmittag nicht mehr da und auch die Ärzte wechseln. Ärztemangel und Arbeitszeitgesetze lassen den Luxus einer personellen Kontinuität nicht zu. Die Arbeitsschutzgesetze im Gesundheitswesen sind nach einer Entscheidung des Europäischen Gerichtshofs überarbeitet worden. Der Arbeitgeber muss dafür sorgen, dass die Mitarbeiter ihre Dienst- und Pausenzeiten einhalten. In seiner Pause darf der Arzt keinen Pieper tragen, er muss aus dem Klinikbetrieb, der Ansprechbarkeit für Patienten und Kollegen, heraus und er muss nach einer Regelzeit die Klinik verlassen. Die Übergaben erfolgen schriftlich, das Wichtigste ist – zumindest meistens – dokumentiert. Fast die Hälfte der Arbeitszeit geht für Dokumentation und Qualitätssicherung drauf. Man könnte fast geneigt sein zu sagen, dass die bürokratischen Zwänge die Autonomie der ärztlichen Entscheidungen beschneiden. Auch das schwächt die Kontinuität und die persönliche Komponente im Verhältnis zwischen Arzt und Patient.

Klar, die Distanz zwischen Arzt und Patient ist nicht zwingend immer so groß, es gibt durchaus auch positive Gegenbeispiele von sehr engen und gelungenen Arzt-Patient-Beziehungen. Aber Ausnahmen bestätigen leider die mittlerweile immer öfter anzutreffende Regel.

Die Konsequenzen für Patienten

Der Arzt muss sicherstellen, dass der Patient nach der Entlassung die Medikamente bekommt, die er braucht – auch wenn Wochenende ist und die Apotheke in seiner Nachbarschaft geschlossen hat. Nach der Entlassung ist der Hausarzt zuständig. Oft ist besonders die erste Nacht zu Hause heftig. Nachts sind alle Katzen grau. Schmerzen empfindet man nachts als viel stärker, man fühlt sich hilflos. Die Ärzte können ihren Patienten keine Opiate mitgeben, um die Schmerzen zu lindern – diese können Nebenwirkungen wie Übelkeit und Erbrechen haben, und unter Umständen auch zu einer Atemlähmung führen. Sie müssen sich auf die weniger wirksamen Mittel verlassen. Die Patienten quälen sich so durch die Nacht – und am nächsten Morgen in die Praxis ihres Hausarztes, der ihnen noch einmal Blut abnimmt und ihre Wunden versorgt.

Der Gesetzgeber will, dass in vielen Fällen nur noch ambulant operiert wird. Bei Leistenbruch, Hämorrhoiden und Krampfadern zum Beispiel wird der Patient nur in Ausnahmefällen stationär aufgenommen – nämlich wenn bestimmte Risikofaktoren gegeben sind. Das gilt auch für die Darmspiegelung. Da muss der Patient vorher selbst zu Hause seinen Darm spülen, also Abführmaßnahmen ergreifen, große Mengen trinken und ausscheiden. Er kommt von der Toilette kaum noch runter, weil der gesamte Inhalt des Darms abgeführt wird. Dabei sackt vielen der Kreislauf zusammen. Aber da müssen die Patienten durch. Am nächsten Tag geht der Patient dann zu der Untersuchung, bekommt Medikamente und darf anschließend – ohne weiteren Aufenthalt – direkt nach Hause. Schon den Kostaufbau muss er wieder allein machen, er muss dafür sorgen, dass sich sein Darm wieder füllt. Das alles organisiert er selbst, ohne jegliche medizinische Unterstützung.

Die Krankenkassen kommen für viele, auch medizinisch sinnvolle Diagnostiken und Therapien nicht mehr auf. Wir haben uns schon daran gewöhnt, dass wir beim Zahnarzt zuzahlen müssen. Die Individuellen Gesundheitsleistungen (IGEL) nehmen zu. Das Wissenschaftliche Institut der AOK schätzt den Betrag für 2010 auf 1,5 Milliarden Euro, 2005 war es noch eine Milliarde Euro. Auch das schafft Distanz zwischen Arzt und Patient.

Unterm Strich zahlt der Patient heute mehr aus eigener Tasche für seine Behandlungen zu und hat dabei das Gefühl, schlechter betreut zu sein. Auch das führt dazu, dass er die Diagnose und die Therapie mehr hinterfragt. Der Hauptgrund dafür aber liegt meines Erachtens darin, dass vielen das Vertrauen zu ihrem Arzt fehlt. Aber wie soll dieses Vertrauen wachsen? Der Patient weiß oft kaum, wer ihn operiert hat. Er hat mit der Person nicht gesprochen. Das System lässt das nur noch selten zu. Aber warum soll er dann akzeptieren, wenn die Behandlung nicht so läuft, wie sie hätte laufen sollen? In der *Schwarzwaldklinik*, der guten alten heilen Welt, wäre er im Chefzimmer vorbeigekommen und hätte mit seinem Arzt ganz in Ruhe geredet. Der hätte ihm dann erklärt, dass zwar alles anders ist als erwartet, aber durchaus im Lot. Und gemeinsam hätten sie versucht, die Wunde zu heilen. Doch die *Schwarzwaldklinik* gibt es nicht mehr. Die Zeiten haben sich geändert, wir werden sie nicht aufhalten können. Wir können nur versuchen, das Beste daraus zu machen. Und so wendet der Patient sich an seine Krankenkasse, an die Schlichtungsstelle, an einen Anwalt und lässt prüfen, ob denn alles mit rechten Dingen zugegangen ist. Schlagzeilen wie »Ärztepfusch!«, »Arzt ließ Patientin sterben«, »Der Arzt als Todesbringer«, »1712 Tote jedes Jahr durch Ärztefehler«, »Arzt wegen Abrechnungsbetrug entlassen« machen zusätzlich Mut, Behandlungsverläufe, Operationen oder andere medizinische Eingriffe überprüfen zu lassen. Manchmal zerschlägt sich der Verdacht. Aber oft auch nicht. Denn mit der Zahl der Eingriffe steigt naturgemäß auch die Fehlerquote.

Die Situation aus Sicht der Ärzte

Die Distanz wird auch dadurch vergrößert, dass der Arzt häufig in eine Angststarre verfällt, was seine Kommunikation mit dem Patienten einschränkt. Er hat Angst, dass die Abweichung des Ist- vom Sollverlauf, also die Tatsache, dass es dem Patienten statt besser nun schlechter geht, juristisch Folgen haben könnte. Auch wenn er als Arzt sich dafür nicht verantwortlich sieht. Er fürchtet, in juristische Fallstricke zu geraten, die zu straf-, berufs- sowie zivilrechtlichen Konsequenzen führen könnten. Wie oft erlebe ich, dass mir Arztkollegen auf Fortbildungen erklären, dass sie nicht wissen, wie sie aufklären müssen. Sie sind hilflos und entwickeln übersteigerte Vorstellungen von dem, was die Rechtsprechung in puncto Aufklärung von ihnen fordert. Statt aktiv zu werden, fahren Ärzte dann eine Strategie des Vermeidens. Sie trauen sich nicht, mit dem Patienten zu sprechen und ihnen die aufgetretenen Komplikationen zu erklären – aus Angst, dass es so aussehen könnte, als würden sie damit ihre Schuld anerkennen, was sie versicherungsrechtlich nicht dürfen.

Als Herr Werner ins Wachkoma fiel

Ein Anästhesiefehler hatte schwerwiegende Folgen für den Rest des Lebens

Heidemarie Werner ist eine gütige ältere Frau. Ihr Mann Axel fiel durch einen Narkosezwischenfall in ein Wachkoma. Niemand weiß, was in seinem Kopf vor sich geht. Er spricht nicht, zeigt keine Regung, reagiert nicht auf Dinge von außen. Dabei wirkt er wach und muss auch nicht künstlich beatmet werden, man kann ihn sogar in den Rollstuhl setzen und ins Freie fahren. Die Schwestern, Pfleger, Logopäden und Therapeuten geben sich viel Mühe, ihn zu aktivieren. Sie bewegen ihn im Bett, setzen ihn auf einen Fahrradergometer, massieren ihn und verwöhnen seine Geschmacksnerven mit Salami und Pralinen. Niemand weiß, ob er dabei etwas empfindet.

Frau Werner besucht ihren Mann jeden Tag, oft sitzt sie von früh bis spät bei ihm. Sie lebt ihr Leben an der Seite eines Mannes, der auf nichts mehr reagiert. Zuerst nahm sie es als Schicksal hin. Vermutlich hätte sie auch klaglos akzeptiert, dass bei der Operation etwas schiefgegangen ist, wenn eine Ärztin sie nicht ermuntert hätte, die Sache überprüfen zu lassen. So kam sie zu mir.

Sie war eine meiner ersten Mandantinnen. Ich hatte mich gerade selbständig gemacht und mit zwei Kollegen zusammen eine eigene Kanzlei eröffnet. Die Angelegenheit ihres Mannes war mein erster größerer Fall.

Frau Werner erzählte mir, was geschehen war. Sie wolle klären, was da passiert sei, denn sie habe das Gefühl, ihrem Mann das schuldig zu sein. Ich ließ mir die Krankenakte kommen. Schnell war klar: Die eigentliche Operation war eine reine Routinesache gewesen. Doch offensichtlich war bei der Narkose etwas schiefgegangen. Nur: Was? Und: Würden wir das beweisen können? Ein Wachkoma wie bei Herrn Werner tritt typischerweise dann auf, wenn das Gehirn nicht mit Sauerstoff versorgt wird. Nach ausgiebiger Lektüre der Unterlagen war ich überzeugt, dass der Beatmungsschlauch falsch gesetzt worden war und man bei dem Mann, statt die Lunge zu beatmen, den Magen aufgeblasen hatte. Natürlich stand das so in den Behandlungsunterlagen nicht drin. Anästhesiefälle sind immer sehr schwer.

Ich musste mich intensiv mit der normalen Physiologie des Menschen und mit der Pathophysiologie – den krankhaften körperlichen Veränderungen und den Gründen, die zu dieser veränderten Funktionsweise des Körpers geführt haben – beschäftigen. Musste klären, wie viel Luft nach dem Ausatmen noch in der Lunge und im Organismus bleibt, und wie lange ein Mensch ohne Sauerstoff sein kann, ohne dadurch Schaden zu nehmen. Musste prüfen, welche Medikamente Herr Werner bekommen hatte, ob er ein Risikopatient war und ob der Anästhesist erfahren genug war. Es ging nur um ein paar Seiten, die für mich relevant waren, aber die hatten es gehörig in sich.

Ich bin keine Anästhesistin, deshalb arbeitete ich den Fall auf und diskutierte ihn mit einem meiner beratenden Fachärzte. Das schaffte Klarheit: Die Unterlagen waren nicht stimmig. Da gab es zum Beispiel ein handschriftliches Kapnogramm, eine Kurve, die zeigte, wie viel Kohlendioxyd Herr Werner ausgeatmet hatte. Ich hatte so etwas in dieser Form noch nie gesehen. Auch der beratende Anästhesist fand die Zeichnung ungewöhnlich. Mein Verdacht war, dass jemand diese Kurve nachträglich eingefügt hatte, aber beweisen konnte ich das nicht.

Behandlungsfehler sind ein heikles Thema im Gesundheitssystem. Jeder weiß, dass sie vorkommen. Aber nur selten wird darüber geredet. Das hat Gründe. Ein Arzt geht grundsätzlich mit dem tragenden Gefühl in die Behandlung, dass alles gutgehen wird. Er handelt nach bestem Wissen und Gewissen. Dass dennoch manchmal etwas schief geht, dass es auch ihm passieren kann, dass er auf bestimmte Konstellationen nicht adäquat reagiert, Befunde übersieht oder von falschen Annahmen ausgeht, blendet er aus. Das ist auch erst einmal gut so. Denn ein Arzt könnte einen Patienten nicht behandeln, wenn er nicht an sich glauben würde. Er muss von seinen eigenen Fähigkeiten und von dem, was er macht, überzeugt sein. Wenn er immer nur im Blick hätte, was alles schiefgehen kann, würde ihn das so sehr verunsichern, dass er nahezu handlungsunfähig wäre. Aber wenn ihm tatsächlich einmal ein Fehler unterläuft, dann macht genau diese Grundannahme, dass alles gut gehen wird, eine außergerichtliche Einigung zuweilen schwierig. Denn einzugestehen, dass er einen Fehler gemacht hat, hieße auch zu sagen, dass seine Grundannahme des »Gutgehens« falsch war.

Ich verfasste in üblicher Weise ein Anspruchsschreiben und bat um eine Haftungsanerkennung dem Grunde nach. Der Gegner sollte zugeben, dass sein fehlerhaftes Verhalten zu Herrn Werners Schaden geführt hatte. Ich bezifferte die Höhe des Anspruchs wie üblich nicht. Geld emotionalisiert. Je höher die Ansprüche, desto weniger wird der Beklagte geneigt sein, die Haftung anzuerkennen. Doch auch ohne Summen lehnte der Anästhesist, der Herrn Werner behandelt hatte, den Anspruch ab. Immerhin führte der Briefwechsel aber dazu, dass die gegnerische Haftpflichtversicherung, mit der ich mittlerweile die Korrespondenz führte, ein Privatgutachten anfertigen lassen wollte. Ich war einverstanden. Vielleicht konnten wir uns außergerichtlich einigen.

Noch bevor ich das Gutachten in den Händen hielt, wurde mir zugetragen, dass es in Fachkreisen bereits diskutiert worden war. Skeptisch las ich es durch. Es war schlecht. Teile des Tatbestandes waren ausgelassen, Stellungnahmen des tätigen Anästhesisten, der diese etwa anderthalb Jahre später verfasst hatte, wurden weit mehr gewichtet, als die zeitnahe Dokumentation auf dem Anästhesie-Protokoll. Der Gutachter warf mit Fachbegriffen nur so um sich. Erinnern kann ich mich noch gut, dass er mit der Umkehrung des Euler-Liljestrand-Reflexes argumentierte. Ich rief mir diesen Reflex in Erinnerung: Er tritt ein, wenn in einem Teil der Lunge zu wenig Sauerstoff vorhanden ist. Dann verengen sich die Gefäße, um zu verhindern, dass Blut die Lunge passiert, ohne mit Sauerstoff angereichert zu werden. Aber Umkehrung? Was sollte ich denn darunter verstehen? Einen Paradiesvogel hatte der Gutachter geschaffen, eine Erklärung, die so exotisch war, dass man nur staunen konnte. Er hatte sie mit einigen wenigen Einzelfallbeschreibungen belegt. Ich fühlte mich überfordert. Auf diesem fachlichen Niveau konnte ich nicht mithalten. Die außergerichtliche Einigung misslang, doch zum Glück hatte Herr Werner eine Rechtsschutzversicherung, welche die Deckungszusage und damit die Kostenübernahme für das gerichtliche Verfahren erteilte, sodass wir Klage vor dem Landgericht erheben konnten.

Das Gericht beauftragte einen Sachverständigen, der daraufhin Licht in das Dunkel brachte. Er argumentierte nicht mit Paradiesvögeln, sondern blieb bei den Spatzen. Aber er machte klar, dass wir die Fehlintubation nicht würden nachweisen können.

Es war ein gruseliges Verfahren. Auf der einen Seite war Frau Werner, in deren Leben seit dieser Operation nichts mehr so war wie vorher, die all ihr Geld und das Geld ihrer Familie dafür aufwendete, ihren Mann in einem Pflegeheim versorgen zu lassen, und die seither sogar Weihnachten und Silvester im Heim verbrachte, weil sie ihn in seinem Wachkoma nicht allein lassen wollte. Und auf der anderen Seite war der Chefarzt, der dazu geholt worden war, als bei Herrn Werner das Drama begann. Er erklärte während der mündlichen Verhandlung mehrfach, er sei so froh gewesen, als der Patient wieder geschnauft habe.»Als wir den wieder reanimiert hatten, da war alles andere gar nicht mehr so wichtig.«

Das ging gar nicht! Nicht alles, was medizinisch möglich und machbar ist, wirkt sich für den Patienten auch gut aus. Die Art, wie dieser Chefarzt argumentierte, war für mich völlig inakzeptabel. So sah ich mich veranlasst mich äußert unjuristisch zu äußern:»Herr Chefarzt, könnten Sie sich vielleicht auch mal Gedanken darüber machen, was diese unglaubliche Freude, die Sie empfanden, als Herr Werner wieder geschnauft hat, im Ergebnis für diesen Menschen heißt? Vielleicht wäre es ihm viel lieber gewesen, dass Sie ihn nicht wieder zum Schnaufen gebracht hätten, statt so vor sich hinzuvegetieren?« Ich hätte mir von diesem Arzt einen Blick über seinen Tellerrand sehr gewünscht und, dass er sagt: »Ich war in diesem Moment sehr glücklich darüber, dass wir ihn wieder zum Schnaufen gebracht haben, aber ich bin mir nicht sicher, ob der Erfolg der Reanimation von Herrn Werner selbst und von seiner Familie genauso empfunden wird.«

Ein guter Arzt betreibt eine individuelle Medizin und prüft stets, ob seine geplante und durchgeführte Maßnahme dem Wunsch des Patienten gerecht wird. Natürlich reagiert der Arzt im Notfall und mag medizinisch auch alles richtig machen. Einen Totkranken wiederzubeleben mag für ihn ein Erfolg sein. Aber zumindest im Nachhinein muss er sein Handeln auch kritisch hinterfragen.

Mein Unverständnis hatte nichts mit der juristischen Situation zu tun. Es kam aus meinem Bauch. Aber das Arzthaftungsrecht tangiert den Bauch der Betroffenen. Denn keine Versicherung, kein Arzt, kein Gericht, kann den Schaden, den der Patient erlitten hat, ungeschehen machen. Mit diesem muss der Patient leben, unter Umständen – wie in diesem Fall – sein ganzes Leben lang.

Das Schadens- und Schmerzensgeld wiegt diese Tatsache nicht auf. Bei den Patienten, die zu mir kommen, ist nichts mehr so, wie es vorher war. Es ist alles verändert. Und im Allgemeinen nicht zum Guten.

Das Gerichtsverfahren nahm eine für uns alle eine überraschende Wendung. Der Gutachter hatte etwas entdeckt, was wir alle übersehen hatten: Nämlich dass Herr Werner, während er wiederbelebt wurde, Medikamente bekommen hatte, die in dieser Situation kontraindiziert waren, also nicht gegeben werden durften. Der Sachverständige befand, das sei ein grober Behandlungsfehler. Nun war es Aufgabe der Gegenseite zu beweisen, dass die Gabe dieser Medikamente keinen Einfluss auf den Zustand von Herrn Werner gehabt hatte. Allein auf dieser Grundlage konnten wir uns mit der gegnerischen Partei einigen. Wir schlossen einen Vergleich.

Als das Protokoll des Gerichts bei uns einging, war es auf den Tag genau neun Jahre her, dass Frau Werner zu mir gekommen war. Neun Jahre habe ich Familie Werner begleitet, ich habe die Kinder kennengelernt und die Enkelkinder aufwachsen sehen und viele, viele Gespräche geführt. Schön war, dass Frau Werner nie das Vertrauen verloren hat, das Vertrauen in die Gerechtigkeit. Nie war sie betrübt. Sie hat ihr Schicksal ohne zu murren und es zu hinterfragen bis heute ertragen. Ab jetzt wird es zumindest finanziell für sie etwas leichter.

Gerade bei solchen Verfahren geht es schnell um relativ viel Geld. Das liegt in der Natur der Sache. Man muss berücksichtigen: Herr Werner war, als er in das Wachkoma fiel, 60 Jahre alt. Seine statistische Lebenserwartung beträgt 79 Jahre. Er wird also ungefähr 19 Jahre seines Lebens im Pflegeheim verbringen, das kostet pro Monat etwa 2500 Euro. Im Jahr sind das 30 000 Euro – diese Summe mal 19 ergibt rund 570 000 Euro, wovon die Familie Werner ihren Anteil zu tragen hat.

Dazu kommen das Schmerzensgeld und die Hilfsmittel, der persönliche Mehraufwand und der Schaden, der entsteht, weil Herr Werner nicht mehr arbeiten und sich auch nicht mehr an den Arbeiten im Haushalt beteiligen kann. Wir nennen das den Haushaltsführungsschaden. Die Sozialversicherungsträger und ebenso die Kranken- und Rentenkassen melden natürlich auch ihre Ansprüche an.

Oft bitte ich die Sozialversicherungsträger, erst einmal die Füße stillzuhalten. Wenn das Verfahren schließlich abgeschlossen ist, stelle ich ihnen alle Unterlagen zur Verfügung – nur die Summen nenne ich im Allgemeinen nicht. Die Ansprüche der Krankenkassen machen es mir oft schwer, die Ansprüche meiner Mandanten durchzusetzen. Denn die Haftpflichtversicherungen der Gegner erklären zuweilen: »Wir würden Ihnen gern entgegenkommen und vielleicht sogar 75 Prozent des Anspruchs übernehmen, aber wenn wir das tun, müssen wir auch 75 Prozent der Ansprüche übernehmen, die die Sozialversicherungsträger an uns stellen.« Und dann wird es für die Haftpflichtversicherungen richtig teuer.

Vor Kurzem kam Frau Werner mit einem großen Blumenstrauß und einer Schachtel Pralinen in die Kanzlei. Sie wollte sich bedanken. Sie sei so froh, dass der Fall jetzt endlich abgeschlossen wurde. Und sie freute sich auch über das Geld. »Ich möchte doch, dass mein Mann schön aussieht«, sagte sie. Früher hatte sie sich 300 Euro im Jahr für neue Kleider für ihn von der Rente abgespart. Jetzt konnte sie ihm sogar ein gutes Parfüm kaufen. Es hieß jetzt nicht mehr immer nur: was braucht er noch, wie bezahlen wir das bloß? Sie konnte auch ihrem Sohn, der Schwiegertochter und den Enkeln einmal einen Wunsch erfüllen, und sich selbst die kleinen Dinge im Leben erleichtern.

Anschließend verabschiedete sie sich, weil sie noch in das Pflegeheim wollte, zu ihrem Mann. »Manchmal«, sagte sie, »habe ich den Eindruck, dass er mitbekommt, wenn ich da bin. Dann schmunzelt er so ein bisschen.« Von dem ganzen Verfahren weiß er vermutlich nichts. Aber darum ging es auch nicht. Frau Werner ging es um Gerechtigkeit.

Ich freute mich mit Heidemarie Werner. Ihre Geschichte war für mich mehr als nur ein Fall von vielen. Ich wusste, was es heißt, mit jemandem mit zu leben, der im Koma liegt. Ich hatte es selbst erlebt.

Wie der Zufall es wollte

Seitenwechsel – Medizin aus der Sicht von Patienten und Angehörigen

Als ich anfing zu studieren, hätte ich nie im Traum daran gedacht, einmal als Rechtsanwältin zu arbeiten. Ich wollte Ärztin werden. Ich wollte das so sehr, dass ich sogar bereit war, dafür einen Umweg zu gehen. Weil mein Notendurchschnitt im Abitur nicht dem Numerus clausus für Humanmedizin entsprach, schrieb ich mich für Chemie ein, um zügig in die Biochemie wechseln zu können und von dort als »Quereinsteigerin« zu den Medizinern zu kommen. Ich kämpfte mich durch Mathematik-Kurse und durch die Physikalische Chemie. Was sich da in Zahlen ausdrückte, interessierte mich wenig, auch war mir egal, wie sich der Ball x verformt, wenn er bei der Temperatur t mit der Geschwindigkeit v gegen eine Wand fliegt. Aber ich biss mich durch. Ich sah ein, dass diese Kurse zu den Spielregeln des Studiengangs gehörten. Ich musste sie hinter mich bringen, um »mein Eintrittsticket« zu erwerben.

Nach zwei Jahren konnte ich in die Medizin wechseln – die Biochemie fing da gerade an, mir Spaß zu machen. Endlich konnte ich Kurse besuchen, die mich interessierten, endlich forschen, Praktika am Hahn-Meitner-Institut belegen und die Semesterferien im Labor des Robert-Koch-Institutes verbringen. Ich absolvierte ein Doppelstudium und habe heute sowohl in Biochemie als auch in Medizin einen Abschluss.

Wie so oft in meinem Leben war es ein Zufall, der meinen Lebens- und Berufsweg in eine völlig neue Bahn lenkte. Ich begleitete einen Freund auf dem Weg seiner schweren Krankheit, die letztlich zu seinem Tod führte. Vielleicht wäre der Verlauf ein anderer gewesen, wenn er sich nicht über einen längeren Zeitraum allein in alternativer naturmedizinischer Behandlung befunden hätte, sodass sein Krebsleiden erst sehr spät diagnostiziert wurde. Aber es ist müßig, darüber nachzudenken. Die Hoffnung stirbt bekanntlich zuletzt, die Hoffnung auf die Ausnahme von der Regel. Viele Menschen bringen allein aus diesem Grundgedanken heraus die Stärke auf, das Unmögliche möglich zu machen. Sie stellen ihre eigenen Bedürfnisse hinten an, weil sie hoffen, dass ihr »Wissen« eines Besseren belehrt wird. Sie hoffen, dass der Kranke aufsteht und wieder laufen kann, der Krebs durch homöopathische Mittel eingedämmt wird, die medizinische Prognose an dem Lebenswillen des Einzelnen scheitert. Und es passiert auch immer wieder, dass die Dinge sich »schicksalhaft« anders entwickeln als erwartet.

Wenn ich nicht damals diesen Freund begleitet hätte, würde ich vermutlich heute nicht in der Kanzlei Akten wälzen, sondern als Ärztin arbeiten.

Ich verbrachte viele Tage an seinem Krankenbett. Und weil bald jeder der anderen Patienten wusste, dass ich Medizinstudentin und damit angehende Ärztin war, wurde ich zur Ratgeberin, Therapeutin, Seelenheilerin und Todbegleiterin mir vollkommen fremder Menschen, die mir mit großer Offenheit und sehr viel Vertrauen gegenübertraten. Zum ersten Mal erlebte ich die andere Seite der Medizin. die der Patienten und deren Angehörigen. Ich erfuhr viel von ihren Ängsten, Sorgen und Nöten, von ihrer falschen Ehrfurcht vor den Göttern in Weiß. Ich erlebte, wie verzweifelt sie waren, wenn eine hoffnungsvoll begonnene Therapie oder eine Operation fehlgeschlagen schienen. Sie fühlten sich häufig allein gelassen, keiner redete mit ihnen oder sprach ihnen Mut zu.

Die Ärzte gingen in die Zimmer, ohne vorher anzuklopfen, die Schwestern sprachen von dem »Patienten in Nummer 9«, anstatt sich wenigstens den Namen zu merken. Die hierarchischen Strukturen des Krankenhauses waren überall ersichtlich. Die Ärzte bildeten kein Team mit den Patienten, um gemeinsam den Weg der Genesung zu gehen. Stattdessen stand häufig David vor Goliath. Ich lernte damals, wie sehr rechtliche Fragen das Umfeld von Patienten bestimmen.

Der Sohn einer älteren Dame zum Beispiel wollte wissen, wie es seiner Mutter ging. Die Ärzte hatten die Aussage verweigert. Er möge sich doch bitte an seine Mutter wenden. Doch die war kaum ansprechbar und bekam wenig mit von dem, was um sie herum geschah. Der Mann erzählte, er würde seit Jahren alles für seine Mutter erledigen. Auch in der Notaufnahme habe er die Verträge und Dokumente für sie unterschrieben. Niemand habe sich daran gestört. Aber jetzt, wo es für ihn wichtig sei, versteckte sich der Arzt hinter seiner Schweigepflicht. Der Mann fühlte sich ausgegrenzt und elend. Seine Mutter mochte er damit nicht belasten.

Wie ich darüber dachte? Ich fand: Wenn der Arzt sich rechtlich unsicher war, so hätte er auch im Beisein mit der Mutter und dem Sohn sprechen können. Er hätte die Mutter fragen können, ob sie einverstanden sei, wenn er mit ihrem Sohn redete. Es gibt wirklich viele Möglichkeiten, um der Sache im Sinne der Menschlichkeit gerecht werden zu können, die schlechteste ist es aber, sich hinter der ärztlichen Schweigepflicht zu verstecken.

Ein anderer Patient kam auf mich zu und fragte, was ich von Sterbehilfe hielte. Seine Frau lebte seit einem Zwischenfall während einer Anästhesie in einem Pflegeheim. Sie bekäme gar nichts mehr mit. Als Christin, als Katholikin, fiel mir eine Antwort nicht schwer. Ich halte grundsätzlich nichts davon, in die »Natur« einzugreifen. Weiß ich, weiß jemand, was ein Mensch fühlt und empfindet, wenn es so aussieht, als bekäme er nichts mehr mit? Dürfen wir aus unserer Gesundheit heraus Entscheidungen darüber treffen, ob ein Leben nicht mehr lebenswert ist? Wir sprachen lange über das Thema. Es tat dem Mann gut, diese Fragen gemeinsam zu durchdenken – auch wenn meine Antwort vielleicht nicht die war, die er hatte hören wollen.

Ein anderer Patient lief seit Wochen mit einer Halskrause herum. Eine Physiotherapeutin hatte ihm das »Genick gebrochen«, wie er es ausdrückte. Er erzählte, wie es dazu gekommen war: Er hatte von einer bestimmten Form der Behandlung gehört und seinem Arzt davon erzählt. Dieser riet ihm davon ab. Doch der Patient fand eine Physiotherapeutin, die ihn entsprechend behandelte. Jetzt war vermutlich der Halswirbel angeknackst. War das absehbar, lag ein Behandlungsfehler vor? Damals konnte ich die Frage nicht beantworten. Heute würde ich den Fall übernehmen und einen Anspruch durchsetzen.

Die Erfahrungen, die ich in dieser Zeit sammelte, haben meinen Blick auf unser Gesundheitssystem verändert. Ich sah, dass vieles nicht so läuft, wie es eigentlich laufen soll. Ich habe danach zwar weiter Medizin studiert, um einen weißen Kittel anziehen zu können und als Ärztin zu arbeiten, aber meine Gedanken kreisten immer wieder um die Erfahrungen aus jenen Wochen. Das war wie die Hefe im Teig: Ein kleiner Impuls, der gärte und große Wirkung entfaltete.

Kleine Sache, große Wirkung

Wie das Verschieben ihrer Operation eine Patientin das Leben kostete

Wenn Mandanten zu mir kommen, ist meist irgendetwas gründlich schiefgelaufen. Was mich immer am meisten erschreckt, ist die fehlende Kommunikation zwischen Arzt und Patient. Oft scheint mir das überhaupt das Hauptproblem zu sein. Denn viele meiner Mandanten brauchen weniger rechtliche Beratung als vielmehr ärztliche Aufklärung. Manchmal habe ich regelrecht das Gefühl, mehr als Ärztin denn als Rechtsanwältin zu arbeiten. Oftmals erkläre ich den Patienten ihren Behandlungsverlauf. Ganz häufig haben diese einfach nur so ein Gefühl, dass irgendetwas nicht stimmen kann. Manchmal reicht auch ein verhältnismäßig langer Krankenhausaufenthalt – wenn zum Beispiel aus fünf Tagen zwei Wochen werden. Die Mandanten wollen einfach wissen, warum das anders als vorher geplant lief.

Häufig suchen mich die hilflosen Patienten dann auf. In vielen Fällen reicht es, den Behandlungsverlauf mit den Patienten, meinen Mandanten, durchzusprechen. Ihnen zu erklären, warum die Behandlung wie verlief. Und oft ist auch alles in Ordnung, vielleicht nicht ganz so, wie es im besten Fall hätte sein können, aber im Rahmen des Möglichen. Denn Fehler sind nicht die Regel. Manches, was passiert, ist einfach Schicksal. Pech. Falsche Zeit, falscher Ort. Oder eine Kombination aus allem. Eine Tragödie ist es aber fast immer.

Die Geschichte von Claudia Bredow zum Beispiel ist ein typischer Fall von »richtig schiefgelaufen«. Sie sollte eine neue Hüfte bekommen. Das ist eine Operation, wie sie in Deutschland im Jahr zehntausendfach durchgeführt wird, das ist Routine. Da Frau Bredow bis auf ihr Hüftproblem gesund und munter war, machten sich auch ihre Kinder keine Sorgen, auch wenn sie natürlich wussten, dass es sich schon um einen größeren Eingriff handelte. Komplikationen sind zwar prinzipiell bei jeder Operation möglich, aber wer denkt schon, dass es ausgerechnet ihn selbst treffen wird?

Frau Bredow nahm also die Operation in Angriff. Sie ging zum Arzt, der erklärte ihr alles und der OP-Termin wurde angesetzt. Am 20. des Monats sollte sie ins Krankenhaus und am nächsten Morgen sollte die Operation erfolgen. Da sie aus Angst vor einem Herzinfarkt ASS einnahm, ein blutverdünnendes Mittel, musste dieses vor der Operation abgesetzt werden. Das hatte Frau Bredow auch mit ihrem behandelnden Arzt abgesprochen und gemeinsam mit ihm einen Plan erstellt. Eine Woche vor der Operation sollte sie die Tabletten absetzen. Sie wollte sich auch Blut abnehmen lassen, damit ihr im Fall der Fälle eine Eigenblutspende helfen konnte. Eigentlich konnte gar nichts schiefgehen. Tat es dann aber doch. Claudia Bredow überlebte die Operation nicht.

Zu mir kamen ihre beiden Kinder, weil sie nicht verstehen konnten warum. Schließlich war ihre Mutter noch nicht einmal 60 Jahre alt und bis auf die Hüftarthrose und die Angst vor dem Herzinfarkt kerngesund gewesen. Und trotzdem war sie nach der Hüftoperation gestorben, verblutet. Für die Kinder ein riesengroßer Schock. Und nach dem Schock kam die Wut. Sie wollten wissen, wer daran schuld war. Dass jemand schuld sein musste, darüber waren sie sich sicher. Sie waren so wütend, dass sie am liebsten sofort die Presse einschalten und ganz Deutschland erzählen wollten, die Ärzte in der Klinik hätten ihre Mutter umgebracht.

Für mich sind solche Mandanten immer ein bisschen schwierig. Ich hatte einmal einen Fall, bei dem der Mandant keinen Schritt ohne Presse machen wollte. Er warf dem Krankenhaus vor, ihn einfach rausgeworfen und damit lebensgefährliche Komplikationen provoziert zu haben. Ich weiß noch wie heute, wie er damals in meiner Kanzlei stand und sagte: »Und dann haben die mich einfach nach Hause geschickt!« Doch als ich die Entlassungspapiere erhalten und eingesehen hatte, war meine Überraschung groß: »Entlassen auf eigenen Wunsch. Gegen ärztlichen Rat«, stand da – schwarz auf weiß. Unterschrieben von meinem Mandanten. Mit diesem Fall wäre ich gehörig auf die Nase gefallen. Und das auch noch öffentlich.

Bei den Kindern von Frau Bredow war ich also erst einmal vorsichtig und konnte sie auch von ihrem Wunsch, alles öffentlich zu machen, abbringen. Als ich die Behandlungsunterlagen sah, entdeckte ich das Problem sehr schnell. Der Termin für die Operation war vorverlegt worden. Das kann bei OPs, die nicht als Notfall eingestuft sind, durchaus passieren und ist eigentlich auch nicht weiter schlimm. Vom 20. auf den 12. des Monats. Warum die Operation vorverlegt worden war, weiß mittlerweile niemand mehr. Auf jeden Fall war Frau Bredow gebeten worden, dass sie früher käme, und sie hatte zugesagt.

Doch niemand hatte daran gedacht, dass Frau Bredow damit auch ihre Tabletten früher hätte absetzen müssen. Zwar holte sie das im Krankenhaus nach, aber das war zu spät. Die Operation fand statt und Frau Bredow blutete sehr stark. Die Ärzte konnten diese Blutung nicht stillen. Es stellte sich eine sogenannte Verbrauchskoagulopathie ein, bei der die Blutgerinnungsfaktoren im Übermaß verbraucht werden. Im Ergebnis kann der Körper die Blutung nicht mehr stoppen, was natürlich lebensgefährlich ist. Auch eine Eigenbluttransfusion hätte das Leben wahrscheinlich in solch einem Fall nicht mehr retten können. Claudia Bredow verblutete.

Die ASS-Medikation hatte das Blutungsrisiko deutlich erhöht und die Blutgerinnung damit negativ beeinflusst. Es hörte einfach nicht auf zu bluten, egal, was die Ärzte versuchten. Frau Bredow kann man nicht vorwerfen, dass sie nicht an das ASS gedacht hatte. Sie war aufgeregt und in Sorge, und klammerte sich an den Gedanken, dass die Ärzte schon alles richtig machen würden. Ihrem Arzt aber kann man einen Vorwurf machen. Die Medikation stand in den Behandlungsunterlagen. Er hätte vor der Operation nur einfach nachfragen brauchen, wann das ASS abgesetzt wurde. Dass er das versäumt hatte, ist für mich eindeutig ein Behandlungsfehler, wenn auch vielleicht kein grober. Meine Einschätzung erklärte ich auch den Kindern und wir einigten uns, dass wir erst einmal versuchen würden, einen Vergleich zu erzielen.

Ein Gerichtsverfahren zieht sich über Jahre. Und den Kindern von Frau Bredow ging es nicht ums Geld. Sie wollten Gerechtigkeit. Sie wollten verstehen, was passiert war. Einfach, dass jemand sagt und anerkennt, hier ist etwas Unrechtes passiert. Wiedergutmachen in dem Sinne konnte das Geschehene sowieso niemand. Egal wie viel Geld die Kinder bekämen, ihre Mutter machte das nicht wieder lebendig.

Die Haftpflichtversicherung des Krankenhauses war relativ kooperativ. Der Wunsch der Kinder an die Öffentlichkeit zu gehen, kam mir zugute. Denn so konnte ich einen gewissen Druck aufbauen. Keine Versicherung liest gern ihren Namen in der Zeitung. Wenn es nur der Name des Versicherungsnehmers – also der Name der Klinik – wäre, wäre das der Versicherung sicherlich nicht so wichtig. Aber der eigene Ruf? Keine Versicherung der Welt möchte als nicht regressionsbereit gelten.

Es ist ein schmaler Grat, auf den man sich begibt. Aber an der Stelle war es für mich ein gangbarer Weg. Und wir konnten uns schließlich auch gut einigen. Die Kinder von Claudia Bredow bekamen ihr Recht. Das Zugeständnis: Das hätte so nicht passieren dürfen. Trotzdem bleibt auch für sie ein trauriger Beigeschmack. Hätte Claudia Bredow am 12. oder an den Tagen danach etwas anderes vorgehabt, wäre der OP-Termin nicht vorverlegt worden und das Ganze vermutlich nie passiert. Der Begriff des Schicksals drängt sich hier auf. Und trotzdem war es ein Behandlungsfehler, der ihren Tod verursacht hat und zu einem Anspruch auf Schadens- und Schmerzensgeld führte.

Wenn Patienten einen Behandlungsfehler vermuten, ist irgendetwas nicht so gelaufen, wie es sollte. Aber es liegt nicht unbedingt immer dann, wenn der Ist- vom Sollverlauf abweicht, auch tatsächlich ein Behandlungsfehler vor. Oft verwirklicht sich schlicht ein spezifisches Risiko, und der Patient, den es trifft, hat buchstäblich einfach »Pech«. Der Behandlungsvertrag ist kein Garantievertrag – es kann immer auch anders kommen als erhofft. Es können bei jedem Eingriff Komplikationen auftreten – seien es Blutungen, Infektionen oder Zwischenfälle bei der Narkose. Wir sprechen dann von einem schicksalhaften Verlauf.

Vor einiger Zeit kam ein Mann zu mir, der auch eine neue Hüfte bekommen hatte. Bei der Operation war der Ischiasnerv geschädigt worden. Seither hatte er massive Schmerzen. Dass dieser Nerv verletzt werden kann, gehört zu den spezifischen Risiken einer Hüftoperation. Der Arzt muss den Patienten darüber aufklären, und er hat das im Falle dieses Mannes auch getan. Hinterher zu argumentieren, dass man während der Operation dafür hätte sorgen müssen, dass der Nerv nicht verletzt wird, halte ich für falsch. Der Arzt wird zwar versuchen, den Nerv entsprechend zu sondieren, aber ein Restrisiko bleibt.

Wenn ein Gutachter meint, hier läge ein Behandlungsfehler vor, würde ich in den allermeisten Fällen sagen: Da bin ich mir nicht sicher. Wahrscheinlich ist, dass sich ein bestimmtes Risiko verwirklicht hat, so etwas kommt vor, das ist bekannt. Der Arzt kann dafür nicht haftbar gemacht werden. Es muss schon, zum Beispiel aus dem Operationsbericht, hervorgehen, dass besondere Umstände vorlagen, um ein Fehlverhalten anzunehmen.

Anders ist es bei intraoperativen Verbrennungen. Sie entstehen, wenn das Gerät, mit dem der Arzt während der Operation das Gewebe schneidet und die Blutungen stillt, nicht sachgemäß geerdet ist – zum Beispiel, weil die Neutralelektrode nicht richtig am Körper des Patienten klebt oder aber während der Operation feucht geworden ist. Damit die Elektrode richtig klebt, muss die Haut vom Haarwuchs befreit werden, was nicht immer korrekt geschieht. Beim Desinfizieren des Operationsgebietes muss man aufpassen, dass kein Desinfektionsmittel zwischen Elektrode und Haut fließt oder sich sogar Pfützen bilden. Die Sicherheitshinweise zu diesem Gerät umfassen allein anderthalb Seiten, es sind viele und zum Teil auch langwierige Tests vorgegeben. Deshalb kann vermutet werden, dass jemand einen Fehler gemacht hat, wenn eine Verbrennung aufgetreten ist.

Bevor ich also tiefer in einen Fall einsteige, muss ich mir die Frage stellen: Könnte es sich um einen Behandlungsfehler handeln? Oder ist offensichtlich, dass es sich um einen schicksalhaften Verlauf handelt? Meist ist diese Frage nicht so einfach zu beantworten und zieht sich wie ein roter Faden durch das Verfahren.

Es kann immer zu einer Blutung kommen, so wie es bei Claudia Bredow der Fall war. Ohne das vergessene Absetzen des ASS wäre das Verbluten wohl eher eine Komplikation gewesen, wie sie eben passieren kann. Doch mit dem ASS war es ein vermeidbarer Behandlungsfehler. Das heißt nicht, dass bei einer Operation am regulären Termin nicht auch eine Blutung hätte auftreten können. Doch es wäre kein Gerinnungshemmer im Blut gewesen. Wahrscheinlich wäre die Blutung zum Stehen gekommen, eine Verbrauchskoagulopathie wäre nicht eingetreten. Claudia Bredow wäre nicht gestorben.

Gerade der Verlust eines Angehörigen ist ein massiver Eingriff in das persönliche Leben. Und nicht alles lässt sich im Endeffekt juristisch wiedergutmachen. Manchmal sind mir einfach die Hände gebunden. Was menschlich ein klarer Fall ist, kann juristisch durchaus nicht wasserdicht oder nicht machbar sein.

Ich hatte einmal einen ähnlichen Fall, auch eine Hüftoperation. Der Patient war danach ein Pflegefall. Die Kinder wollten eine Klage gegen die Klinik anstreben. Genauer gesagt, der Sohn wollte das. Die Tochter war strikt dagegen – und sie hatte die Betreuung inne, war also die Einzige, die diese Entscheidung überhaupt treffen durfte. Ein Tauziehen zwischen den Geschwistern begann. Und ich war mittendrin – Vermittlerin zwischen den Fronten. Bis ich die beiden an einem Tisch hatte, verging eine Menge Zeit. Erst dann konnte ich die Unterlagen prüfen. Ich stellte fest: Die Klinik hatte bei ihrem Vater nichts falsch gemacht. Es war einfach Pech, Schicksal, wie immer man das nennen möchte. Es war nicht vorhersehbar und nicht zu ändern. Es ist einfach passiert, so wie vieles im Leben einfach so passiert und alles über den Haufen wirft, was man sich vorgestellt hatte.

Aber am Ende meinte das Schicksal es gut mit ihnen, wenn auch auf eine überraschende Weise. Durch diese Auseinandersetzung sind die Geschwister sich wieder näher gekommen. Vor ein paar Monaten rief der Mann mich noch einmal an und bedankte sich. Für die Geschwister war diese Ausnahmesituation die Chance, ganz neu miteinander anzufangen. Eigentlich ein tolles Ergebnis, dass man nicht mit Geld kaufen kann. Und: Auch das ist Schicksal.

Behandlungsfehler

Im Arzthaftungsrecht werden Einzelfälle betrachtet. Wann der Arzt haften muss, ist im Bürgerlichen Gesetzbuch geregelt. Paragraf 823 Absatz 1 sagt:»Wer vorsätzlich oder fahrlässig die Gesundheit eines anderen schädigt, muss Schadensersatz leisten.« Die Formulierung der zentralen Norm aus dem Deliktrecht, der unerlaubten Handlung, zeigt mit ihrer abstrakten Formulierung, dass mit den Paragrafen des Gesetzes Fälle entschieden werden können, an die noch nicht einmal zu denken war, als das Bürgerliche Gesetzbuch am 1. Januar 1900 in Kraft trat. Die Gerichte schreiben seit Jahrzehnten in ihren Urteilen fest, wie diese abstrakten Regeln konkret in der Praxis anzuwenden sind. Es gibt Sammlungen dieser Urteile, in denen diese nach Sachgebieten sortiert sind. Bei jedem Fall kann man prüfen, wie die Gerichte ähnliche Fälle in der Vergangenheit entschieden haben, und sich daran orientieren. Zu manchen Sachverhalten aber gibt es noch keine Urteile. Da wird dann Neuland betreten. Auf den nächsten Seiten werde ich zunächst die Grundzüge des Arzthaftungsrechts allgemeinverständlich skizzieren. Ich möchte damit deutlich machen, auf welcher Grundlage wir Juristen arbeiten und wie sich das für die Patienten auswirkt.

Der Behandlungsvertrag

Der Mensch ist kein Auto. Das Auto kann ich zum Lackierer bringen und sagen:»Machen Sie es bitte rot.« Wenn es hinterher grün ist, kann ich letztendlich mein Geld zurückverlangen. Wenn ich den Lackierer beauftrage, gehe ich mit ihm einen Werkvertrag ein, in dem ein Erfolg geschuldet ist. Der Vertrag mit dem Arzt dagegen ist ein Dienstvertrag. Wer sich behandeln lässt, kann nicht ein bestimmtes Ergebnis, einen Erfolg, verlangen, sondern nur eine ordnungsgemäße Behandlung. Wenn ich mit heftigen Schmerzen rechts im Bauch zum Arzt komme und sage:»Machen Sie mich bitte gesund«, wird der Arzt vermutlich feststellen, dass der Blinddarm entzündet ist und ihn entfernen. Aber ob ich auch wirklich gesund werde, hängt von vielen Faktoren ab, zum Beispiel davon, wie stark mein Immunsystem ist und ob neben dem Blinddarm ein Krebsgeschwür wuchert. In der Regel kann ich den Arzt nicht haftbar machen, wenn sich Komplikationen einstellen und die Behandlung nicht sofort anschlägt. Der Arzt schuldet mir eben nur eine Behandlung, die dem ärztlichen Standard entspricht. Solange er medizinisch gesehen alles richtig macht, erfüllt er den Dienstvertrag – egal, ob ich mit dem Ergebnis nun zufrieden bin oder nicht. Jeder Mensch ist anders, ob eine Behandlung anschlägt oder nicht, ist nicht sicher vorherzusagen.

Behandlungsfehler und Standard

Allen Behandlungsfehlern gemein ist ein Verstoß gegen den medizinischen Standard. Der medizinische Standard repräsentiert den Stand der Erkenntnisse, die sich in der Praxis bewährt haben. Der Arzt muss also die Maßnahmen ergreifen, die von einem gewissenhaften Arzt aus berufsfachlicher Sicht seines Fachbereichs vorausgesetzt und erwartet werden können. Weicht er von diesen Maßstäben ab, stellt das einen Behandlungsfehler dar. Wohl bemerkt gilt für die Universitätsklinik der gleiche Maßstab wie für ein kleines städtisches Krankenhaus. Vorausgesetzt werden kann nicht das medizinisch Mögliche, sondern eben nur der Standard.

Wirtschaftliche Erwägungen nehmen bislang keinen Einfluss auf das, was im Rahmen eines medizinischen Standards gefordert werden kann. Allein aus Kostengründen darf eine medizinische Behandlung, die den ärztlichen Standard repräsentiert, nicht verweigert werden.

Gutachter prüfen, ob eine Behandlung dem Standard entspricht. Das ist eine sehr anspruchsvolle Aufgabe: Der ärztliche Standard ist im steten Wandel, denn die Forschung bringt viele neue Methoden und neue Möglichkeiten, von denen manche auch schnell zum Standard werden. Die Ärzte, die als Gutachter herangezogen werden, müssen auf dem Gebiet, zu dem sie befragt werden, erfahren sein und verfolgen, wie sich die Standards ändern. Sie müssen sich stets über den neusten Kenntnisstand, alle Änderungen und Aktualisierungen informieren und sich top auskennen. Das ist mitunter eine Herausforderung.

Wenn ein Arzthaftungsfall vor Gericht verhandelt wird, geht es nicht um Schuld. Schuld ist ein Begriff aus dem Strafrecht, und Arzthaftungsrecht ist Zivilrecht. Im Fokus steht das vermeidbare, behandlungsfehlerhafte Verhalten des Arztes, der den Fehler zu vertreten hat. Der Arzt wird verurteilt, an den Patienten Geld zu zahlen, um den Schaden auszugleichen. Die Höhe, insbesondere des Schmerzensgeldes, spielt dabei eine untergeordnete Rolle. Denn Schmerzensgeld hat eine Genugtuungsfunktion. Nicht mehr und nicht weniger. Es kann den Schaden, den der Patient erfahren hat, nicht wiedergutmachen. 10 000 Euro machen den erlittenen Schaden ebenso wenig ungeschehen wie 8000 Euro. Entscheidend für den Patienten im Allgemeinen ist, dass festgestellt wird, dass der Arzt für den Schaden, der durch seinen Fehler entstanden ist, aufkommen muss. Im strafrechtlichen Sinne bestraft wird er dafür nicht. Er muss nicht inhaftiert werden.

Grundsätzlich kann man durch positives Tun, aber auch durch Unterlassen einen Fehler begehen. Der Behandlungsfehler, das Abweichen von dem geforderten Standard, kann eine falsche Diagnose, eine unpassende oder veraltete Behandlung sein, es kann das Unterlassen einer Untersuchung oder einer Aufklärung oder auch eine unzureichende Organisation einer Praxis oder eines Krankenhauses sein.

Diagnosefehler

In der Praxis kommen Diagnosefehler häufiger auf. Das liegt daran, dass die Beschwerden des Patienten nicht immer eindeutig einer Erkrankung zuzuordnen sind. Irrtümer in der Diagnose, die objektiv auf eine falsche Interpretation von Befunden zurückgehen, können daher oft nicht als Behandlungsfehler gewertet werden. Wenn die falsche Interpretation vertretbar war, so ist der Diagnoseirrtum nicht vorwerfbar. Das passiert. Hat der Arzt hingegen nicht alle Befunde ausgewertet, diese in unvertretbarer Weise ausgewertet oder sich aufdrängende Befunde nicht erhoben, so liegt ein Behandlungsfehler vor.

Ein junger Fußballer wird von einem anderen Spieler angerempelt und fährt im Cabriolet bei der Klinik vor. Er klagt über

Schmerzen im Brustkorb und in der linken Schulter. Der Arzt diagnostiziert ein Schulter-Arm-Syndrom. Der Patient bekommt ein schmerz- und entzündungshemmendes Mittel, und wird an den Hausarzt im Bedarfsfall überwiesen. Am gleichen Tag kommt ein 65-jähriger Mann, der sich ein Fußballspiel im Fernsehen angeschaut hat, mit den gleichen Beschwerden in das Krankenhaus. Der Arzt stellt die gleiche Diagnose und verordnet die gleiche Therapie. Später stellt sich heraus, dass beide Männer einen Herzinfarkt hatten. Beide Male stellte derselbe Arzt eine Diagnose, die objektiv falsch war. Aber nur im zweiten Fall liegt auch ein Behandlungsfehler vor.

Bei dem älteren Mann hätte der Arzt unbedingt an einen Herzinfarkt denken, ein EKG schreiben und Laborwerte bestimmen müssen, um diesen Verdacht abzuklären. Dass er das nicht getan hat, zieht juristisch Folgen nach sich. Es ist davon auszugehen, dass die richtige Diagnose gestellt worden wäre, wenn diese Untersuchungen durchgeführt worden wären.

In dem Fall des jungen Mannes aber drängte sich der Verdacht auf einen Herzinfarkt nicht auf – es lag nahe, dass er beim Anrempeln verletzt worden war und die Zugluft im Cabrio die Nerven zusätzlich gereizt hat. Darüber hinaus war er jung. Dem Arzt kann hier kein Vorwurf gemacht werden, auch wenn die von ihm gestellte Diagnose sich als falsch erwiesen hat. Es ist richtig, wenn er nach Auswertung der Vorgeschichte und der Untersuchungsergebnisse zunächst davon ausgeht, dass die wahrscheinlichste Diagnose vorliegt – und das ist bei einem gesunden jungen Mann, der regelmäßig Sport treibt und dabei verletzt worden ist, nicht der Herzinfarkt.

Das gilt solange, bis Hinweise dafür auftauchen, dass die ursprüngliche Diagnose doch nicht richtig ist. Dann muss der Arzt sie infrage stellen und die aufgetretenen Wiedersprüche aufklären. Er muss weitere Untersuchungen durchführen und erneut diagnostizieren, was dem Patienten fehlt! Auch wenn der Arzt ein Röntgenbild anfertigt, er es sich nicht genau ansieht, weshalb er eine erkennbare Fraktur übersieht und stattdessen fehlerhaft eine Zerrung feststellt, liegt ein Behandlungsfehler vor.

Befunderhebungsfehler

Die Rechtsprechung bewertet den Diagnoseirrtum mit Zurückhaltung als Behandlungsfehler. Bei dem Befunderhebungsfehler ist dies anders. Bei diesem liegt der Fehler darin, dass eine notwendige Untersuchung nicht durchgeführt wird, weshalb es zu dem Diagnoseirrtum kam. Das Beispiel des 65-jährigen Mannes, bei dem nicht abgeklärt wurde, ob er einen Herzinfarkt hatte, gehört auch in diese Fallgruppe. Befunderhebungsfehler sind im Arzthaftungsprozess von besonderer Bedeutung, weil sie unter Umständen zu einer Beweislastumkehr zugunsten des Patienten führen. Darauf komme ich auf Seite 63 f. noch einmal ausführlich zurück.

Therapiefehler

Ist die Diagnose korrekt, aber die Behandlung nicht, sprechen wir von einem Therapiefehler.»Da hat der Arzt was falsch gemacht«, heißt das im Volksmund. Aber so einfach ist es leider doch nicht. Oft gibt es zu einer Diagnose verschiedene Formen der Behandlung. Die Lehrmeinungen, was wann zu tun ist, können sehr weit auseinandergehen. Das bekannteste Beispiel dafür sind wohl die Therapien bei Knieproblemen. Der eine sagt:»Ich verordne Ihnen eine gezielte Physiotherapie, dann wird das schon wieder.« Und der andere:»Da müssen wir sofort operieren. Wir setzen Ihnen ein neues Knie ein.« Ein Arzt meint, dass der Meniskus bei einer Läsion komplett entfernt werden muss, ein anderer wird nur einen Teil entfernen.

Jeweils beide Behandlungsmöglichkeiten können richtig sein. Für die meisten Erkrankungen gibt es nicht nur allein eine, die richtige Behandlung. Bestehen mehrere Möglichkeiten, eine Krankheit zu behandeln, muss der Arzt dem Patienten diese erklären, damit er die Möglichkeit hat, zwischen den Alternativen zu wählen. Die Einzelheiten hierzu beschreibe ich im Hintergrundkapitel»Aufklärung«, auf Seite 152 ff.

Bei der Wahl der Therapie muss der Arzt die individuellen Fähigkeiten des Patienten berücksichtigen. Tut er das nicht, so kann auch darin ein Behandlungsfehler liegen – auch wenn er ansonsten dem ärztlichen Standard gefolgt ist.

Dazu ein Beispiel: Eine ältere Dame hatte sich das Ellbogengelenk gebrochen und wurde operiert. Statt den Arm durch einen Gips zu fixieren, der keinerlei Belastung und Bewegung zuließ, legte der Arzt ihr, so wie man das heutzutage oft macht, einen Verband an, der Bewegungen und Belastungen ermöglichte. Sie solle den Arm schonen, nicht belasten, sagte er zu ihr. Doch die Patientin war alt und verwirrt. Sie verstand überhaupt nicht, was der Arzt damit sagen wollte. Natürlich belastete sie den Arm, indem sie ihn benutzte. Das frisch operierte Ellbogengelenk flog gleich wieder auseinander. Was für ein Wunder. Für mich war das ein recht klarer Fall: Der Arzt hätte selbstverständlich dafür sorgen müssen, dass die Therapie von Erfolg gekrönt sein konnte. Dafür hätte er die individuellen Fähigkeiten der Patientin berücksichtigen – also den Arm in eine Gipsschale legen müssen, statt darauf zu vertrauen, dass er nicht belastet wird. Medizinischer Standard hin oder her – meines Erachtens hatte er für diese Frau die falsche Therapie gewählt. Ein Therapiefehler, keine Frage. In dem sich anschließenden gerichtlichen Verfahren wurde meine Auffassung bestätigt.

Der Aufklärungsfehler

Der Patient ist nicht ein Objekt, über das die Ärzte entscheiden. Dem Patienten muss erklärt werden, welche Möglichkeiten der Behandlung es gibt, welche Erfolgsaussichten und welche Risiken bestehen. Auch das fordert der Behandlungsvertrag. Diese Aufklärung soll es ihm ermöglichen, eigenverantwortlich zu entscheiden, ob er sich behandeln lässt und auf welche Weise. Die Aufklärung des Patienten und seine Einwilligung sind zentrale Themen im Arzthaftungsrecht und ich werde mich auf Seite 152 ff. noch ausführlich damit befassen.

Der Aufklärungs- als Behandlungsfehler

Die Aufklärungspflicht der Ärzte geht weiter: Der Arzt muss den Patienten darüber aufklären, was er tun muss, damit der Behandlungserfolg auch eintreten kann. Er muss dem Patienten erklären, wie er sich verhalten soll, damit das gelingt. Wann soll er die Medikamente einnehmen, wann darf er vor einer Operation das letzte Mal trinken oder essen, wann darf er das operierte Bein wieder belasten? Wann sind Befunde zu kontrollieren, welche sind zukünftig zu erheben? Diese Dinge weiß ein Patient nicht, man muss sie ihm verständlich erläutern. Und erklärt der Arzt sie dem Patienten nicht, so wird die Verletzung dieser Aufklärungspflicht als Behandlungsfehler gewertet.

Der Organisationsfehler

Krankenhäuser und niedergelassene Ärzte müssen alles dafür tun, dass Patienten ordnungsgemäß versorgt werden können. Es ist klar, dass durch Organisation nicht jedes Risiko ausgeschlossen werden kann, aber manche Dinge dürfen einfach nicht passieren und müssen durch organisatorische Maßnahmen um alles in der Medizinwelt verhindert werden.

Dass den verantwortlichen Krankenhausträgern und Ärzten hier Fehler unterlaufen können, zeigen folgende Beispiele:

In einem kleinen Krankenhaus kam es mitten in der Nacht bei einer Geburt zu einem Notfall. Die Herztöne des Kindes wurden immer schwächer, es musste sofort ein Kaiserschnitt durchgeführt werden, um das Kind aus seiner Notlage zu befreien. Die Mutter wurde aus dem Kreißsaal gebracht, die Narkose schon eingeleitet und dann standen Ärzte und Schwestern vor dem verschlossenen Operationssaal – und keiner wusste, wo der Schlüssel war. Bis der Schlüssel gefunden wurde, verstrich viel wertvolle Zeit. Das Kind überlebte, war aber schwerbehindert. Die Gerichte sahen hier einen schwerwiegenden Organisationsfehler der Krankenhausleitung und sprachen dem Kind Schadenersatz zu. Notfälle passieren eben auch nachts, weshalb der Zugang zum Operationssaal rund um die Uhr gewährleistet sein muss.

In der Praxis eines Internisten wurde bei einem Mann eine Darmspiegelung durchgeführt. Für diese Untersuchung erhalten Patienten ein Beruhigungsmittel. Dieses Beruhigungsmittel führt dazu, dass der Patient für den Rest des Tages nicht mehr fahrtüchtig und für längere Zeit nicht dazu fähig ist, eigenverantwortlich zu handeln. Nach der Darmspiegelung saß der Patient nun auf dem Flur. Ab und zu schauten der Arzt und seine Mitarbeiter nach ihm.

Plötzlich war er verschwunden. Wie sich später herausstellte, war er mit seinem Auto losgefahren, obwohl er dazu überhaupt noch nicht in der Lage war, und wenig später bei einem Unfall ums Leben gekommen. Das Gericht erkannte hier einen Verstoß des Arztes gegen seine Organisationspflichten: Wenn in einer Praxis Patienten durch Beruhigungsmittel in einen Zustand versetzt werden, in dem sie sich nicht selbst steuern können, muss auch sichergestellt werden, dass diese Patienten nicht zu Schaden kommen. Ab und zu über den Flur zu gehen und nach dem Patienten zu sehen, reicht in dieser Situation nicht aus.

Ich selbst habe dieses Urteil in der Fachliteratur kommentiert und bin dabei zu dem Ergebnis gekommen, dass die Anforderungen der Rechtsprechung an den Arzt vorliegend zu hoch gesetzt sind. Fakt ist aber, dass es dieses Urteil gibt. An den Vorgaben des Bundesgerichtshofs müssen sich sowohl Ärzte als auch Krankenhäuser orientieren.

Es ist ein absolutes Muss und Grundvoraussetzung, dass die Geräte, die zum Einsatz kommen, funktionieren und genügend qualifiziertes ärztliches und nichtärztliches Personal zur Verfügung steht. Wenn das nicht der Fall ist, so liegt ein Organisationsverschulden vor und der Arzt oder das Krankenhaus kann für die daraus entstandenen Schäden haftbar gemacht werden.

Schaden und Kausalität

Nicht nur der Behandlungsfehler muss nachgewiesen werden, sondern auch der durch diesen verursachte Schaden. Häufig problematisch ist, dass ich beweisen muss, dass der Behandlungsfehler einen Schaden verursacht hat.

Den Schaden zu bestimmen, bereitet den Betroffenen meist nicht so ein großes Problem. Kurz gesagt ist das die Differenz zwischen dem vorliegenden Zustand und dem, was zu erwarten war. Oder: Die Abweichung des Ist- vom Sollverlauf. Dem Juristen kann aber auch der Schaden Probleme bereiten. Es gibt Fälle, in denen überhaupt nicht klar ist, ob eine Fehlbehandlung zu einem Schaden geführt hat. Der Patient muss aber beweisen, dass ein Schaden vorliegt. Auch hierzu möchte ich gern ein Beispiel schildern:

Bei einem Mann wurde eine Niere transplantiert, obwohl der PSA-Wert, ein Tumormarker, erhöht war. Bei Krebsverdacht sollte nicht transplantiert werden, denn nach einer solchen Operation wird das Immunsystem erst einmal mit Medikamenten unterdrückt und der Körper kann den Kampf mit dem Krebs nicht aufnehmen. Im Körper dieses Mannes explodierte tatsächlich nach sechs Monaten unter der immunsuppressiven Therapie der Krebs. Aber er ist wie eine Katze mit sieben Leben. Im Verlauf sprengte er jede Statistik. Er lebt und lebt und lebt. Wo ist da der Schaden? Dass ihm eine neue Niere eingesetzt wurde, war eine lebensverlängernde Maßnahme. Daher konnte man hier nicht von einem Schaden sprechen. Mehr als leben kann er nicht. Oder liegt der Schaden darin, dass die Therapie gegen den Krebs durch die Transplantation später als möglich eingeleitet wurde? Wohl kaum. Denn er lebt, was hätte besser laufen können? Man kann sicherlich fragen, ob die Krebserkrankung wegen der Transplantation ausgebrochen war, aber das lässt sich nicht beweisen.

Bei dem Nachweis des Schadens greifen Beweiserleichterungen oder eine Beweislastumkehr nie. Hier gilt der Grundsatz, dass der Patient den Beweis für seine anspruchsbegründenden Tatsachen zu erbringen hat. Unser Hauptproblem im Arzthaftungsrecht ist also die Kausalität, der Nachweis, dass der Behandlungsfehler den Schaden des Patienten verursacht hat. Der Patient kann den Arzt nur haftbar machen, wenn der Schaden bei einer dem ärztlichen Standard entsprechenden Therapie mit an Sicherheit grenzender Wahrscheinlichkeit verhindert worden wäre.

Einem Mann wurde beispielsweise eine künstliche Herzklappe eingesetzt. Anschließend verordnete der Arzt kein Antibiotikum, wie man das sonst eigentlich vorbeugend immer tut, damit sich der Herzmuskel nicht entzündet. Das war unzweifelhaft ein Behandlungsfehler. Der Patient starb. Juristisch gesehen ist das »sein Schaden«. Aber woran ist er gestorben?

Es wird schwierig, das festzustellen. Man kann zwar anhand bestimmter Kriterien überprüfen, ob der Herzmuskel entzündet war. Aber ist der Patient auch daran gestorben? Wahrscheinlich. Aber mit an Sicherheit grenzender Wahrscheinlichkeit lässt sich das nicht sagen. Genauso gut könnte es sein, dass er einfach zu wenig getrunken hat und dehydriert ist. Damit ist die Kausalität fraglich: Und auch in anderer Hinsicht ist der Nachweis des Ursachenzusammenhangs zwischen Behandlungsfehler und Schaden schwierig: Hätten die Herzchirurgen alles richtig gemacht, hätte der Patient das Antibiotikum erhalten. Aber kann man sicher sein, dass die Entzündung des Herzmuskels und der Tod des Patienten so verhindert worden wären? Es kann auch zu Entzündungen kommen, wenn der Patient Antibiotika einnimmt. Das bedeutet, dass auch eine korrekte Behandlung zu der Entzündung des Herzmuskels und zum Tod des Patienten hätte führen können. Hier zeigt sich wieder, dass die Medizin keine Heilung garantieren kann. Die ärztliche Behandlung gibt dem Patienten eine mehr oder weniger große Heilungschance – nicht mehr und nicht weniger. Das bedeutet, dass ein Patient auch ohne Behandlungsfehler schwerwiegende Komplikationen erleiden und sterben kann. Deshalb ist es für den Patienten häufig so schwierig nachzuweisen, dass der Gesundheitsschaden bei korrekter Behandlung mit an Sicherheit grenzender Wahrscheinlichkeit verhindert worden wäre: Der Sachverständige wird in sehr vielen Konstellationen feststellen müssen, dass auch fehlerfreie Behandlungen derartige Schäden herbeiführen können. Mit dieser Aussage ist der Nachweis, dass ein Gesundheitsschaden bei korrekter Behandlung verhindert worden wäre, nicht zu führen.

Selbst wenn der Gutachter nachweisen kann, dass der Arzt versäumt hat, das Antibiotikum zu verschreiben (Behandlungsfehler), und dass der Mann gestorben ist (Schaden), stellt sich die Frage, ob die Entzündung des Herzmuskels den Tod bedingt hat. In diesem Fall war es so, dass es sich um einen multimorbiden Patienten handelte, der intensiv-medizinisch betreut wurde. Neben dem Herzfehler hatte er auch eine entzündete Gallenblase, seine Nieren versagten und die Adern waren stark verkalkt. Der Patient hätte an jeder dieser Erkrankungen allein sterben können. Ich bin keine Fachärztin für Innere Medizin, aber ich weiß, dass wohl kaum ein Sachverständiger bereit wäre zu sagen, dass der Patient voraussichtlich deshalb gestorben ist, weil er kein Antibiotikum bekam. Ein solches Gutachten würden wir jedoch brauchen, um den Prozess mit Erfolg zu führen und zu gewinnen.

Der Beweis

Den Beweis führen zu müssen, ist eine der Grundlagen des juristischen Denkens. Im Arzthaftungsrecht ist daher mein zentraler Gedanke: Der Patient muss die zum Anspruch führenden Tatsachen beweisen. Beweisen muss er drei Dinge, nämlich:

1. dass ein Behandlungsfehler vorliegt,
2. dass ein Schaden vorliegt und
3. die Ursächlichkeit, also dass der Behandlungsfehler genau zu dem aufgetretenen und bewiesenen Schaden geführt hat.

Der Beweis ist ein zentrales juristisches Problem, das sich durch das gesamte Arzthaftungsrecht wie ein roter Faden zieht. Zentrale Norm bezüglich des Beweisens ist der Paragraf 286 der Zivilprozessordnung. In diesem Paragrafen steht: »Das Gericht hat unter Berücksichtigung des gesamten Inhaltes der Verhandlungen und des Ergebnisses einer etwaigen Beweisaufnahme nach freier Überzeugung zu entscheiden, ob eine tatsächliche Behauptung für wahr oder für nicht wahr zu erachten sei.«

Aber welcher Maßstab wird dabei zugrunde gelegt? Ich kann sagen: ein höchster. Es gilt der Grundsatz, dass für die Überzeugung des Gerichts ein so hoher Grad an Wahrscheinlichkeit vorliegen muss, dass er »den Zweifeln Schweigen gebietet«. Zweifel müssen nicht ausgeschlossen sein, aber das Gericht muss so überzeugt sein, dass es guten Gewissens sagen kann: Nach menschlichem Ermessen sind wir sicher, dass es so gewesen ist, und dass es auch anders gewesen sein könnte, ist nahezu ausgeschlossen. Dabei gibt es verschiedene Grade von Wahrscheinlichkeiten:

1. eine hinreichende, das heißt eine Wahrscheinlichkeit von über 50 Prozent,
2. eine große und
3. eine an Sicherheit grenzende Wahrscheinlichkeit.

Als Faustformel kann man sagen, dass die allerhöchste Wahrscheinlichkeit (Punkt 3) gegeben sein muss, damit ein arzthaftungsrechtlicher Anspruch durchgesetzt werden kann.

Als Ärztin weiß ich, dass ich eigentlich immer einen Restzweifel habe, ob denn nun tatsächlich die eine oder andere Maßnahme zu diesem oder jenem Ergebnis geführt hat. Wenn Sie einen Arzt in Ihrem Bekanntenkreis fragen, so wird er Ihnen das bestätigen. Ausgeschlossen werden kann es nicht, dass die Rückenschmerzen nicht wegen der orthopädischen Behandlung verschwunden sind, sondern weil der Patient seine Arbeit gewechselt hat. Der Patient ist eben ein Individuum und reagiert individuell. Damit ein Gericht einen derartigen Zusammenhang als bewiesen annehmen darf, müssen die Zweifel nicht gänzlich ausgeräumt sein, aber sie müssen schweigen. Schweigen heißt, dass Restzweifel zurücktreten, da sie fast ausgeschlossen sind.

Den Beweis nach Paragraf 286 der Zivilprozessordnung (siehe Seite 247) juristisch zu führen, halte ich in vielen Fällen für unmöglich. Dann muss ich meinen Mandanten leider bereits im Vorfeld mitteilen, dass ich die Angelegenheit mangels Erfolgsaussicht nicht vertreten werde. Ihnen das zu vermitteln, fällt mir manches Mal schwer.

So kam ein Mandant zu mir und erklärte, dass es ihm nach einer Bauchoperation ganz schlecht gegangen sei. Aber niemand interessierte sich dafür, vielmehr meinte man, dass es sich um die normalen, nach einer Operation auftretenden Beschwerden handele. Sein durchsetzungsstarker Sohn organisierte kurzerhand einen Transport in die Nachbarklinik, in der ein befreundeter Arzt tätig war. Bei der Aufnahme dort stellte man eine Bauchfellentzündung und erhöhte Laborwerte fest. Der Mann wurde sofort operiert und trug glücklicherweise keinen Gesundheitsschaden davon.

Ich sah mir seine Akten an und begriff, dass er von Glück reden konnte, dass er sich hatte verlegen lassen. Aber einen Anspruch nach dem Arzthaftungsrecht würde er nicht durchsetzen können. Welchen Schaden hätten wir geltend machen können? Weil mein Mandant durch sein Glück knapp einer lebensbedrohlichen Situation entgangen ist und keinen dauerhaften Schaden erlitten hat,

hat er keinen Anspruch auf Schadenersatz. Möge er seinem Sohn für seine Weitsicht danken.

Die Beweislastumkehr

Immer dann, wenn ein »grober Behandlungsfehler« vorliegt, kehrt sich die Beweislast um. In diesen Fällen muss nicht mehr der Patient beweisen, dass der Fehler Ursache für den Schaden ist – was, wie schon gesagt, oft sehr schwierig ist. Vielmehr muss der Arzt nun beweisen, dass der Schaden auch dann entstanden wäre, wenn ihm der Fehler nicht unterlaufen wäre. Und dieser Beweis ist für den Arzt meistens genauso schwierig zu führen. Aber wann liegt ein »grober Behandlungsfehler« vor? In der Rechtsprechung heißt es: Wenn der Arzt eindeutig gegen bewährte ärztliche Behandlungsregeln oder gesicherte medizinische Erkenntnisse verstoßen und einen Fehler begangen hat, der aus objektiver Sicht nicht mehr verständlich erscheint, weil er einem Arzt schlechterdings nicht unterlaufen darf.

Es muss ein Verstoß vorliegen, der »Kopfschütteln« hervorruft, es muss gegen das »Fettgedruckte« verstoßen worden sein, das Verhalten darf aus ärztlicher Sicht nicht nachvollziehbar sein.

Der grobe Behandlungsfehler kommt in allen Fallgruppen des Behandlungsfehlers vor. So wurde er schon angenommen, weil die Entzündungsparameter bei einer Gelenkinfektion nicht bestimmt worden waren oder weil durch das Öffnen des Bauchraumes die tiefen Gefäße mit dem Skalpell verletzt worden waren, sodass der Patient fast verblutete. Ebenso, weil eine histopathologische, also eine feingewebliche Abklärung eines entnommenen, auffälligen Tumors unterlassen oder weil keine Computertomografie nach einer Schädelverletzung durchgeführt wurde. Genauso dann, wenn ein Medikament trotz erheblicher Nebenwirkungen nicht abgesetzt oder auch, wenn ein sichtbarer Knochenbruch auf dem Röntgenbild übersehen wurde.

Auch mehrere Behandlungsfehler, die einzeln betrachtet nicht als grober Behandlungsfehler zu qualifizieren sind, können in der Gesamtschau der Behandlung insgesamt als grob fehlerhaft eingestuft werden.

Ich habe festgestellt, dass die Gutachter immer recht zügig gefragt werden, ob denn ein grober Behandlungsfehler vorliegt. Der Grund liegt wohl darin, dass es dem Patienten zugute kommt, wenn ein grober Behandlungsfehler anzunehmen ist. Wenn sich die Beweislast umkehrt, muss der Patient den oft schwierigen Nachweis der Kausalität zwischen Behandlungsfehler und Schaden nicht erbringen. Das macht es für ihn leichter.

Wie ist es zu dieser Beweislastumkehr gekommen?

Der Bundesgerichtshof hat mit einem Urteil vom 27. April 2004 (IV ZR 34/03) zu dem schon lange bekannten groben Behandlungsfehler Stellung genommen. Er hat ausgeführt, dass es immer zu einer Beweislastumkehr kommt, wenn ein grober Behandlungsfehler vorliegt, der geeignet ist, den eingetretenen Schaden zu verursachen.

In diesem Urteil hat der Bundesgerichtshof seine frühere Rechtsprechung zur Folge eines groben Behandlungsfehlers geändert. Vorher vertrat er die Auffassung, dass es bei einem groben Behandlungsfehler bis hin zu einer Beweiserleichterung des Patienten kommen kann. Je nachdem, wie grob der grobe Behandlungsfehler war. Nach der alten Rechtsprechung lag es damit im Ermessen der Gerichte zu bestimmen, wie weit dem Patienten der Beweis erleichtert wurde. Diesen Ermessensspielraum hat der Bundesgerichtshof zugunsten der Patienten abgeschafft.

Er hat das getan, weil es dem Gebot der Rechtssicherheit zuwiderliefe, wenn es in das Ermessen des Gerichtes gestellt würde, in welcher Form der Beweis erleichtert wird – also, welche Beweiserleichterung greifen würde. Eine flexible und angemessene Lösung wird dadurch nun erreicht, dass der Richter im Einzelfall werten kann, ob er das Behandlungsgeschehen als grob fehlerhaft einstuft oder nicht und es damit zu einer Beweislastumkehr kommt oder nicht.

Im Bürgerlichen Gesetzbuch gibt es den Paragrafen 242. Dieser besagt, »dass der Schuldner die Leistung zu bewirken hat, wie Treu und Glauben nach der jeweiligen Verkehrssitte es erfordern«. Treu und Glauben ist ein übergeordnetes Rechtsprinzip, welches nicht nur auf Schuldverhältnisse anwendbar ist. Mit diesem Rechtsprinzip hat die Rechtsprechung begründet, dass sich die Beweislast unter bestimmten Bedingungen ändert.

Die Daseinsberechtigung des groben Behandlungsfehlers und die daraus folgende Beweislastverteilung zu Ungunsten des Arztes gleicht die Beweisnot des Patienten in Fällen krassen ärztlichen Versagens aus. Er kann sich dann auf die Gerechtigkeit und Treu und Glauben berufen. Das Wörtchen »grob« meint hier nicht, dass dem Arzt besonders schwere Vorwürfe gemacht werden. Es bezeichnet nicht das Maß seines Verschuldens und es geht auch nicht um Bestrafung, sondern darum, dass der Arzt bei einem groben Fehler keinen Nutzen daraus ziehen können soll, dass dem Anspruchsteller aufgebürdet wird, den oftmals schwierigen Kausalitätsnachweis erbringen zu müssen

Der Richter bekommt das letzte Wort und kann einen Behandlungsfehler als »grob« einstufen. Er wertet dabei juristisch am Maßstab von Treu und Glauben unter Berücksichtigung der Aussagen des Sachverständigen. Wenn der Behandlungsfehler vom Gericht als »grob« eingestuft wird, und der Fehler geeignet ist, einen Schaden der vorliegenden Art herbeizuführen, muss der Arzt haften.

Eine sichere Entscheidung darüber, welche Folgen der Behandlungsfehler hatte, kann das Gericht natürlich nur treffen, wenn der Sachverständige entsprechende Aussagen macht. Und einem Sachverständigen, der Mediziner ist und immer den Einzelfall und die vielen möglichen Faktoren im Blick hat, wird es schwerfallen zu sagen, der Schaden sei »zweifelsfrei« auf den Behandlungsfehler zurückzuführen – so eindeutig, dass die Zweifel im Sinne des Paragrafen 286 der Zivilprozessordnung schweigen. In eben den vielen Fällen, in denen der Sachverständige nicht zweifelsfrei sagen kann, welche Schäden der Behandlungsfehler verursacht hat, stellt die Beweislastumkehr eine Art »Waffengleichheit« her.

Wie das konkret aussieht, möchte ich am Beispiel des schwerkranken Mannes von Seite 59 zeigen.

Stellen wir uns vor, das Gericht kommt zu dem Ergebnis, dass es einen groben Behandlungsfehler darstellt, diesem Mann nicht vorbeugend ein Antibiotikum verordnet zu haben. Damit kehrt sich die Beweislast um: Jetzt muss der Arzt beweisen, dass der Mann auch gestorben wäre, wenn er das Antibiotikum eingenommen hätte – er also nicht an der Entzündung des Herzmuskels gestorben ist. Das ist schwierig bis unmöglich!

Steht ein grober Behandlungsfehler fest, so ist es für die Haftung des Arztes ausreichend, dass der Fehler eben grundsätzlich geeignet ist, einen Schaden der vorliegenden Art herbeizuführen. Der grobe Behandlungsfehler muss den Schaden nicht monokausal, nicht als einzige Ursache, hervorgerufen haben. Es genügt, wenn er zusammen mit anderen Ursachen den Schaden herbeigeführt haben kann und es nicht völlig unwahrscheinlich ist, dass er einen Beitrag daran geleistet hat. In dem vorliegenden Fall hat die Entzündung sicher mit zum Tod beigetragen, vielleicht nicht als einzige Ursache, aber immerhin. Damit wäre eine Haftung des Arztes gegeben.

Es bedarf einer gewissen Vorsicht, wenn man mit einem groben Behandlungsfehler argumentiert. Der Bundesgerichtshof hat in einer Reihe von Urteilen festgestellt, dass grobe Behandlungsfehler Ausnahmen sein sollten. Es sei nicht zulässig einen Behandlungsfehler ohne Weiteres als grob zu bewerten. Sicherlich ist das der Grund, warum bei vielen Gerichtsverhandlungen das Gericht mehrfach und mit unterschiedlichen Fragen an den Sachverständigen prüft, ob denn nun wirklich ein grober Behandlungsfehler vorliegt oder ob das nicht der Fall ist.

Die unterlassene Befunderhebung

Der Bundesgerichtshof hat in den 90er-Jahren die Rechtsfigur der »unterlassenen Befunderhebung« geschaffen. Sie unterläuft zunächst den, oftmals nicht zu einer Haftung führenden, einfachen Diagnoseirrtum, der nur zurückhaltend überhaupt als Behandlungsfehler gewertet wird. Wenn mit einer gebotenen Befunderhebung der Diagnoseirrtum vermeidbar gewesen wäre, so liegt der Schwerpunkt des Vorwurfs darin, dass der Arzt bestimmte Befunde unterlassen hat zu erheben. Aus der unterlassenen Befunderhebung als Behandlungsfehler ergibt sich häufig und leichter eine Beweislastumkehr, als das bei dem privilegierten Diagnose-irrtum der Fall ist, und das spielt für uns Anwälte zunehmend eine große Rolle.

Bevor der Arzt den Patienten behandeln kann, muss er sich einen Überblick verschaffen: Er muss den Patienten untersuchen, um dann sagen zu können, an welcher Krankheit er leidet. Erst wenn der Arzt sich festlegen und eine Diagnose stellen kann, kann die Behandlung beginnen. Fehler bei der Untersuchung des Patienten auf dem Weg zur Diagnose können dazu führen, dass frühzeitig die Weichen für die Behandlung falsch gestellt werden. Die Folgen für den Patienten können fatal sein.

Ein Herzinfarkt hat typische Symptome und ist kaum zu verkennen, wenn diese vorliegen. Sehr starke Schmerzen im Brustkorb, die in den linken Arm ausstrahlen, ein beschleunigter Puls, kalter Schweiß und Atemnot. Es passieren aber auch Herzinfarkte, die keines dieser typischen Symptome verursachen und sich zum Beispiel nur durch Rücken- und/oder Schulterschmerzen bemerkbar machen. Der Arzt weiß das. Gibt es Verdachtsmomente dafür, dass ein Herzinfarkt Ursache der plötzlich aufgetretenen Rückenschmerzen ist, muss der Arzt durch ein EKG und Blutuntersuchungen abklären, ob ein Herzinfarkt vorliegt oder nicht. Geschieht dies nicht, wird folglich der Herzinfarkt nicht erkannt und bleibt daher unbehandelt, kann das fatale Folgen haben und natürlich letztlich sogar zum Tode führen.

Im Fall des jungen Fußballers, bei dem der Arzt ein Schulter-Arm-Syndrom diagnostizierte, obwohl er einen Herzinfarkt hatte, führt die falsche Diagnose nicht zu einer Haftung. Es waren keine Anhaltspunkte vorhanden, die den Verdacht auf einen Herzinfarkt nahegelegt haben. Aber wenn man dem Arzt vorwerfen kann, dass er erforderliche Untersuchungen nicht durchgeführt und notwendige Befunde nicht erhoben hat – so wie bei dem 65-Jährigen, der ein paar Stunden später mit den gleichen Symptomen in die Klinik kam – ist das ein Behandlungsfehler. Dieser Mann hätte auf einen Herzinfarkt hin untersucht werden müssen. Wurde er aber nicht.

Ausgangspunkt der rechtlichen Beurteilung von Fehlern in diesem frühen und grundlegenden Stadium der Behandlung ist folgende Überlegung: Hätte der Arzt im Beispiel des 65-Jährigen ein EKG geschrieben, wären darauf die Zeichen des Herzinfarkts deutlich zu erkennen. Auch die Blutuntersuchung hätte unverkennbare Hinweise darauf geliefert. Würde der Arzt diese Befunde falsch auswerten und weiter von einem Schulter-Arm-Syndrom ausgehen, so verstieße er gegen elementare Regeln. Hier keinen groben Behandlungsfehler anzunehmen, ist kaum vorstellbar. Der Arzt muss daher für die Folgen der Fehldiagnose Schadenersatz leisten; nämlich für die Folgen der verspätet eingeleiteten Therapie. Es wird davon ausgegangen, dass die Behandlung des Herzinfarkts bei rechtzeitiger Diagnose optimal verlaufen wäre. Sämtliche Unsicherheiten gehen zu Lasten des Arztes. Das ist wichtig, weil nicht auszuschließen ist, dass der Herzinfarkt bei rechtzeitiger Diagnose die gleichen Folgen gehabt hätte. Es ist nie auszuschließen, dass die Behandlung ungünstig verlaufen wäre. Ohne eine Beweislastumkehr hat der Patient daher große Schwierigkeiten nachzuweisen, dass ihm ein Schaden entstanden ist. Bevor der Bundesgerichtshof seine Rechtsprechung zur unterlassenen Befunderhebung entwickelt hat, wurde der Arzt, der die notwendigen Untersuchungen gar nicht erst durchgeführt hat, privilegiert. Dass die Untersuchungen nicht durchgeführt wurden, wurde natürlich als Fehler bewertet, aber alle Unsicherheiten, wie sich die Krankheit bei korrekter Diagnostik und Therapie entwickelt hätte, gingen zu Lasten des Patienten. In vielen dieser Fälle konnte der Patient nur Erfolg haben, wenn ein grober Behandlungsfehler festgestellt wurde. Und die Hürden dafür liegen hoch.

Dass der Arzt, der in einem sehr wichtigen Stadium der Behandlung eine notwendige Untersuchung nicht durchführt, rechtlich besser gestellt wird als der, der die Untersuchung zwar durchführt, ihr Ergebnis aber falsch bewertet, hat der Bundesgerichtshof als ungerecht empfunden. Er hat daher in einer Reihe von Urteilen seine Rechtsprechung zur Beweislastumkehr für den Ursachenzusammenhang zwischen Behandlungsfehler und Gesundheitsschaden bei einem Befunderhebungsfehler entwickelt. Entsprechend kommt es auch dann zu einer Beweislastumkehr, wenn der Arzt eine notwendige Untersuchung nicht durchgeführt hat, aber diese Untersuchung wahrscheinlich zu einem Ergebnis geführt hätte, das eine Reaktion des Arztes erfordert hätte – und die ausbleibende Reaktion des Arztes auf dieses fiktive, aber wahrscheinliche Ergebnis der Untersuchung, die nicht durchgeführt wurde, sich als grober Behandlungsfehler darstellt.

Liegen diese Voraussetzungen vor, kommt es auch zu der vom Bundesgerichtshof gewünschten Gleichbehandlung. Für den Patienten stellt diese Beweislastumkehr eine deutliche Erleichterung bei der Geltendmachung seiner Ansprüche dar.

Befunderhebungsfehler finden sich in der Anfangsphase der Behandlung, wenn der Arzt eine Diagnose stellt, aber auch im weiteren Verlauf, zum Beispiel nach einer Operation, wenn der Patient überwacht werden muss.

Wenn nach einem Trauma, etwa einem Unfall, Schmerzen bestehen, muss geröntgt werden. Tut der Arzt das nicht, ist das ein einfacher Behandlungsfehler. Wenn aber davon auszugehen ist, dass auf dem Röntgenbild ein Knochenbruch zu sehen gewesen wäre, so wäre es unverständlich gewesen, den Patienten weiter den Knochen belasten zu lassen. Die Beweislast kehrt sich um: Der Patient muss nicht nachweisen, wie sein Verlauf gewesen wäre, wenn der Knochenbruch gleich am Anfang erkannt worden wäre. Wenn eine Entzündung vorliegt, so muss ein Wundabstrich genommen werden. Das wurde unterlassen. Wenn dann weiter davon auszugehen ist, dass der Abstrich zu einer Wundrevision (chirurgisch-optische Kontrolle der Wunde) geführt hätte, deren Nichtvornahme sich als grober Behandlungsfehler darstellt, so würde sich die Beweislast ebenfalls umkehren.

Die Unwägbarkeiten, mit denen man im Verlauf eines gerichtlichen Verfahrens konfrontiert wird, lassen sich nicht ausschalten. Eine zentrale Frage ist immer: Wie wird der Sachverständige die Angelegenheit bewerten?

Mein Vorteil ist sicherlich, dass ich die Frage, ob das Gericht einen groben Behandlungsfehler annehmen wird, als Ärztin beurteilen kann. Ich habe immer wieder Fälle erlebt, bei denen ich keine Gutachten vorliegen hatte, die diese Annahme stützten und die ich am Ende trotzdem gewann, weil ich selbst das Verhalten als grob beurteilen konnte. Mein eigenes ärztliches Wissen ermöglicht es mir, viele Dinge einschätzen zu können. Wenn ich denke, dass gegen das Mediziner-Einmaleins verstoßen wurde, gehe ich in das gerichtliche Verfahren, auch wenn ich weiß, dass es ohne den »groben« Behandlungsfehler nicht gewonnen werden kann. Und gewinne oft.

Eines ist klar: Es ist riskant in ein gerichtliches Verfahren zu gehen, das man nur gewinnen kann, wenn man auf die Karte eines groben Behandlungsfehlers setzt, der die Ausnahme darstellt.

Schadenersatz

Wenn ein Mandant zu mir kommt, möchte er in der Regel Geld als Genugtuung und Ausgleich für den Schaden. Aber: Wie viel Geld? Wie lässt sich der Schaden beziffern?

Dazu ein Beispiel aus meinem Berufsalltag: Ein junges Mädchen wurde am Blinddarm operiert. Am nächsten Tag klagte sie über Schmerzen. Sie hatte eine Abwehrspannung und leicht erhöhte Temperatur. Der Arzt befürchtete eine Bauchfellentzündung. Trotzdem wartete er erst einmal ab. Statt bereits am Dienstag, operierte er sie am Mittwoch. Das ist ein klarer Behandlungsfehler durch Unterlassen. Der Schaden liegt erst einmal darin, dass das Mädchen einen Tag lang Schmerzen hatte. Im weiteren Verlauf bildete sich bei dem jungen Mädchen ein Abszess aus, die Eileiter wurden tangiert und das Mädchen musste zwei weitere Male operiert werden. Darüber verwuchs, bedingt durch die Entzündung, der Darm mit anderen Organen und der Bauchdecke. Das Mädchen hatte weiterhin Schmerzen und musste nochmals operiert werden.

Hier stellt sich für mich die Frage, ob diese Komplikationen den Schaden des Mädchens darstellen und ob dieser kausal auf das Unterlassen zurückzuführen ist. Bildete sich der Eiterherd und verklebten die Organe, weil einen Tag später operiert wurde?

Als Arzt wird man sagen müssen, hätte man früher operiert, hätte sich diese Komplikationen nicht in dem Maße ausgebildet. So konnten sich die Bakterien einen Tag länger ausbreiten und vermehren. Aber es stellt sich gleichzeitig die Gegenfrage: Wären die Komplikationen mit an Sicherheit grenzender Wahrscheinlichkeit nicht eingetreten, wenn bereits am Dienstag operiert worden wäre? Diese Frage ist wohl kaum zu beantworten, da die individuelle Disposition des Mädchens und ihr Immunsystem auch noch eine entscheidende Rolle spielten. Als Schaden bleibt unstreitig für mich: ein Tag Schmerzen. Wie soll ich den beziffern? Ich konnte hier einen Vergleich in Höhe von 1000 Euro erzielen, der mit Sicherheit noch nicht einmal ansatzweise den Behandlungsverlauf zu kompensieren vermochte.

Dieser Fall zeigt deutlich, was es für die Patienten bedeutet, dass es so schwierig ist, die Folgen eines Behandlungsfehlers zu belegen. Meine Mandantin erhielt Schadenersatz nur für einen kleinen Teil der Beschwerden. Aber die schweren Folgen der verzögerten Operation hätten eben vielleicht auch bei korrekter Behandlung auftreten können. Die Zweifel waren nicht auszuräumen. Das wirkte sich zugunsten des Arztes und seiner Haftpflichtversicherung aus, und führte dazu, dass diese nur für einen kleinen Teil des Schadens aufkam.

Wenn ich Gespräche mit meinen Mandanten darüber führe, dass es oft problematisch ist, einen Schaden nachzuweisen, achte ich auf ihre Wortwahl. Oftmals erklären sie mir, sie gingen davon aus, dass der Verlauf besser gewesen wäre, die Heilung nicht so lang gedauert hätte und ihnen die Chance genommen worden sei, dass alles wieder so wird wie früher. Zuweilen glauben die Mandanten, »es hätte ganz schlimm kommen können«. Analysiert man diese Einschätzungen, so ist festzustellen, dass der Patient manchmal selbst nicht sicher ist, welcher Schaden denn nun eigentlich aufgrund des vermeintlichen Behandlungsfehlers entstanden ist. Nur in seltenen Fällen können diese »Selbsteinschätzungen« außer Acht gelassen werden, vielmehr weisen diese nicht nur den Weg zu meiner juristischen Einschätzung und damit zu sachgerechten Lösungen, sondern helfen auch, zu erklären, warum der Nachweis des Schadens schwierig zu erbringen sein wird. Das Bauchgefühl trügt selten. Daher besprechen wir Juristen gern Fälle mit Laien, um deren Meinung zu erfahren. Die laienhafte Sichtweise führt nicht immer, aber oft zum richtigen Ergebnis.

Da wackelten die Zähne

Schwierig wird es, wenn der Mandant den Beweis im Mund hat

Helene Vielmann verkneift sich jetzt das Lachen. Sie hält die Lippen stets geschlossen, sogar beim Reden macht es den Eindruck, als sei sie bemüht, nicht die Zähne zu zeigen. Als ich sie das erste Mal sah, wunderte ich mich, denn der harte Zug, der dadurch in ihrem Gesicht entstand, passte so gar nicht zu der Frau, die da durch die Tür kam. Sie war schick, gepflegt, jemand, der auf seine Figur und seine Kleidung achtete, und warf einen offenen Blick auf die Welt um sich herum. Alles an ihr wirkte, als sei sie der Typ Frau, der Gespräche in Gang bringt. Nur ihr Mund tat es nicht.

Schnell war klar, warum das so ist. Statt der eigenen Zähne trägt sie zu einem großen Teil schon Dritte, und die Idee, dass andere das sehen könnten, ist Frau Vielmann peinlich. »Omas tragen vielleicht ein Gebiss«, sagt sie. »Doch sogar bei denen wird das heutzutage immer seltener.« Und für eine attraktive Frau, die gerade 40 geworden ist, ist eine Zahnprothese ein Ding der Unmöglichkeit. Schon ein Kleinkind weiß heute, dass bei regelmäßiger Pflege die eigenen Zähne bis ins hohe Alter halten können. Frau Vielmann ist überzeugt, dass die Leute denken, sie sei daran wohl selber schuld. Aber ihrer Meinung nach liegt die Schuld bei ihrem Zahnarzt.

In meiner Kanzlei nehmen die Zahnarztfälle zu. Das hängt zum Teil damit zusammen, dass Patienten häufig sehr hohe

Summen aus eigener Tasche dafür bezahlen müssen, um ihre Zähne behandeln zu lassen. Deswegen sind sie auch wenig tolerant, wenn die Behandlung nicht ganz rund läuft. Es hängt aber auch damit zusammen, dass die meisten Zahnärzte ihre Patienten viel zu wenig über die Risiken aufklären. Nur selten machen sie ihnen deutlich, dass sie zwar versuchen können, einen Zahn zum Beispiel durch eine Wurzelkanal-Behandlung zu retten, aber es eben auch gut sein kann, dass dies nicht gelingt – und dass eventuell später die Krone, für die der Patient etliche hundert Euro bezahlt hat, wieder aufgebohrt werden muss, weil der Zahn Terror macht. Die Mandanten sagen häufig zu mir:»Hätte ich gewusst, dass die Behandlung vielleicht nicht erfolgreich ist, hätte ich mir den Zahn lieber gleich ziehen gelassen und das Geld gespart.« Dann suchen sie sich einen Anwalt und setzen ein Verfahren in Gang. Und mit etwas Glück kommt ein Gutachter, nachdem er sich den Wurzelkanal sehr genau angesehen hat, zu dem Schluss, dass der Kollege nicht ganz sauber gearbeitet oder gar einen Behandlungsfehler gemacht hat.

Ich erinnere mich noch gut an meinen ersten Zahnarztfall: Eine Frau, die immer darunter gelitten hatte, dass ihre Zähne nicht richtig gut aussahen, war zu Geld gekommen und beschloss, dieses in ihr Aussehen zu investieren. Ein Kieferorthopäde sollte die Zähne richten. Er fertigte eine Brücke im hinteren Mundbereich an. Der Zahnarzt wollte alle alten Füllungen erneuern und richtig schöne Inlays aus Keramik anfertigen. Es war eine Komplettsanierung, die sich über Wochen hinzog.

Die Frau klagte schon nach den ersten Behandlungen über Schmerzen.»Warten Sie mal ab«, sagte der Zahnarzt,»das passt jetzt noch nicht zusammen, aber wenn wir die andere Seite gemacht haben, wird alles gut.« Aber nichts wurde gut. Die Schmerzen wurden immer heftiger. Bald konnte die Frau nichts mehr essen. Sie ging weiterhin zu demselben Zahnarzt und ließ sich von ihm behandeln. Sie hoffte darauf, dass alles gut werden würde. Und sie wurde enttäuscht. Bald drehte sich bei ihr alles nur noch um die Zähne. Es war nicht mehr möglich, sich mit ihr über etwas anderes zu unterhalten. Ihre Welt zerbrach, sie rutschte in eine tiefe Depression und musste sich sogar stationär behandeln lassen.

Dieser Fall hat mich lange Zeit beschäftigt. Es war sehr eindeutig, dass irgendwo etwas schiefgelaufen war. Aber wo, war nicht mehr zu ergründen. Wir versuchten, die gesamte Planung zu hinterfragen. Aber wir konnten nicht objektivieren, nicht sagen: Hier war der Fehler, daraus entstand der Schaden. Zähne sind schwierig. Sie liegen meines Erachtens zu dicht bei den Hirnnerven und auch Kleinigkeiten können große Schmerzen verursachen.

Bei den Zähnen gibt es aber noch einen zweiten Umstand, der es uns Arzthaftungsrechtlern schwer macht: Wenn der Zahnarzt einen Fehler gemacht hat, lässt sich das oft nur anhand der Zähne beweisen. Und die sitzen im Kiefer des Betroffenen. Behandelt man sie, um die Schmerzen abzustellen, ist damit meistens auch der Beweis dafür vernichtet, dass unsauber gearbeitet worden ist.

Zu mir kam zum Beispiel eine Frau, die sich eine Prothese hatte machen lassen, die nicht richtig saß. Sie hatte Schmerzen, das Zahnfleisch entzündete sich. Sie konnte kaum noch essen und lebte von Haferflocken und Suppe. Sie ging zu ihrem Zahnarzt. Doch der wollte von der Vorahnung, dass hier etwas falsch lief, nichts wissen. Er feilte hier, unterpolsterte da und verschrieb Salben gegen die Entzündung. Nichts half. In sechs Monaten saß die Frau an die 50-mal bei ihrem Zahnarzt auf dem Stuhl. Die Schmerzen blieben.

Nach einem halben Jahr – sie hatte inzwischen 20 Kilo abgenommen – reichte es dieser Mandantin. Sie holte sich Hilfe bei ihrer Krankenkasse. Ein Gutachter stellte fest, dass die Prothese nicht zu ihrem Kiefer passte: Sie ließ keinen Platz für die Zunge. Der Gutachter befand, statt zu feilen, hätte der Zahnarzt gleich eine neue Prothese anfertigen müssen.

Warum er das nicht getan hatte? Vielleicht, weil er die aus eigener Tasche hätte bezahlen müssen. Vielleicht aber auch, weil er an seine Arbeit glaubte. Als er das Gutachten sah, lenkte er zum Glück ziemlich schnell ein und wir konnten uns außergerichtlich einigen. Hätten wir uns nicht außergerichtlich einigen können, so hätten wir ein echtes Problem gehabt. Denn die Frau trug das Beweisstück, nämlich die Zähne, in ihrem Mund. Und diese Zähne schmerzten und waren behandlungsbedürftig. Wenn die Aussagen eines Privatgutachters vom Gegner abgelehnt werden, so brauchen wir ein gerichtliches Sachverständigen-Gutachten, das dann nicht mehr einfach abgelehnt werden kann. Das bekommen wir in dem gerichtlichen Verfahren. Doch bevor die Argumente ausgetauscht worden sind, ein Beweisbeschluss erlassen und ein Sachverständiger mit der Begutachtung beauftragt wird, dauert es. Häufig zieht mehr als ein Jahr ins Land, ein Jahr, das die Mandantin mit Schmerzen verbringen müsste. Der Gegner bekommt anschließend noch Zeit, das Gutachten zu studieren und es eventuell infrage zu stellen. Auch das dauert. Und derweil leiden die Mandanten.

Ich schreibe in solchen Fällen das Gericht an, um zu erfragen, ob die Beweise inzwischen so gut gesichert sind, dass mein Mandant sich behandeln lassen kann. Die Richter schreiben mir dann zurück, sie könnten dazu nichts sagen, schließlich wüssten sie nicht, was die Gegenseite zukünftig für Einwendungen gegen das Gutachten erheben würde und ob anschließend der Sachverständige den Ist-Zustand der Zähne noch brauche.

Zu meiner damaligen Mandantin konnte ich nur sagen: »Wenn Sie auf der ganz sicheren Seite sein wollen, warten Sie ab, wie das Gericht in erster Instanz entscheidet. Sollte das zu unseren Ungunsten ausgehen und wir Berufung einlegen, müssten Sie vermutlich auch das noch abwarten. Schließlich sind Sie in der Beweislast.« Natürlich kann man niemandem zumuten, monate- oder sogar jahrelang mit Zahnschmerzen herumzulaufen. Aber die juristischen Spielregeln können wir Anwälte eben leider auch nicht ändern. Wir können nur versuchen, so oft wie irgend möglich eine schnelle außergerichtliche Einigung zu erreichen.

Wenn das nicht gelingt, so gibt es die Möglichkeit, ein Verfahren zur Beweissicherung beim Gericht zu beantragen, damit der Beweis – also die Zähne – begutachtet werden und die Patienten sich in der Regel in die Nachbehandlung begeben und damit den Beweis vereiteln können. In diesem Fall liegt ein Gutachten meist schon nach sechs Monaten vor. Meine Mandantin hätte mit der nicht passenden Prothese jedoch zunächst weiter herumlaufen müssen. Und das eben mindestens für sechs lange Monate. Wer an starken Zahnschmerzen leidet, geht aber doch am liebsten noch am selben Tag zum Zahnarzt – sechs Monate auf ein Gutachten zu warten, das steht mit Zahnschmerzen kaum jemand durch.

Frau Vielmann – die Frau, die sich das Lachen verkneift – kam im Sommer 2008 zu mir. Sie war eigentlich nicht der Typ, der vor Gericht zieht: Eine freundliche, engagierte Frau, die Betriebswirtschaft studiert und sich aber anschließend ganz ihrer Familie gewidmet hat. Bei einem Klassentreffen traf sie eine Kollegin und erzählte dieser ihre Zahn-Geschichte. »Das kannst Du doch nicht einfach so auf sich beruhen lassen«, sagte die Freundin zu ihr. Immerhin ging es nicht nur um das gute Aussehen, sondern auch um eine erhebliche Summe Geld. Und so kam sie zu mir.

Sie erzählte, sie habe ihrem Zahnarzt immer vertraut. Sie hatte sich über viele Jahre hinweg bei ein und demselben Zahnarzt behandeln lassen. Mitte der 90er-Jahre war sie zum ersten Mal in seiner Praxis und hatte seither regelmäßig dort Termine vereinbart, auch für ihre Kinder. Man kannte sich. Es war ein bisschen so wie früher mit dem Hausarzt: Der Zahnarzt war ein fester Bestandteil in ihrem Leben. Was er sagte, galt. Es gab auch keinen Grund, das infrage zu stellen. Denn größere Probleme tauchten keine auf. Nur dass ihr Zahnfleisch anfangs ein wenig, im Laufe der Jahre auch ab und zu stärker blutete. Der Zahnarzt erklärte, sie habe eine leichte Parodontitis, ohne näher zu erläutern, was das bedeutet. Er frischte das Zahnfleisch ein wenig an – das heißt, er entfernte einen Teil, damit es neu nachwachsen konnte – und schickte sie wieder nach Hause.

Der Schock kam nach zwölf Jahren. Es war Sommer, die Ferien nahten, und Frau Vielmann litt unter Zahnschmerzen. Ihr Zahnarzt war schon im Urlaub. Daher ging sie zu einem anderen. Und der war entsetzt. »Das geht gar nicht!«, sagte er und beschrieb ihr, was er sah: Die Parodontitis hatte den Kieferknochen schon so weit zersetzt, dass die Zähne wackelten. Er überwies sie sofort in die Uniklinik, um dort eine dreidimensionale Aufnahme des Kiefers machen zu lassen. Er zeigte ihr das Bild: Die Zähne steckten nur noch mit den Spitzen im Kiefer, der Rest des Knochens war abgebaut. Einer der oberen Backenzähne fiel gleich aus, als er ihn anfasste. Weitere neun – sieben im Oberkiefer, zwei im Unterkiefer – mussten gezogen werden. Und für Frau Vielmann stellte sich die Frage: Warum hat mein vertrauter Zahnarzt das nicht gesehen? Wie kann es angehen, dass ein so großer Schaden entsteht, obwohl ich regelmäßig zur Kontrolle dort war?

Der neue Zahnarzt tat, was der alte längst hätte getan haben müssen: Er erklärte ihr sorgfältig, was Parodontitis ist, wie sie entsteht und wie man sie eindämmen kann. Er zeigte ihr, wie sie mit Zahnseide und Zwischenraumbürstchen auch bis in die Nischen zwischen den Zähnen kommen konnte, riet ihr, sich eine Ultraschall-Zahnbürste anzuschaffen, und erläuterte ihr, wie man damit umgeht. So regelmäßig, wie sie früher zur Kontrolle ging, hat sie seither auch die professionelle Zahnreinigung machen lassen. Mit etwas Glück kann es perspektivisch gelingen, die Parodontitis zu stoppen und wenigstens die noch vorhandenen Zähne zu retten. Aber für zehn ihrer Zähne kam diese Maßnahme zu spät. Helene Vielmann brauchte nun eine Prothese. Idealerweise würden die fehlenden Zähne durch Implantate ersetzt werden können. Da man bei ihr dafür den Kieferknochen wieder aufbauen müsste, wäre das eine schwierige Operation. Die Kassen übernehmen die Kosten für eine solche Maßnahme nicht. Bei meiner Mandantin stand eine Sinuslift-Operation an. Dabei wird versucht, die Zähne in der Kieferhöhle zu verankern. Allein für den Oberkiefer liegen die Kosten bei 15 000 bis 20 000 Euro. Frau Vielmann hätte dafür einen Kredit aufnehmen müssen: Zwar verdiente ihr Mann nicht schlecht, aber bei vier Kindern – die sich alle in der Ausbildung befanden – konnte die Familie sich solche großen Ausgaben nicht leisten. Und selbst wenn sie das Geld dafür zusammengebracht hätte, wäre es noch längst nicht gesagt, dass die Implantate tatsächlich festwachsen würden. So etwas kann glücken. Muss es aber nicht. Frau Vielmann brauchte zunächst dringend das Geld, damit sie sich diese Behandlung überhaupt erst leisten konnte.

Ich hörte Frau Vielmann damals mit gemischten Gefühlen zu. Ich selbst mag Zahnarzttermine ziemlich wenig und konnte mir gut vorstellen, wie zufrieden sie all die Jahre mit ihrem Zahnarzt gewesen war: Wer ist nicht froh, wenn er einmal wieder ohne größere Behandlung davongekommen ist. Aber die Idee, dass unter der regelmäßig kontrollierten Oberfläche ein solches Drama lauern könnte, war erschreckend. Für mich war klar, dass der Zahnarzt einen Fehler gemacht hatte: Da er die Parodontits diagnostiziert hatte, hätte er auch eine entsprechende Behandlung vornehmen müssen. Er hätte Frau Vielmann schon vor etlichen Jahren gezeigt haben müssen, wie sie durch sorgfältiges Putzen und professionelle Zahnreinigung ihre Zähne hätte retten können. Hätte, hätte. Hatte er aber nicht. Er hatte ihr nicht einmal klargemacht, dass es ein ernsthaftes Problem gab.

Im Sinne des Arzthaftungsrechts mussten wir aber noch einen Schritt weiterdenken und beweisen, dass dieser Fehler den Verlust der Zähne bewirkt hat – eine Frage der Kausalität. Hätte wirklich der Zahnverlust mit höchster Wahrscheinlichkeit vermieden werden können, wenn das gemacht worden wäre, was dem zahnärztlichen Standard entsprochen hätte. Und da musste ich Frau Vielmann ganz klar sagen: Nein, das würden wir nicht nachweisen können. Die Chancen wären gut gewesen. Aber mit »höchster Wahrscheinlichkeit« ist mehr als das.

Wir mussten anders an die Sache herangehen. Vielleicht würde es gelingen, sich außergerichtlich zu einigen. Wenn nicht, müssten wir dem Zahnarzt einen groben Behandlungsfehler nachweisen – und er wiederum würde seinerseits beweisen müssen, dass die Zähne auch ausgefallen wären, wenn er bei Frau Vielmann eine ordentliche Prophylaxe betrieben hätte. Und das zu beweisen würde ihm nicht gelingen. Die Beweislast wäre umgekehrt. Ja, es hätte sein können, dass die Zähne auch dann ausgefallen wären. Aber »hätte sein können« reicht für das juristische Beweismaß nicht.

Frau Vielmann konnte von Glück reden, dass sie mit ihrer Prothese einigermaßen zurechtkam. Denn was danach folgte, war langwierig und mühsam. Mit akuten Schmerzen und den Zähnen weiterhin als Beweisstücke in ihrem Mund, hätte sie diese Phase nicht durchgestanden. Denn das erste Jahr verging damit, herauszufinden, wer eigentlich unser Gegner war. Normalerweise ist der Weg einfach: Ich hätte den Zahnarzt angeschrieben und mit seiner zuständigen Haftpflichtversicherung korrespondiert. Wir hätten versucht, uns außergerichtlich zu einigen. Aber welche Haftpflichtversicherung war in diesem Fall zuständig? Die Zuständigkeit richtet sich nach dem Zeitpunkt, zu dem der Fehler begangen worden ist. Aber zu welchem Zeitpunkt war das? Lagen bereits zu Beginn der Behandlung Befunde vor, auf die der Zahnarzt hätte reagieren müssen oder sind diese erst im Verlauf aufgetreten? Da der Zahnarzt seine Haftpflichtversicherung im Laufe der Zeit dreimal gewechselt hatte, war seine jetzige nicht zuständig. Aber welche davor? Eine Stellungnahme ließ auf sich warten. Es war bald ein Jahr ins Land gezogen, als die sich zuständig fühlende Haftpflichtversicherung schrieb und den Anspruch mit der Begründung ablehnte, Frau Vielmann habe eine »suboptimale Compliance« – sprich, sie hätte sich nicht an das gehalten, was man ihr verordnet hatte. Zahnärzte kennen dafür die Kürzel »OS«, das steht für »Oralsau«. Aber ich kannte Frau Vielmann und wusste, wie sorgfältig sie auf sich achtete. Damit konnten sie nicht punkten.

Kurz darauf, während wir die Klageschrift vorbereiteten, erhielten wir überraschenderweise wieder Post von der sich eigentlich zuständig fühlenden Haftpflichtversicherung. Da hieß es:»In der Sache selbst teile ich Ihnen mit, dass es unserem Mandanten in der Zwischenzeit gelungen ist, eine andere Berufshaftpflicht zu eruieren, die höchstwahrscheinlich für den in Betracht kommenden Zeitraum deckungspflichtig ist. Wir haben diese bereits angeschrieben. Eine Stellungnahme von dort wird sicherlich erfolgen.« Und dann passierte wieder lange gar nichts. Wir haben die Füße stillgehalten, weil mir eine außergerichtliche Lösung mit der Versicherung als der beste Weg erschien, da wir nur gewinnen konnten, wenn das Gericht zu dem Ergebnis käme, dass ein grober Behandlungsfehler des Zahnarztes vorliegt. Aber irgendwann mussten wir Klage erheben. Und das taten wir auch.

Nach dem üblichen schriftlichen Austausch der Argumente wurde schließlich ein Sachverständiger beauftragt. Damit wurde es spannend. Würde er unserer Argumentation folgen und einen groben Behandlungsfehler feststellen? Der Fall lag in einem Graubereich: Um die Parodontitis zu stoppen und die Zähne von Frau Vielmann zu retten, hätte der Zahnarzt unter anderem professionelle Zahnpflege verordnen müssen. Aber die Krankenkassen zahlen dafür häufig nicht, seinerzeit mussten im Zuge der Gesundheitsreform die Patienten diese Leistung in aller Regel selbst bezahlen. Kann es ein grober Behandlungsfehler sein, wenn ein Zahnarzt etwas nicht macht, was von den Krankenkassen nicht bezahlt wird?

Andererseits: Mit dem von der Kasse gezahlten zahnärztlichen Standard konnte man dieser Patientin nicht helfen. In einem schwerwiegenden Fall wie diesem hätte der Zahnarzt zumindest Frau Vielmann erklären müssen, dass es zum zahnmedizinischen Standard gehören würde, die Prophylaxe zu betreiben, jedoch die Krankenkasse dafür gegebenenfalls nicht aufkommt. Doch in ihrem Fall war der parodontale Abbau so weit fortgeschritten, dass man alles versuchen musste, um die Zähne zu retten. Wenn der Zahnarzt sich dahinter geklemmt hätte, hätte die Krankenkasse sicher auch für die Zahnreinigung gezahlt – so, wie sie auch bei schwierigen Schwangerschaften für die Feindiagnostik bezahlt, obwohl das nicht zu den bezahlten Leistungen gehört. Aber der Zahnarzt hatte es ganz offensichtlich nicht einmal versucht.

Es hängt immer viel davon ab, wer der Sachverständige ist, der durch das Gericht mit dem Abfassen eines Gutachtens beauftragt wird. Ein junger Sachverständiger würde uns im Fall von Frau Vielmann vermutlich eher zustimmen als ein älterer: Für einen frisch ausgebildeten jungen Zahnarzt ist es selbstverständlich, Prophylaxe zu betreiben und die Parodontitis damit in den Griff zu bekommen. Alle neueren wissenschaftlichen Erkenntnisse sprechen dafür. Ein älterer Zahnarzt dagegen, der schon seit 30 Jahren in seiner Praxis arbeitet, denkt darüber vielleicht noch anders.

Die Parteien haben nur sehr begrenzt Einfluss darauf, wer als Sachverständiger bestellt wird. Und wenn ich mich zu weit aus dem Fenster lehne, nehmen sie den, den ich haben möchte, bestimmt nicht, weil der Gegner das nicht möchte. Das Gericht ist schließlich immer bemüht, einen Sachverständigen zu beauftragen, mit dem beide Parteien leben können. Ich kann auch den von dem Gericht vorgeschlagenen nicht vorher anrufen und ihn fragen, wie er den Fall sieht. Klage einzureichen war allein aus diesem Grund riskant. Ich schätzte die Chance zu gewinnen auf fifty-fifty.

Ein weiteres Problem ist, dass es für Sachverständige oft schwierig ist, nachzuvollziehen, wann wir Juristen einen groben Behandlungsfehler als gegeben betrachten.

Kürzlich hatte ich mit einem Hals-Nasen-Ohren-Spezialisten zu tun, der einen Fall beurteilen sollte und sich sehr schwer damit tat, das Wort »grob« zu benutzen, obwohl der

Fall aus meiner Sicht ziemlich eindeutig war. Ursprünglich hatte er in seinem Gutachten erklärt, dass das Verhalten der Klinikärzte zwar einen Fehler darstellen würde, dieser aber kein grober Behandlungsfehler sei. Es sei für ihn verständlich, dass so ein Fehler passiert. Auch in der mündlichen Anhörung vor Gericht hat er das zunächst so wiederholt. Und dann war ich dran. Eindeutig hatte ich den Vorteil Ärztin zu sein. Da ich ein bisschen früher vor dem Termin vor Ort war und der gegnerische Bevollmächtigte ein bisschen zu spät kam, konnte ich kurz mit dem Sachverständigen plaudern, was ich häufig tue. Natürlich habe ich ihm gesagt, dass ich im Fachbereich der Hals-Nasen-Ohren-Heilkunde über den Hörsturz promoviert habe. Damit musste ihm klar sein, dass ich wusste, wovon ich spreche. Vielleicht hat ihn dieser Umstand ein wenig objektiver sein lassen. Ich weiß es nicht, im Ergebnis war es auch egal, denn nur darauf kam es an.

Ich fasste den Fall abstrakt, beschränkt auf das Wesentliche, zusammen und fragte: »Stellen Sie sich vor: Eine Patientin kommt mit einer Mittelohrentzündung und hohem Fieber zu Ihnen in die Klinik. Sie wissen nicht, ob es sich um eine bakterielle oder virale Infektion handelt. Also nehmen Sie Blut ab und bestimmen eine Bakteriologie. Am nächsten Tag liegen die Laborergebnisse vor. Sie deuten zweifelsfrei auf eine bakterielle Infektion hin. Wenn Sie dann kein Antibiotikum geben, das als einzig wirksames Mittel in so einer Situation gilt – würden Sie dann sagen, dass das zwar fehlerhaft, aber nicht unverständlich ist?« Und da hatte ich ihn. Da sagte er: »Nein. Das ist nicht verständlich. Das ist völlig unverständlich. Die Laborergebnisse waren eindeutig.« Und dann sagte er:»Aber vielleicht hat der Arzt die Laborergebnisse nicht gesehen.« Und ich erklärte, dass ich die ganze Zeit vermutete, dass er vergessen hätte es zu verordnen, weil es für ihn so selbstverständlich gewesen sein muss. Da sagt er:»Das glaube ich eigentlich nicht. Es muss einen Grund dafür gegeben haben, dass er das Antibiotikum nicht verordnet hat. Ich kann mir nur vorstellen, dass ihm die Laborwerte nicht vorlagen.«

Sachverständige versuchen oft zu verstehen, warum der Arzt dies oder jenes getan oder gelassen hat – auch wenn das Verhalten unverständlich ist, weil es eindeutig gegen das Einmaleins der Medizin verstößt. Sie versuchen, den Arzt zu entschuldigen. Dahinter steht meines Erachtens ein Missverständnis: Bei dem Begriff des »groben« Behandlungsfehlers denken die Sachverständigen an das Maß des Verschuldens, sie sehen den einfachen Behandlungsfehler als fahrlässig begründet – als etwas, das schon einmal passieren kann – und werten den groben Behandlungsfehler als vorsätzlich. Sie wollen den Arzt und ihren eigenen Stand schützen, und vermuten, dass es Gründe für dieses unverständliche Verhalten geben muss. Dabei geht es hier nicht um Vorsatz, nicht um grobes Handeln. Sondern es geht darum, dass eine bestimmte Behandlung aus medizinischer Sicht völlig unverständlich und nicht nachvollziehbar ist und eigentlich so nicht passieren darf. Warum und wieso das passieren konnte, ist für uns unerheblich. Es geht nur um das Faktische. Der Arzt hat durch den groben Fehler die Unaufklärbarkeit des Kausalverlaufs zu verantworten. Für uns Juristen hat dieser »grobe« Behandlungsfehler eine wichtige rechtliche Konsequenz: Die Beweislast kehrt sich um. So viel zu den juristischen Fakten.

Bei Frau Vielmann lag ein Dreivierteljahr später das Gutachten vor. Obwohl der Sachverständige mittlerweile sein Rentenalter erreicht hatte – nicht immer treffen die Vorurteile zu – schrieb er darin: Was nütze die schönste Parodontaltherapie, wenn man nicht die entsprechende Prophylaxe mache. Das sei ein grober Behandlungsfehler. Ich war erleichtert. Er schrieb noch, dass bei korrekter Behandlung der Abbau des Kieferknochens meist gestoppt werden könne und der Knochen sich manchmal sogar regeneriere.

Das Gericht schlug im schriftlichen Verfahren einen Vergleich vor. Ich war nach Rücksprache mit meiner Mandantin einverstanden. Wer wusste schon, ob der Sachverständige während der mündlichen Verhandlung bei seiner im Gutachten getätigten Aussage bleiben würde. Aber dem Anwalt der Gegenpartei war die Summe zu hoch. Welcher Betrag ihm denn vorschwebe? Das konnte er nicht sagen, so weit sei er noch nicht. Er stellte noch eine Fülle von Zusatzfragen und beantragte einen Verhandlungstermin, zu dem auch der Sachverständige geladen werden sollte. Seine Zusatzfragen wurden zunächst im schriftlichen Verfahren durch eine ergänzende Stellungnahme des Sachverständigen beantwortet, wobei das Ergebnis das Gleiche blieb. Er schmetterte die Argumente des Zahnarztes ab. Er blieb dabei: grober Behandlungsfehler. Ich rief den Kollegen an.

»Herr Kollege, nach diesem Gutachten könnten wir uns den Termin vor Gericht doch eigentlich schenken und uns vergleichen, oder?«

»Eigentlich sehe dafür gar keinen Grund. Aber nennen Sie mir doch mal einen Betrag.«

»Herr Kollege, entschuldigen Sie, aber das Gericht hat einen Vergleich vorgeschlagen. Wenn Sie mit dieser Summe nicht einverstanden sind, müssen Sie mir Argumente dafür an die Hand geben, die rechtfertigen, dass Sie weniger zahlen. Anders läuft das Geschäft nicht.«

»Ja, darüber muss ich mir wohl noch Gedanken machen.«

Und statt uns einfach zu vergleichen, trafen wir uns wieder vor Gericht. Der Sachverständige wurde geladen. Als ich ihn vor dem Gerichtssaal sitzen sah, sank mir das Herz in die Hose. Als dieser Mann seine Ausbildung gemacht hat, trugen vermutlich noch viele Menschen ein Gebiss. Ich ließ mir nichts anmerken, sondern plauderte nett. Wir redeten über die Vorzüge des iPhones und darüber, wie leicht es sei, diese eleganten Geräte zu bedienen. Und wir sprachen über den Wandel der Konventionen. Sein Vater musste bei Tisch noch stehen, erzählte er. Ich sah seine zitternde Hand und ahnte, dass es schwierig werden könnte. Ob dieser Sachverständige bei seiner Aussage bleiben würde? Aber zu ändern war jetzt nichts mehr.

Ich fragte ihn, wie er das Verhalten seines Kollegen beurteile? Er sei ein Mann der alten Schule und hätte gelernt, dass man mit der Bewertung der Arbeit von Kollegen sehr vorsichtig umgehen müsse, antwortete er mir. Ob die Behandlung des Zahnarztes denn bei ihm ein Kopfschütteln verursachen würde, fragte der Richter. Der Gutachter entgegnete, so etwas zu sagen, würde seiner Diktion nicht entsprechen. Was er denn dann dächte, wurde nachgefragt.

»Na ja, das war nicht richtig. Das war ein Fehler, den er gemacht hat.«

Dass es ein Fehler war, wussten wir alle. Aber war es ein grober Fehler?

»Was würden Sie denn zu einem jungen Assistenzarzt sagen? Würden Sie ihm die Ohren langziehen? Oder würden Sie sagen: Okay, das kann jedem Mal passieren?«

Schließlich ließ er sich dazu hinreißen zu sagen:

»Das war schon ganz schlimm.«

Zum Glück hakte das Gericht dann nicht weiter nach, sondern ließ es dabei ausnahmsweise bewenden. Der Richter schickte meine Mandantin, mit unserer Zustimmung, vor die Tür, um den Arzt unbefangen befragen zu können. Natürlich habe er Frau Vielmann umfangreich erklärt, was Parodontitis sei, und ihr gezeigt, wie man mit Zahnseide und einer Zwischenraumbürste umgehe. Er habe diese Mundhygiene auch kontrolliert und ihr gesagt, dass sie noch besser werden müsse. Auch von professioneller Zahnreinigung war die Rede. Ich versuchte, ihn in Widersprüche zu verwickeln, und fragte:

»Haben Sie denn jemanden in Ihrer Praxis, der das macht, die professionelle Zahnreinigung?« – »Nein, das mache ich selbst«, sagte der Arzt da.

In den Behandlungsunterlagen stand davon aber nichts. Der Zahnarzt verwies auf den Abrechnungszettel. Aber keine der dort aufgeführten Leistungen hätte er mit der Kasse abrechnen können. Und eine privatärztliche Rechnung gab es nicht. Glaubwürdig war er also nicht.

Die Klägerin wurde wieder in den Gerichtssaal gerufen und mit den Aussagen des Zahnarztes konfrontiert. Sie sagte: »Nein, niemals. Wir haben uns ein einziges Mal über Zahnseide unterhalten. Aber ich habe nicht gewusst, was für eine Erkrankung ich habe, was ich dagegen tun kann, und was droht, wenn ich das unterlasse. Das alles habe ich erst bei dem neuen Zahnarzt erfahren« Schließlich haben wir uns dann doch verglichen. Meine Mandantin war glücklich und bekam den Betrag, den sie aufbringen musste, um die lästige Prothese loswerden zu können. Keines ihrer Kinder musste dafür auf etwas verzichten und vielleicht würde sie eines Tages auch wieder ohne einen harten Zug um den Mund herum sprechen können.

Schmerzensgeld ist besonders bei Zahnarztfällen ein schwieriges Thema. Bei einer meiner Mandantinnen war der Zahnraum aufgrund eines Behandlungsfehlers zwei Jahre lang permanent entzündet. Sie hatte Schmerzen und konnte kaum essen, immer wieder verschrieb ihr der Zahnarzt Antibiotika, aber es gelang nicht, die Entzündung dauerhaft in den Griff zu bekommen. Und letztlich sagte das Gericht: Sie bekommen 1500 Euro Schmerzensgeld. Wenn man das auf zwei Jahre verteilt, sind das zwei Euro am Tag dafür, dass sie 24 Stunden am Tag Zahnschmerzen hatte. Wir hätten versuchen können, die Höhe des Schmerzensgeldes anzugreifen. Aber die Chancen, damit durchzukommen, wären gering gewesen. Ich fand es unverschämt. Zwei Euro – das ist eine Flasche Wasser, noch nicht einmal ein Kaffee bei Starbucks.

Bei Frau Vielmann setzte ich damals einen ziemlich hohen Betrag ein. Ich hielt ihn für gerechtfertigt. Eine Frau, die viel Wert auf ihr Äußeres legt, und nun mit einer Kauplatte, welche die Prothese hält, leben musste, sollte als Einzelfall betrachtet werden. Für mich wäre das die Hölle. Ich möchte nicht in irgendeiner Weise einen Zahnverlust hinnehmen müssen, und schon gar nicht durch den Fehler eines anderen.

Ich glaube, der Zahnarzt war vom Ausgang des Verfahrens ziemlich überrascht. Er war der Meinung, alles richtig gemacht zu haben, getreu dem Motto:»Ich hab ihr doch gesagt, dass sie eine ordentliche Mundhygiene machen muss. Und wenn sie das nicht tut, ist das nicht mein Problem.« Aber bei allen zukünftigen Behandlungen wird er darauf achten, dass seine Patienten auch verstehen, was auf dem Spiel steht. Und: Dieser Fall wird sich herumsprechen. Die Geschichte von Frau Vielmann trägt, so hoffe ich, dazu bei, ähnliche Fehler in Zukunft zu vermeiden.

Fälle wegen einer fehlerhaften zahnärztlichen Behandlung bringe ich überdurchschnittlich häufig in ein gerichtliches Verfahren, denn Zahnärzte einigen sich eher selten außergerichtlich. Das hängt damit zusammen, dass die Haftpflichtversicherungen für Erfüllungsschäden nicht aufkommen. Das heißt, wenn der Patient sagt, er möchte jetzt das Geld für die Reparatur des Schadens der Erstbehandlung, kommt die Haftpflichtversicherung nicht problemlos dafür auf. Sie zahlt nur das Schmerzensgeld und verpflichtet den Zahnarzt, das vereinnahmte Geld für die Erstbehandlung als sogenannten Erfüllungsschaden wieder zurückzuzahlen. Das Geld, das der Zahnarzt für die fehlerhafte Behandlung bekommen hat, muss er damit aus eigener Tasche zahlen. Deswegen blocken viele eine außergerichtliche Lösung ab und lassen es auf eine Klage ankommen.

Im Fall Vielmann war der Vergleich die sachgerechte Lösung. Es ging einfach darum, einen Ausgleich zu schaffen.

Ablauf des Verfahrens

Mir ist es wichtig, dass der Mandant seine Version des Vorfalls erzählt. Er ist am dichtesten dran. Und er weiß, welche Gefühle er wann und weshalb hatte. Ich glaube an das Bauchgefühl. Wenn ein Mensch sagt, da ist etwas falschgelaufen oder an der Stelle hätte man nach links statt nach rechts gehen müssen, sind das für mich wichtige Hinweise. Die kann man nirgendwo lesen, die stehen auch nicht in den Behandlungsunterlagen. Nur der Mandant kann sie mir erzählen. Was die Mandanten berichten, hilft mir die Behandlungsunterlagen richtig zu deuten.

Kürzlich habe ich für einen Vortrag bei meinen Mandanten eine Umfrage gemacht. Ich wollte wissen, warum sie überhaupt ihren Behandlungsverlauf haben überprüfen lassen. 60 Prozent antworteten, ihr Hausarzt habe geäußert, da sei wohl etwas schiefgegangen. Es seien Sätze gefallen wie:»Das wäre mir nicht passiert«, oder:»Das hab ich noch nie gehört.« Manchmal ist diese Reaktion fundiert. In vielen Fällen wurde aber auch einfach nur der Hausarzt von dem entsprechenden Krankenhaus nicht richtig informiert. Er kann nicht nachvollziehen, wie die Behandlung verlaufen ist, und deshalb wirkt sie auf ihn fehlerhaft. Anfangs habe ich öfter versucht, in solchen Fällen die Hausärzte zu einer schriftlichen Stellungnahme zu bewegen – ohne Erfolg. Auf genauere Nachfrage sind sie meist in ihrer Bewertung nicht mehr so sicher wie in ihrer spontanen Reaktion gegenüber dem Patienten.

Durch den Ärztemangel fehlt in vielen Kliniken die Zeit, mit den Patienten in Ruhe zu sprechen und ihnen zu erklären, was passiert ist. Hinzukommt, dass Patienten sich im Krankenhaus in einer Ausnahmesituation befinden. Sie haben Schmerzen und oft auch Angst. Deshalb sind sie nur begrenzt aufnahmefähig. Sie sehen nur, dass alles nicht so ist, wie es sein sollte. Wenn die Klinik den Hausarzt umfassend informiert, könnte er dem Patienten die Zusammenhänge besser erklären. Er kennt den Patienten und der Patient kennt ihn, was das Gespräch erleichtert. Auf diesem Weg ließe sich so manche juristische Auseinandersetzung vermeiden. So aber kommt der Patient, bei dem die Behandlung nicht so verlief, wie sie hätte verlaufen sollen, aus dem Krankenhaus zurück, und der Hausarzt schüttelt irritiert den Kopf. Ob zu Recht oder nicht, gilt es dann zu klären.

Nach dem ersten Gespräch kommt es in etwa zehn Prozent der Fälle vor, dass ich sage: Das hat keine Aussicht auf Erfolg. Das war zum Beispiel bei einem Mandanten der Fall, der mir lang und breit erklärte, sie hätten ihn in der Klinik nicht behandelt, sondern ihn einfach nur liegen lassen, obwohl er starke Schmerzen hatte – und dann sei er woanders hingegangen, und da hätten sie ihn sofort behandelt. Er wollte die erste Klinik jetzt verklagen, weil er einen halben Tag lang starke Schmerzen gehabt hat. Aber damit kommen wir nicht durch. Die Gerichte sind in derartigen Fällen nicht bereit, nennenswerte Schmerzensgelder auszuurteilen, und schon gar nicht in der Höhe, die meinem Mandanten vorschwebte. Es mag andere Anwälte geben, die auch solche Fälle übernehmen. Aber mir geht es nicht nur darum, Geld zu verdienen. Ich möchte gewinnen. Und wenn ich glaube, dass keine Aussicht auf Erfolg besteht, nehme ich den Fall gar nicht erst an.

Wenn ein Mandant zu mir kommt, muss ich zunächst abwägen, wie wahrscheinlich es ist, dass er seinen Anspruch auf Schadenersatz durchsetzen kann. Um das beurteilen zu können, gibt es verschiedene Möglichkeiten, die jedoch zunächst abhängig von den folgenden Vorfragen sind:

Welche Kosten fallen an? Wer trägt das Kostenrisiko? Welche Hilfen können wir in Anspruch nehmen, um die Angelegenheit beurteilen zu können? Was würde ein Klageverfahren kosten? Wer einen Anspruch stellt, trägt nicht nur die Beweislast, sondern grundsätzlich auch das Kostenrisiko. Der Mandant muss entscheiden, ob er dazu generell bereit ist. Wenn er eine Rechtsschutzversicherung hat, kann diese für ihn zumindest das Kostenrisiko übernehmen. Andernfalls stellt sich gegebenenfalls die Frage, ob er einen Berechtigungsschein erhalten oder Prozesskostenhilfe bewilligt bekommen könnte. Eine sehr wichtige Information für mich ist ebenso, bei welcher Krankenkasse der Mandant versichert ist. Ein Privatpatient erhält über seine private Krankenversicherung kein Gutachten des Medizinischen Dienstes der

Gesetzlichen Krankenkassen. Ein solches einzuholen ist aber häufig durchaus sehr sinnvoll. Manchmal spielen auch ganz andere Faktoren noch eine Rolle, wie zum Beispiel die Frage, wie lange ein Patient noch zu leben hat. Manch einem nützt ein Klageverfahren nichts, weil es zu lange dauert und er das Ende aller Voraussicht nach nicht erleben wird. Da geht es darum, eine schnelle Lösung zu finden, damit er sich noch daran freuen kann, dass ihm Genugtuung zuteil wird.

Immer, wenn ein Mandant zu mir kommt, muss zunächst das Vorgehen entschieden werden. Beantragen wir ein Schlichtungsverfahren? Eignet sich der Fall eher dafür, ihn vom Medizinischen Dienst begutachten zu lassen? Oder aber kann ich den Fall selbst beurteilen, mit oder ohne meine medizinischen Berater, damit ich die Erfolgsaussichten zunächst abschätzen kann?

Behandlungsunterlagen
Das Recht des Patienten, seine Unterlagen einzusehen, leitet sich aus dem Grundgesetz ab. Artikel eins besagt, dass die Würde des Menschen unantastbar ist, und Artikel zwei garantiert das Selbstbestimmungsrecht. Daraus wird abgeleitet, dass jeder das Recht hat, seine Patientenakte einzusehen. Es ist ein sehr starkes Recht und mir ist unklar, wie einige Ärzte sich weigern können, Einsicht zu gewähren. Aber es kommt vor, wenn auch nur selten. In all den Jahren ist es bei mir nur dreimal vorgekommen, dass Ärzte die Behandlungsunterlagen nicht herausgeben wollten.

In den meisten Fällen reicht es, eine kleine Fortbildung zur Rechtslage zu machen und sie zu bitten, ihrem Patienten die Akten zur Einsicht zu überlassen. Es geht zunächst gar nicht darum, gegen sie zu ermitteln, sondern lediglich den Behandlungsverlauf zu überprüfen. Vor allem bei der Vorprüfung ist es wichtig zu objektivieren und abzuwägen, was dokumentiert ist und was sich beweisen lässt. Dafür sind die Akten unerlässlich.

Ich werde grundsätzlich nie tätig, bevor ich die Behandlungsunterlagen eingesehen habe. Der Patient verdrängt. Vieles weiß er gar nicht mehr. Und dann sagt er, fest überzeugt, zu mir: »Niemand hat mit mir gesprochen, gar keiner hat mir irgendwas gesagt. Wenn man mir gesagt hätte, worauf ich mich einlasse, hätte ich das niemals gemacht!«

Später finde ich dann einen sechsseitigen Aufklärungsbogen mit handschriftlichen Bemerkungen in der Akte, den er unterschrieben hat. Er kann sich nicht mehr daran erinnern. Vermutlich hat er den Bogen nicht einmal gelesen, sondern einfach nur unterschrieben. Das verwundert nicht. Schließlich war er aufgeregt, weil er operiert werden sollte, und es geschah ganz viel auf einmal. Natürlich ging er hoffnungsvoll davon aus, dass schon alles ordnungsgemäß verlaufen, alles gut gehen würde. Andernfalls hätte er sich diesem Eingriff vermutlich gar nicht erst ausgesetzt.

Wenn ich beschlossen habe, die Angelegenheit, die der Mandant an mich herangetragen hat, zu übernehmen, so fordere ich also zunächst die Behandlungsunterlagen an. Das ist meistens unproblematisch, manchmal ist es schwieriger und ganz selten muss ich eben eine Klage auf Herausgabe der Unterlagen einreichen.

Wenn die Unterlagen da sind, folgt die Detektivarbeit. Da geht es um Laborwerte, um die Notizen der Pfleger, der Schwestern, um die Aufzeichnungen der Ärzte und inwieweit die Erinnerungen des Patienten zumindest ansatzweise dokumentiert sind. In dieser Phase bin ich mehr als Ärztin denn als Rechtsanwältin gefordert: Ich muss versuchen, aus den vielen kleinen Informationen ein Gesamtbild zu bekommen und die Brüche darin zu erkennen. Traumatologie, Orthopädie, Innere, Gynäkologie, Geburtshilfe, Dermatologie – das ganze Medizinstudium kommt dabei zum Tragen. Ich beherrsche die medizinische Terminologie und kann Operationsberichte, Arztbriefe und Befunde lesen. Das habe ich über die Jahre trainiert. Ich weiß, wo die Schnittstellen sind und wo ich genauer hinsehen muss. Von 300 Seiten Behandlungsunterlagen sind oft nur 40 für mich relevant. Ich muss wissen, um welche 40 es sich handelt. Manchmal ist es auch nur eine einzige Seite, die mir den weiteren Weg zeigt.

Auf dieser Grundlage baue ich mir einen Tatbestand: Ich beschreibe, was passiert ist und welche medizinischen Fragen sich daraus ergeben, die rechtlich bedeutsam sind. Dabei beziehe ich mich immer ganz konkret auf den Einzelfall. Ich frage also nicht:

»Liegt eine unterlassene Befunderhebung vor?«, sondern ich frage: »Hätte man am 12. März nicht diesen Befund erheben müssen, weil sich klinisch die folgenden Symptome herausgebildet hatten?« Mein Schwerpunkt ist der außergerichtliche Bereich.

Schadenersatz zu fordern ist einfach. Aber die dem Fall zugrunde liegenden Sachverhalte zu erfassen und auszuwerten – damit ich auf dieser Grundlage die Ansprüche meiner Mandanten konkret begründen kann –, darin liegt der Schlüssel zum Erfolg. Wenn ich diese Arbeit hinter mir habe, entscheide ich gemeinsam mit dem Mandanten unser weiteres Vorgehen.

Einmal meinte ein Arzt, nicht in der Lage zu sein, in seiner Praxis die Behandlungsunterlagen zu kopieren. Ich schlug vor, dass wir mit dem Scanner kommen. Heute ist das ja alles kein Problem mehr, die Dinger sind leicht. Der Arzt bestand aber darauf, die Unterlagen in einem Copyshop kopieren zu lassen. Dazu müssten wir ihn von der Schweigepflicht entbinden, damit er die Unterlagen an die Mitarbeiter des Copyshops weitergeben könnte. Und darüber hinaus müsste ich dann noch einen Vorschuss leisten, damit er seinem Geld nicht hinterherrennt. Mein Eindruck war, dass er das Ganze möglichst kompliziert machen wollte, damit wir die Lust verlieren. Aber mir war das egal. Wir haben alles getan, was er wollte. Mir ging es um die Unterlagen, um sonst nichts. Wir hätten natürlich auch darüber noch einen Rechtsstreit führen können. Aber es nützt nichts sich auf einem Nebenschauplatz in einen Krieg zu begeben, der Streit wäre lästiger gewesen als einfach nachzugeben. Hauptsache, ich erreiche mein Ziel auf möglichst kurzem Weg. Prinzipienreiterei finde ich dumm. Prinzipien müssen hinterfragt werden. Und es hilft nichts, auf seinen Prinzipien zu bestehen, wenn es um nichts Wichtiges geht. Ich habe den Vorschuss gezahlt und ihn gegenüber dem Mitarbeiter des Copyshops von der Schweigepflicht entbunden. Der Arzt hat sich gewundert. Aber dann konnte er nicht mehr anders, als mitzuspielen.

Medizinischer Dienst

Die gesetzlichen Krankenkassen unterstützten ihre Versicherten, wenn diese denken, dass sie falsch behandelt worden sind. Paragraf 66, Sozialgesetzbuch V, sieht das so vor. Wenn der Versicherte das Gefühl hat, dass etwas nicht so gelaufen ist, wie es hätte laufen sollen, kann er sich an seine Krankenkasse wenden. Diese bittet ihn, ein Gedächtnisprotokoll anzufertigen und die Krankenkasse von der Schweigepflicht zu entbinden. Dann lässt sie sich die Behandlungsunterlagen kommen und beauftragt den Medizinischen Dienst, den Fall zu prüfen. Anschließend bekommt der Versicherte ein Gutachten, aus dem hervorgeht, ob der Gutachter die Zweifel des Versicherten teilt oder nicht. Dabei ist zu berücksichtigen, dass es nicht Aufgabe der Medizinischen Dienste ist, die gesamte Behandlung zu begutachten. Die Medizinischen Dienste sind keine »Superrevisionsinstanzen«, die den Behandlungsverlauf per se auf Fehler hin untersuchen. Als Patient muss man dem Gutachter an die Hand geben, warum der Versicherte hier meint, es läge ein Fehler vor. Der Patient weiß es meistens am besten. Ein Nachteil der Begutachtung durch den Medizinischen Dienst besteht darin, dass die Gutachter die Patienten häufig gar nicht zu Gesicht bekommen und in ihrem Gutachten die Sicht der behandelnden Ärzte nicht berücksichtigen können, weil ihnen keine ärztliche Stellungnahme zu den Vorwürfen vorliegt. Manches Mal stellt sich der Sachverhalt nämlich ganz anders dar, wenn man die Stellungnahme des Arztes berücksichtigen kann. Die Behandlungsunterlagen sind zwar sehr wichtig, aber lassen oftmals eine abschließende Bewertung nur bedingt zu. Allzu oft wird nicht alles, was für die Beurteilung entscheidend ist, in den Behandlungsunterlagen dokumentiert. Die Aussagekraft dieser Gutachten ist daher eingeschränkt zu beurteilen. Ein Nachteil, der aber dadurch ausgeglichen werden kann, dass Ergänzungsgutachten eingeholt werden können. So lässt sich zum Beispiel prüfen, ob die Argumente, mit denen der Arzt und seine Haftpflichtversicherung sich verteidigen, stichhaltig sind oder nicht.

Dass die Krankenkassen ihre Versicherten unterstützen, geschieht auch in deren eigenen Interessen. Ihnen geht es ebenso um ihre eigenen Ansprüche: Wenn Ärzte Fehler machen, entstehen oft hohe zusätzliche Kosten. Wenn wir keine Krankenkassen hätten, müsste der Patient die Kosten für die Klinik tragen und hätte von daher Anspruch auf Schadenersatz in der entsprechenden Höhe. Weil aber die Krankenkasse die Behandlung bezahlt, kann sie die Aufwendungen beim Schädiger geltend machen. Aber natürlich nur, wenn der Schädiger gegenüber dem Versicherten fehlerhaft gearbeitet hat.

Um die Kosten wieder hereinholen zu können, ist die Krankenkasse auf die Versicherten angewiesen. Ohne deren Mithilfe würde sie von den meisten Fehlern nie erfahren. Die Krankenkassen haben natürlich ihren gesetzlichen Anspruch, aber sie müssen durch den Patienten darauf aufmerksam gemacht werden. Im Gegenzug bieten sie ihnen an, sie zu unterstützen. Wir Juristen nennen das Prinzip »do ut des« – »Ich gebe, damit du gibst«. Die Ansprüche durchsetzen muss der Versicherte jedoch selbst. Aber es ist schon sehr hilfreich, wenn der Medizinische Dienst den Behandlungsverlauf überprüft.

Ich arbeite gern mit den Krankenkassen und den Medizinischen Diensten zusammen. Ich leite ihnen häufig die Behandlungsunterlagen weiter, fasse den Sachverhalt zusammen und formuliere die Fragen an den Gutachter. Die Begutachtung erfordert im Allgemeinen bis zu sechs Monaten und ist damit recht schnell.

Ich persönlich empfinde die Arbeit der Medizinischen Dienste als sehr sinnvoll. Sie leisten einen erheblichen Beitrag zur Qualitätskontrolle in den Krankenhäusern und bei den niedergelassenen Ärzten. Das gemeinsame Ziel kann eigentlich nur sein, die Qualität der Behandlung zu erhöhen und damit für alle Beteiligten die Kosten zu senken.

Schlichtungsstelle

Ein anderer Weg führt über die Ärztekammern. Auch dort gibt es Stellen, die Behandlungsverläufe überprüfen. Sie begutachten auf Antrag des Patienten einen Sachverhalt und sprechen Empfehlungen aus, die jedoch keine Rechtsbindung haben. Diese Einrichtungen haben unterschiedliche Namen, in Bayern zum Beispiel gibt es eine Gutachterstelle, in Westfalen eine Gutachterkommission, und die norddeutschen Ärztekammern haben eine gemeinsame Schlichtungsstelle für Arzthaftpflichtfragen eingerichtet.

HINTERGRUNDKAPITEL

Jede Schlichtungsstelle hat ihre eigene Satzung. In Sachsen muss der Patient zunächst einen Anspruch an den Arzt herantragen. Mir erscheint das unsinnig: Erst muss man ins Blaue hinein behaupten, dass der Arzt einen Fehler gemacht hat, und darauf warten, dass dieser den Anspruch zurückweist, bevor ein Gutachter den Sachverhalt klärt. Andere Länder, andere Sitten – dieser Satz gilt auch innerhalb von Deutschland.

Im Grundsatz arbeiten die Schlichtungsstellen aber alle ähnlich: Der Patient beantragt ein Verfahren. Er listet auf, wann er bei wem in Behandlung war und wieso er meint, dass jemand in welcher Form fehlerhaft gehandelt hat. Er entbindet den Arzt von der Schweigepflicht. Dann fragt die Schlichtungsstelle bei dem Antragsgegner an, ob er dem Verfahren zustimmt. Die Teilnahme an dem Schlichtungsverfahren ist freiwillig. Wer nicht mitspielen möchte, der stimmt nicht zu. Im ambulanten Bereich kann es schon vorkommen, dass die Ärzte einem Verfahren nicht zustimmen. Das passiert vor allem dann, wenn sie überzeugt sind, dass an dem Vorwurf nichts dran ist. Im stationären Bereich ist das eher selten. Die Kliniken beziehungsweise deren Haftpflichtversicherungen, stimmen fast regelhaft dem Verfahren zu. Wenn die Beteiligten zugestimmt haben, holt sich die Schlichtungsstelle die Behandlungsunterlagen, bittet den Arzt zu dem Vorwurf Stellung zu nehmen, und beauftragt einen Gutachter. Zu dessen Ausführungen nimmt die Schlichtungskommission abschließend Stellung.

In der Kommission sitzen Ärzte und Juristen. Häufig kommen der Gutachter und die Schlichtungskommission zu dem gleichen Ergebnis. Zwingend ist das aber nicht. Wenn ein Gutachter sagt, die Behandlung war grob fehlerhaft, kann die Schlichtungskommission trotzdem zu dem Ergebnis kommen, dass kein Anspruch besteht. Ich habe hier alle Variationen erlebt. Mal gab es positive Gutachten und die abschließende Stellungnahme der Schlichtungsstelle war negativ, mal gab es negative Gutachten und die Schlichtungskommission befand, es bestehe ein Anspruch. So ein Verfahren dauert im Schnitt 12 bis 18 Monate. Die Schlichtungsstelle für Arzthaftpflichtfragen in Hannover kommt etwa in einem

Drittel ihrer Fälle zu dem Ergebnis, dass dem Patienten Schadenersatzansprüche zustehen.

Nach meiner Erfahrung liegt die Quote bei einer Begutachtung durch den Medizinischen Dienst höher. Ob das daran liegt, dass die von der Schlichtungsstelle beauftragten Gutachter zumindest in Zweifelsfällen eher zugunsten der Ärzte entscheiden, kann ich nicht beurteilen. Es gibt Patientenanwälte, die dieser Auffassung sind. Ich denke eher, dass sich der Unterschied dadurch erklärt, dass die Schlichtungsstellen – anders als der Medizinische Dienst – bei ihrer Bewertung auch die Sichtweise der Ärzte berücksichtigen können. Für das Schlichtungsverfahren spricht, dass der zweistufige Begutachtungsprozess häufig zu tragfähigeren Ergebnissen führt und dass die Sichtweise der Ärzte von vornherein berücksichtigt wird.

In das Schlichtungsverfahren ist die Haftpflichtversicherung der behandelnden Ärzte eingebunden. Das führt dazu, dass dort die Bereitschaft, ein für den Patienten günstiges Ergebnis des Schlichtungsverfahrens zu akzeptieren, vergleichsweise hoch ist. Das sind Gründe, die mich oftmals dazu bewegen, meinen Mandanten ein Schlichtungsverfahren zu empfehlen.

Ich gebe gerade Sachverhalte, die sehr komplex sind, gern an die Schlichtungsstellen. Eine Einigung bei einem positiven Gutachten ist dann leichter zu erzielen.

Sachverständige

Wenn die Gerichte einen Sachverständigen hinzuziehen, dann schreiben sie im Allgemeinen die Ärztekammer an. Sie wählen dafür oft eine Ärztekammer aus einer anderen Region, um zu vermeiden, dass der Sachverständige den betroffenen Arzt kennt. Inhaltlich muss er natürlich aus demselben Fachgebiet kommen. Die Ärztekammer schickt eine Liste mit Namen, von denen nach genauerer Betrachtung des Gerichts nur ein paar infrage kommen, die von beiden Parteien akzeptiert werden können. Das Gericht fragt dann an, ob er oder sie bereit wäre, den Fall zu begutachten, nennt einen Abgabetermin und verschickt die Unterlagen. Sachverständige sind also vom Gericht bestellte Gutachter.

Privatgutachten

In vielen Fällen kann ich selbst einschätzen, ob etwas falschgelaufen ist. Für das Mediziner-Einmaleins brauche ich keine Gutachter. Wenn mir zum Beispiel jemand ein Bild zeigt, auf dem eindeutig eine Fraktur zu sehen ist, die nicht therapiert worden ist, muss ich kein Radiologe oder Unfallchirurg sein, um zu wissen, dass diese Fraktur übersehen wurde. Dann gibt für mich nur die Frage, was aus dieser übersehenen Fraktur folgt.

Darüber hinaus sind Ärzte als Berater für mich tätig. Durfte man so behandeln? War die Versorgung korrekt? Oder hätte man etwas anders machen müssen? Diese Fragen beantworten meine Berater für mich, das kostet nicht viel Geld, häufig gar keins, weil sie sich freuen, wenn ich ein wenig Spannung in ihr Leben bringe, indem ich ihnen erzähle, was ihre Kollegen für »schreckliche« Fehler gemacht haben. Aber insbesondere hält sich der Aufwand für meine Berater in Grenzen. Ich fasse den Sachverhalt zuvor zusammen und stelle nur sehr wenige Fragen. Die meisten Probleme kann man nämlich, kann ich, auf das Wesentliche reduzieren. Ich kann sagen: So und so ist der Tatbestand, so und so ist das gelaufen, und fragen, ob die Maßnahme korrekt erfolgt ist.

Die Wertigkeit von Gutachten

Die Gutachten der Medizinischen Dienste, der Schlichtungsstellen und der Privatgutachter sind sehr unterschiedlich zu bewerten. Die Qualität hängt zunächst von dem Gutachter selbst ab. Ein Arzt, der über große Erfahrung in der Behandlung einer Erkrankung verfügt und den Standard aktiv mit weiterentwickelt, bewertet kompetenter und überzeugender als jemand, der weniger erfahren ist. Die Qualität des Gutachtens hängt aber auch von dem Verfahren ab, in dem es erstellt worden ist. Zu berücksichtigen ist immer, dass die Gutachter keine Juristen sind. Insofern sind diese mit unseren juristischen Spielregeln auch nicht in dem Maße vertraut, sodass sie zuweilen Aussagen machen, die aus rechtlicher Sicht nicht tragbar sind. Sie schreiben zum Beispiel:»Es kann dahingestellt sein, welchen Schaden der Patient erlitten hat, der Arzt hat behandlungsfehlerhaft gehandelt. Eine Haftung besteht.« Oder:

»Man hätte den Fehler vermeiden können, insofern haftet der Arzt.« Solche Aussagen führen, wenn man allein auf sie baut, juristisch nicht unbedingt zu einer Haftung, auch wenn es sich gut liest. Ein Gutachten kann meist nur so gut sein wie die Fragen, die ihm zugrunde liegen. Ich persönlich lege deshalb auf den Fragenkatalog immer besonderen Wert, weshalb ich ihn nur zu häufig selbst erstelle. Ohne gute Fragen gibt es keine guten Antworten. Dem Gutachter muss klar sein, worum es geht, der juristische Aufbau des Arzthaftungsrechts – Behandlungsfehler, Schaden, die Kausalität zwischen den beiden – sollte ihm bewusst sein. Und er sollte die Beweisregel des Paragrafen 286 der Zivilprozessordnung kennen. Vernünftige Zweifel müssen für das Gericht schweigen. Dann, und nur dann wird seine Stellungnahme im Verfahren auch hilfreich sein.

Immer wieder kommt es vor, dass Gutachter den Behandlungsfehler in der Rückschau beurteilen – wir nennen das »ex-post-Betrachtung«. Im Nachhinein ist es leicht, alles besser zu wissen und sich zu überlegen, was man anders hätte machen können, wenn man den Verlauf, der sich eingestellt hat, kennt. Wenn Sie wüssten, dass Sie an der nächsten Kreuzung einen Unfall bauen werden, dann ist es leicht, diesen zu vermeiden. Und der Arzt weiß, während er behandelt, noch nicht, was sich später anders als erwartet einstellt. Er kennt den Verlauf nicht. Der Gutachter muss das berücksichtigen. Wir nennen das die »ex-ante-Sicht«. Er muss sich in die Umstände zum Zeitpunkt der Behandlung hineindenken und überlegen, ob der Arzt in der akuten Situation und mit dem, was er in dem Moment wusste und hätte wissen müssen, das Richtige getan hat. Die Frage ist nicht allein, ob der Misserfolg vermeidbar gewesen wäre, sondern ob für den Arzt das Risiko des Misserfolges erkennbar war und dieser durch entsprechende Strategien vermeidbar gewesen wäre, wenn er den Patienten dem ärztlichen Standard gemäß behandelt hätte.

Die Medizin hat sich in den vergangenen 20 Jahren rasant weiterentwickelt. Die Technik ist feiner geworden, die Überwachung subtiler, Operationen enden seltener tödlich. Als Gutachter ist es zwingend notwendig, sich mit den modernen Operationsmethoden auszukennen. Man muss zum Beispiel Kenntnis haben, wie eine laparoskopische Operation am Dickdarm aussieht, um diese Operationsmethode beurteilen zu können – also wissen, wie so eine Knopflochchirurgie durchgeführt wird. Es ist Voraussetzung das Wissen zu haben, was das für den Heilungsprozess bedeutet: Bei dieser Form der Operation verliert der Patient deutlich weniger Blut als bei einer herkömmlichen Operation. Das Risiko von Wundheilungsstörungen ist geringer und der Patient wird dadurch weniger belastet. Die meisten Patienten sind bald nach der Operation schon wieder erstaunlich mobil – mit sehr positiven Folgen: Die Muskulatur erschlafft gar nicht erst, es kommt seltener zu einer Thrombose. Aber bei dem Zugang in den Bauchraum kann es auch einmal zu Schädigungen des Darmes oder sogar der Gefäße kommen, das ist eines der Risiken.

Diese dynamische Entwicklung als Gutachter zu berücksichtigen, ist nicht immer ganz einfach. Viel hängt von den technischen Möglichkeiten ab, mit denen der Gutachter als Arzt arbeiten kann. Manch neue Technik ist noch nicht flächendeckend verfügbar. Die Gutachter urteilen zuweilen nicht aus der eigenen Erfahrung heraus, sondern haben sich für ihr Gutachten theoretisches Wissen angelesen. Damit wird aber manchmal der Einzelfall zu wenig berücksichtigt, denn es steht nicht alles in den Lehrbüchern und es ist fast stets fraglich, ob der von dem Privatgutachter konstatierte Anspruch in einem gerichtlichen Verfahren auch nachgewiesen werden kann. Deshalb erkundige ich mich oft gerade in gerichtlichen Verfahren erst nach der persönlichen Erfahrung eines vom Gericht vorgeschlagenen Sachverständigen mit der Behandlungsmethode, die er bewerten soll, bevor ich ihn akzeptiere.

»Wenn Du auf zwei Mediziner triffst und beide sind gleicher Meinung, so ist einer von den beiden kein Arzt«, ist ein alter Witz, der jedoch die Lage recht gut beschreibt. Zuweilen ist es nur eine Frage, wie viele Gutachten der Mandant hat erstellen lassen, bis er eines in den Händen hält, in dem ein Gutachter dem Patienten attestiert, dass der Arzt fehlerhaft gehandelt hat. So einen Fall habe ich gerade abgeschlossen und es gibt sie immer wieder. Ich beurteile die Fälle unter Berücksichtigung der Gutachten und der juristischen Spielregeln. Ich hinterfrage die Aussagen der Gutachter. Ärztin zu sein ist in diesem Gebiet von Vorteil. Häufig habe ich schon Ansprüche durchsetzen können, Verfahren gewonnen, ohne dass mir ein entsprechendes Gutachten vorlag. Und häufig habe ich Mandate abgelehnt, obwohl ein positives Gutachten auf meinem Schreibtisch lag, bei denen ich jedoch der Meinung war, dass ich einen Anspruch aus juristischer Sicht nicht würde durchsetzen können. Natürlich kann meine Einschätzung nicht als absolut angesehen werden, kann nicht als sicher gelten, aber wenn der Mandant mir nicht folgen möchte, so gibt es durchaus auch andere Rechtsanwälte, so wie es andere Ärzte gibt, an die er sich wenden kann.

Richt- und Leitlinien
Manchmal kommen Mandanten auch zu mir, die sich im Internet schlaugemacht und dort eine Leitlinie gefunden haben, die zu ihrer Krankheit passt. Sie sagen dann:»Da steht doch schwarz auf weiß, was der Arzt hätte tun müssen«, und erklären mir, wie ihr Arzt gegen Punkt B und D der Leitlinie verstoßen hat. Der Arzt möge ihnen mal erklären, warum er von diesem doch allgemein anerkannten und zugänglichen Verfahren abgewichen ist. Sie sind überzeugt, dass ein Behandlungsfehler vorliegt. Aber so einfach ist das nicht.

Es gibt zwar Richt- und Leitlinien, in denen steht, was der Arzt in welchem Falle tun sollte, aber das sind nur Handlungskorridore, Wegweiser. Die Ärzteschaft ist zwar nahezu orgiastisch darum bemüht, ihrer Medizin Normcharakter durch Richt- und Leitlinien zu verleihen in der Hoffnung mehr Rechtssicherheit zu haben, sie repräsentieren jedoch nicht unbedingt den ärztlichen Standard. Die Arbeitsgemeinschaft der Wissenschaftlichen Medizinischen Fachgesellschaften (AMWF) hat solche Leitlinien in Kurz- und Langfassungen online gestellt. Sie wirken auf den ersten Blick wie Checklisten, die man nur abarbeiten muss, um einen Kranken wieder gesund zu machen. Aber es ist eben falsch anzunehmen, dass diese Leitlinien den ärztlichen Standard repräsentieren und es grundsätzlich einen Behandlungsfehler darstellt, wenn ein Arzt davon abweicht. Irgendwie sagt uns schon unser Bauch, dass das richtig ist! Aber warum?

Leit- und Richtlinien wurden ins Leben gerufen, um Ärzten bei ihrer Entscheidung zu helfen, wie sie vorgehen, und um sie in ihrem Handeln sicherer machen zu können. Sie können den Facharztstandard repräsentieren, tun das aber nicht zwangsläufig. Die Listen helfen beim Orientieren und Argumentieren für den Regelfall. Aber sie nehmen die medizinischen Gutachten für den Einzelfall nicht vorweg. Vor allem aber führt das Abweichen von den Vorgaben der Leitlinie nicht ohne Weiteres zu einer Haftung.

In einem Urteil des OLG Hamm von 1999 heißt es:»Die ärztliche Sorgfaltspflicht beurteilt sich nach dem Erkenntnisstand der medizinischen Wissenschaft zum Zeitpunkt der Behandlung. Die von der Bundesärztekammer herausgegebenen Richtlinien können den Erkenntnisstand der medizinischen Wissenschaft jedoch nur deklaratorisch und nicht konstitutiv begründen.« Konstitutiv würde bedeuten, dass ein Verstoß gegen die Richtlinie eine Haftung für sich allein begründen kann.

Jeder Patient ist ein Individuum mit individuellen Faktoren wie Alter, Geschlecht, Vor- und Nebenerkrankungen und er liegt in einem von bestimmten Bedingungen geprägten Krankenhaus. Für die Risiko-Nutzen-Analyse und die Besonderheiten des Patienten unter diesen konkreten Umständen muss Raum bleiben. Medizin ist dynamisch und einzelfallbezogen, die Leit- und Richtlinien tragen dem zu wenig Rechnung. Hinzu kommt: Sie sind häufig zu alt, vielleicht sind schon Behandlungen möglich, die in der Leitlinie noch gar nicht berücksichtigt sind. Um all diese Faktoren mit einzubeziehen, werden im Arzthaftungsrecht Gutachter herangezogen, die den Einzelfall beurteilen – unter Berücksichtigung der Richt- und Leitlinien.

Anspruchschreiben

Wenn geklärt ist, was eigentlich passiert ist und wie die Behandlung zu bewerten ist, begründe ich die Ansprüche meiner Mandanten in einem Anspruchsschreiben an den Arzt, die Klinik, die medizinische Einrichtung und bitte unter Fristsetzung um

Stellungnahme zu dem von mir konstatierten Sachverhalt und seiner Bewertung – beziehungsweise bitte ich, dass die Haftung dem Grunde nach anerkannt wird. Der Gegner also zugibt, dass sein Verhalten vermeidbar behandlungsfehlerhaft gewesen ist, wodurch der Schaden des Patienten verursacht wurde. Danach beginnt das Warten. Manchmal über einen großen Zeitraum. Es ist ein langer Weg bis zu einer Stellungnahme, unter Umständen sogar ein sehr langer.

Die Verwaltungsleitung der Klinik übergibt das Schreiben ihrer Haftpflichtversicherung, denn sie ist zunächst verpflichtet, jeden potenziellen Schaden ihrer Versicherung anzuzeigen. Diese fordert das Krankenhaus dann zu einer Stellungnahme auf. Die Verwaltungsleitung gibt den Vorgang an den Abteilungsleiter, der sich die Akten kommen lässt und den behandelnden Arzt um Stellungnahme bittet. Diese kontrolliert er, leitet sie an die Verwaltungsleitung weiter und diese wiederum an die Versicherung. Die Haftpflichtversicherung wertet die Stellungnahme der Ärzte aus, bittet gegebenenfalls noch um eine ergänzende Stellungnahme der Klinik. Anschließend erhalte ich endlich Post von der Haftpflichtversicherung. Fast nie wird die Haftung anerkannt. Es folgt ein Austausch der Argumente, manchmal verbunden mit der Bitte an mich, die Angelegenheit im Schlichtungsverfahren überprüfen zu lassen oder mich mit der Anfertigung eines Privatgutachtens auf Kosten der Haftpflichtversicherung einverstanden zu erklären. Wenn wir uns einig werden, kann ich die Akte schließen. Wenn nicht, dann nicht. Ist Letzteres der Fall muss ich prüfen, ob eine Klage unter Berücksichtigung der Argumente der Gegenseite Aussicht auf Erfolg hat, und die notwendigen Unterlagen sammeln. Leicht zieht dabei ein Jahr ins Land, bis wir soweit sind.

Die Mitwirkung des Mandanten ist in dieser Phase oftmals unumgänglich und macht auch ihm viel Mühe.

Das gerichtliche Verfahren

In der Klage müssen wir die Ansprüche des Klägers genau begründen und auch nachweisen, was mir zuweilen ungemein lästig ist. Da muss ich rechnen und genau erfassen, in welcher Höhe der

Verdienstausfall besteht, den es einzuklagen gilt. Ich muss nach den persönlichen Verhältnissen fragen, um den Haushaltsführungsschaden, den der Patient erlitten hat, berechnen zu können. Ich muss wissen, wie viele Kilometer er gefahren ist, um zu den sich an den Behandlungsfehler anschließenden Therapien zu fahren, damit die Kilometerpauschale geltend gemacht werden kann. Es gehört außerdem zu meinen Aufgaben, Quittungen beizubringen und aufzulisten, wie viel er zu seinen Medikamenten zuzahlen musste. Teilweise ist das eine echte Sisyphus-Arbeit, die auch meinen Mandanten lästig ist. Und wer hebt schon die Quittungen vom Friseur auf, weil er sich nicht selbst die Haare waschen konnte?

Einmal hatte ich eine Mandantin, die darin eine absolute Perfektionistin war. Sie hatte sich selbst die Quittung für eine Briefmarke von 55 Cent geben lassen, die ich dann auch eingeklagt habe. Kopierkosten in Höhe von 30 Cent waren ebenso dabei.

Wenn die Klage eingereicht ist, beginnt der Austausch der Argumente, anschließend erlässt das Gericht fast immer einen Beweisbeschluss. Dann wird der Sachverständige beauftragt. Er schreibt ein Gutachten, zu dem die Parteien Stellung nehmen. Wenn nötig, ergänzt der Gutachter es noch und kommt zu einer persönlichen Anhörung zum Gerichtstermin. Fast immer ist natürlich eine Partei mit den Aussagen in dem Gutachten unzufrieden. Ab Klageerhebung vergehen so meistens anderthalb bis drei Jahre. Häufig schlagen die Gerichte den Parteien aufgrund der Aussagen des Sachverständigen in seinem Gutachten einen Vergleich vor. Einigt man sich im Wege eines von dem Gericht vorgeschlagenen Vergleichs, endet hier unwiderruflich das Verfahren.

Fällt das Gutachten sehr negativ für den Mandanten selbst aus, sollte man sich eventuell überlegen, die Klage zurückzunehmen. Wenn auch eine Berufung keine Erfolgsaussicht hat, kann das Einiges an Geld sparen. Wird die Klage nicht zurückgenommen, erlässt das Gericht ein Urteil, in dem die Gründe für den Erfolg oder Misserfolg der Klage stehen. Dieses wird einem zugestellt und ab dem Zeitpunkt läuft die Frist: Es bleibt ein Monat Zeit, Berufung einzulegen, und ein weiterer Monat, die Berufung zu begründen.

Das Sachverständigengutachten im Prozess

Ein Gutachter wird zum Sachverständigen, wenn er gerichtlich bestellt worden ist. Für das Gutachten des Sachverständigen im gerichtlichen Verfahren gilt im Prinzip nichts anderes als für die Gutachten, die außerhalb eines Prozesses eingeholt werden. Das Gericht soll im Ergebnis beurteilen, ob der Arzt seine berufsspezifische Sorgfaltspflicht verletzt hat. Das kann es nicht aus eigener Sachkunde heraus, weshalb es einen Sachverständigen bestellt, der den berufsfachlichen Sorgfaltsmaßstab beurteilt. Bei der Auswahl des Sachverständigen sind einige Dinge zu berücksichtigen. Der Sachverständige muss zunächst aus dem Fachgebiet des beklagten Arztes kommen. Ein Orthopäde muss einen Orthopäden beurteilen. Sollte die Beurteilung von nachfolgend aufgetretenen Nervenschäden notwendig sein, so wird später hierfür ein Neurologe befragt.

Das Gutachten berücksichtigt die Argumente beider Parteien und dem Sachverständigen stehen sämtliche Unterlagen über den gesamten Behandlungsverlauf zur Verfügung. Damit hat der vom Gericht bestellte Sachverständige einen umfassenden Überblick und kann die Behandlung auf dieser Grundlage bewerten.

Die Klageparteien haben (leider) kaum Einfluss auf die Wahl des Sachverständigen. Es gibt Ausreißer zugunsten und zuungunsten einer Partei. Ein Sprichwort sagt:»Eine Krähe hackt der der anderen kein Auge aus.« Das ist häufig wahr. Aber manchmal ist es auch genau umgekehrt: Da lässt der Sachverständige an seinem Kollegen kein gutes Haar – aus was für Gründen auch immer.

Oft wird mit der Klage auch ein Privatgutachten eingereicht, das die Argumentation des Patienten bestätigt. Das Gericht ist verpflichtet, sich intensiv mit den Aussagen in Privatgutachten auseinanderzusetzen und Widersprüche zwischen den beiden Gutachten aufzuklären. Das Privatgutachten muss die gleiche Aufmerksamkeit erfahren wie das Gutachten des Sachverständigen. So sagt es die Rechtsprechung. Dies ist aber äußerst theoretisch. Immer wieder erlebe ich es, dass der kompetente Privatgutachter eine äußerst transparente, in sich geschlossene Bewertung abgegeben hat, und die Bewertung des Sachverständigen in einem Widerspruch dazu steht. Wenn nun der Sachverständige sich mit den Argumenten des Privatgutachters auseinandergesetzt und für das Gericht nachvollziehbar diese Auffassung widerlegt hat, so wird dem Sachverständigen geglaubt. So sieht es die Rechtsprechung ebenfalls vor. Wenn aber beide Gutachten in sich nachvollziehbar sind, müsste das Gericht eigentlich einen weiteren Sachverständigen berufen. Das passiert aber nur sehr selten. Das entscheidet das Gericht nach eigenem Ermessen. Und so werden Urteile gesprochen, denen eigentlich meines Erachtens eine weitere Begutachtung hätte vorausgegangen sein müssen. Nach einer Verhandlung erklärte mir das Gericht einmal:»Frau Dr. Konradt, wenn wir Ihren Gutachter als Sachverständigen gehabt hätten, so hätten Sie die Klage gewonnen.« Beweisen konnte ich diese Äußerung nicht und in der Berufungsinstanz habe ich ebenfalls verloren.

Der Vergleich

Ich bemühe mich stets, eine außergerichtliche Lösung im Wege des Vergleichs erzielen zu können. Gelingt das nicht, gehen meine Bemühungen im gerichtlichen Verfahren weiter. Ich weiß, dass insbesondere meine ärztlichen Kollegen einen Vergleich als Niederlage oder Ärgernis erleben, weil sie diesen als ein Schuldanerkenntnis ansehen. Schließlich muss gezahlt werden und in der Zahlung liegt eine Anerkennung, dass etwas vermeidbar behandlungsfehlerhaft gewesen ist. Aus der Sicht des Juristen ist das nicht zutreffend. Indiziell kann dies daran erkannt werden, dass vor jedem Vergleich üblicherweise der Satz mit den folgenden Worten eingeleitet wird:»Ohne Anerkennung einer Rechtspflicht gezahlt.« Es wird bei einem Vergleich das Risiko abgewogen und eine Regelung getroffen. Mit einem Schuldanerkenntnis hat ein Vergleich insofern nichts zu tun. Vielfach ist der Vergleich die sachgerechte Lösung um einen Ausgleich für den Schaden zu schaffen.

In der Rechtswissenschaft ist gemäß Paragraf 779 BGB der Vergleich ein Vertrag zwischen den Parteien, durch den der Streit über ein Rechtsverhältnis im Wege des gegenseitigen Nachgebens beseitigt wird. Auch das Gericht versucht, die Parteien zu einem Vergleich zu bewegen. Das macht es nicht, wie von vielen angenommen, weil es in diesem Fall kein Urteil schreiben muss, was aber natürlich auch einen angenehmen Nebeneffekt darstellt, sondern weil es Paragraf 278 Absatz 1 der Zivilprozessordnung so vorgibt: »Das Gericht soll in jeder Lage des Verfahrens auf eine gütliche Beilegung des Rechtsstreits oder einzelner Streitpunkte bedacht sein« (siehe auch Seite 248). Der Kompromiss, wie im täglichen Leben auch, stellt meist den besten Weg dar, eine Streitigkeit abzuschließen. Wenn man ihn außergerichtlich schließt, ist die Angelegenheit endgültig erledigt, schließt man ihn in einem gerichtlichen Verfahren, kann nicht in die Berufung gegangen werden. Der Rechtsstreit endet.

Mit einem Vergleich ist die Angelegenheit endgültig abgeschlossen. Das längste von mir betreute Verfahren währte genau 20 Jahre nach dem Behandlungsfehler. Eine vergleichsweise Regelung konnte nicht erzielt werden, die Parteien hatten sich in ihre jeweiligen Rechtsauffassungen nahezu »verbissen«. Der Klägerin wurde ein Schadens- und Schmerzensgeld zugesprochen und die Beträge wurden über den Zeitraum verzinst. Da ist eine gute Summe zusammen gekommen. Zum Glück war die Geschädigte seinerzeit 13 Jahre alt, sodass die Klägerin das Geld auch noch gut verwenden konnte. Immerhin hatte sie mittlerweile geheiratet und Kinder.

Gerade in arzthaftungsrechtlichen Streitigkeiten stellt sich selten ein tragfähiges Gefühl von Recht und Unrecht, von Schwarz oder Weiß, von Gut oder Böse ein. Ganz egal wie das Verfahren endet. Es geht vielmehr immer um eine sachgerechte Lösung im Einzelfall. Das Arzthaftungsrecht ist eben vielfältig, gemustert, es ist gestreift, gepunktet und überwiegend sind es Grautöne, die bewertet werden müssen. Es stellt ein Konfliktfeld dar, das durch die Eingriffe in Leben und Gesundheit stark emotional geprägt ist. Ein Vergleich trägt dem Rechnung.

Gerade in den emotional geprägten Bereichen, wie dem Familien-, Erb- und Medizinrecht, nimmt die Mediation zunehmend in der anwaltlichen Tätigkeit Raum ein und wird häufig nicht nur im Vorfeld, sondern auch innerhalb des gerichtlichen Verfahrens angeregt. Die Mediation, die Vermittlung, stellt ein freiwilliges

Verfahren dar, das den Parteien die Möglichkeit bietet, unter der Vermittlung eines neutralen »Dritten«, des Mediators, eine Konfliktlösung in Form eines Vergleichs zu suchen.

Ich persönlich bin keine besondere Freundin der Mediation im arzthaftungsrechtlichen Bereich. Hinter meinem Gegner, dem Arzt, steht im Allgemeinen die Haftpflichtversicherung, die zahlt. Die Versicherungen werden sich, ohne eine entsprechende sachliche Grundlage zu haben, nicht einigen. Und wenn sie diese haben, so brauche ich kein Mediationsgespräch. Für ein erwünschtes Gespräch mit dem Arzt brauche ich keinen Mediator.

Auf einem Auge blind

Wenn wertvolle Zeit verstreicht, weil der Arzt einen Befund nicht erhebt

Ich kann auf dem linken Auge nicht mehr sehen.« Mit diesen Worten betrat Mathias Kaden meine Kanzlei. Völlig emotionslos sagte er das. Er hätte genauso gut sagen können: »Ich brauche noch ein Brot.« Es war merkwürdig. Mathias Kaden wirkte, als ginge es überhaupt nicht um ihn, als wäre die ganze Geschichte jemand anderem passiert. So als hätte sie ihn nicht seine Existenz gekostet. Als wäre alles nicht so schlimm. Mathias Kaden wirkte, als stünde er immer noch unter Schock.

Vielleicht war es auch genau das. Schließlich hatte er nicht viel Zeit, sich an den Gedanken, auf einem Auge blind zu sein, zu gewöhnen. Eigentlich überhaupt keine. Nach einem Abend mit Freunden – sie hatten zusammen gefeiert – sah er nicht mehr richtig. Komische Lichtblitze zuckten vor seinem linken Auge. Doch das hatte ihn nicht weiter beunruhigt, er war müde und ein bisschen angetrunken. Er maß der Sache keine Bedeutung bei. Am Morgen danach kam dann der erste Schock – sein Gesichtsfeld war auf der linken Seite massiv eingeschränkt. Als hätte jemand einen Vorhang direkt neben das Auge gespannt – es war alles schwarz.

Normalerweise hat der Mensch ein Gesichtsfeld von knapp 180 Grad. Bei Mathias Kaden waren es weit weniger. Schon als er das Wort Lichtblitze aussprach, kam mir ein

Verdacht. Denn das ist das klassische Symptom einer Netzhautablösung. Das lernt man schon früh im Studium, das ist Mediziner-Einmaleins. Blitze, Gesichtsfeldeinengung, Rußregen – also kleine rote Flocken, die durch das Gesichtsfeld fliegen – bedeutet: dringender Verdacht auf eine Netzhautablösung. Für den Patienten heißt das: Geh sofort zum Arzt! Für den Arzt: Schau, ob eine Netzhautablösung vorliegt. Mathias Kaden machte sich folgerichtig auf den Weg ins Krankenhaus. Nach einer kurzen Begutachtung schickte ihn der Augenarzt allerdings auf die neurologische Station. Sein Verdacht: eine Entzündung im Gehirn. Dafür ist der Augenarzt nicht zuständig. Die notwendigen Untersuchungen, um eine Netzhautablösung auszuschließen, hatte der Augenarzt nicht für nötig gehalten. Er war sich seiner Sache, so schien es, sicher. Und die Neurologen dachten auch nicht daran. Schließlich kam er vom Augenarzt. Herrn Kaden wurde erst einmal Kortison durch einen Zugang am rechten Arm verabreicht. Gegen eine Entzündung wirkt das hervorragend. Auch gegen eine im Gehirn, obwohl diese bei Herrn Kaden nicht diagnostiziert worden war, sondern nur vermutet wurde. Bei einer Netzhautablösung könnte man hingegen auch Wasser verschreiben, der heilende Effekt wäre der Gleiche. Wirklich helfen können nur zwei Sachen: entweder eine Laserung oder eine klassische Operation, je nachdem wie weit sich die Netzhaut schon abgelöst hat. Viel Zeit bleibt oftmals nicht. Denn wenn die Netzhaut sich von der Aderhaut abtrennt, wird sie nicht mehr versorgt und stirbt ab. Die Lichtrezeptoren können das Licht nicht mehr aufnehmen. Wenn nicht schnell gehandelt wird, kann das Auge erblinden. Wenn Gewebe erst einmal tot ist, wird es nicht wieder lebendig. Tot ist tot. Das ist nicht mehr rückgängig zu machen. Man muss also dafür sorgen, dass die Netzhaut sich nicht weiter ablöst, sondern mittels eines Eingriffs wieder angelegt wird.

Bei Mathias Kaden verging viel Zeit. Die Neurologen warteten darauf, dass das Kortison anschlug, Mathias Kaden darauf, dass die Gesichtsfeldeinschränkung nachließ. Beides passierte nicht. Mathias Kaden vertraute den Ärzten im Krankenhaus und harrte geduldig aus, in der Hoffnung, dass die Sehstörungen aufhörten. Stattdessen bekam er neue Probleme. Der Arm, in den die Kortisoninfusion täglich gelaufen war, schwoll an. Die Schwester sah das zwar, aber da sowieso nur noch eine Infusion fehlte, ignorierte sie das Problem und hängte die letzte Dosis auch noch an den Zugang an. Die Infusion landete nicht in der Vene sondern daneben. Die Folge: der Arm wurde dick und rot. Zwei Tage später wurde Mathias Kaden ins Nachbarkrankenhaus verlegt, um den Arm zu behandeln. Mittlerweile war die Entzündung so weit fortgeschritten, dass mehrfach operiert werden musste.

In der chirurgischen Abteilung kümmerte man sich auch um das Auge. Ein Augenarzt wurde gerufen und der stellte die Netzhautablösung fest. Endlich – nach über einer Woche. Es war eine riesige Ablösung in der Mitte der Netzhaut – an der Stelle des schärfsten Sehens. Das Auge wurde operiert. Aber es war nicht mehr zu retten. Herr Kaden blieb blind auf dem Auge. Ob das Auge bei der ersten Untersuchung mittels Laserung zu retten gewesen wäre, wird man nicht sagen können. Auf die Infusionen hätte man aber sicher verzichtet, sodass der entzündete Arm nicht hätte operiert werden müssen. Die Narbe reicht über den ganzen Unterarm, das Gefühl im Arm ist gestört, was für einen Rechtshänder natürlich besonders lästig und störend ist.

Es war für mich sofort klar, dass hier ein Behandlungsfehler vorlag und ich den Fall übernehmen würde. Und ich wusste, wir würden gewinnen. Alles andere wäre Unrecht. Für Mathias Kaden waren die gesundheitlichen Folgen das kleinere Übel. Viel schlimmer trafen ihn die persönlichen Konsequenzen. Als Feinmechaniker war er auf räumliches Sehen angewiesen. Mit nur einem Auge ist das nicht mehr möglich. Seinen Job musste er aufgeben. Vorher kam die Familie über die Runden – Mathias Kaden verdiente das Geld, seine Frau war zu Hause und pflegte ihre Mutter. Die beiden Töchter gingen zur Schule, das Haus war nicht abbezahlt. Zu den gesundheitlichen Problemen kamen jetzt also auch noch finanzielle. Mathias Kaden musste mit Mitte 40 noch einmal von vorn anfangen. Juristisch gesehen war es für mich ein klarer Fall. Allerdings war er trotzdem nicht ganz einfach. Die Kortisoninfusion und die sich anschließenden Operationen und deren Folgen gingen auf einen Behandlungsfehler zurück und begründeten den Anspruch. Die Kortisoninfusion hätte in den schmerzhaften Arm nicht infundiert werden dürfen. Das ist aber nur geschehen, weil der Arzt die Netzhautablösung nicht erkannt hat und im Verlauf, trotz bleibender und sich verschlechternder Symptomatik, keine Kontrolle erfolgt ist. Der Teil, der Schaden durch das Kortison, war also zweitrangig. Erstrangig war die Erblindung des betroffenen Auges. Doch wie sollte ich beweisen, dass eine Operation oder Laserung das Erblinden verhindert hätte?

Wenn sich die Netzhaut ablöst, kann das relativ schnell massive Schäden hervorrufen. Und auch wenn man zügig therapiert, wird zwar manchmal der Sehverlust gestoppt oder das Sehvermögen verbessert, aber manchmal kann das Auge dennoch erblinden. Ich hätte nachweisen müssen, dass durch eine rechtzeitige Operation Mathias Kaden seine Sehfähigkeit definitiv nicht verloren hätte. Das war unmöglich – ungefähr so, als würden sie bei einer Infektion kein Antibiotikum verordnen. Das mag ein Fehler sein, es ist jedoch nicht sicher, ob man mit einem Antibiotikum die Infektion in den Griff bekommen hätte. Den Fehler als einen einfachen Behandlungsfehler zu werten, reichte deshalb nicht, um diesen Fall zu gewinnen. Ich musste nachweisen, dass es sich um einen groben Behandlungsfehler handelte. Durch die dem groben Behandlungsfehler folgende Beweislastumkehr müsste der Arzt beweisen, dass der Patient auch mit einer Operation erblindet wäre, was ihm nicht gelänge, denn viele dieser Operationen sind erfolgreich. Andernfalls könnte man auf eine Laser- oder operative Intervention komplett verzichten – und das ist natürlich Unsinn.

Aus der Fachliteratur, aber auch aus anderen Verfahren weiß ich, dass die Gutachter bei einer Netzhautablösung klar definierte Regeln an das ärztliche Handeln aufstellen. Lichtblitze sind als Symptomatik der Netzhautablösung klassisch, sodass eine engmaschige Kontrolle zu erfolgen hat. Selbst wenn der Arzt vermutet, dass eine Hirnentzündung vorliegt, muss er trotzdem zunächst diagnostisch eine Netzhautablösung ausschließen. Das heißt: Ultraschalluntersuchung, Pupillenerweiterung, er muss mit einer Lupe arbeiten und er muss untersuchen, ob das Gesichtsfeld eingeschränkt ist. Das hatte der Arzt alles nicht gemacht.

Im Arzthaftungsrecht kommt der unterlassenen Befunderhebung, wie bereits beschrieben, eine ganz besondere Bedeutung zu.

Dabei gibt es zwei Möglichkeiten: Entweder stellt sich das Unterlassen selbst als grob behandlungsfehlerhaft dar, zum Beispiel wenn der Arzt nach einem Sturz auf den Kopf mit Übelkeit, Schwindel und Bewusstlosigkeit nicht röntgt. Oder man geht fiktiv davon aus, dass, wenn der Befund erhoben worden wäre, man mit hinreichender Wahrscheinlichkeit Dinge festgestellt hätte, auf die der Arzt unbedingt hätte reagieren müssen.

Wenn der Patient, nachdem ihm eine neue Hüfte eingesetzt wurde, unter zunehmenden Beschwerden klagt, müssen weitere Untersuchungen gemacht, Blut- und Laborwerte abgenommen werden. Wenn das unterbleibt und sich später herausstellt, dass das gesamte Operationsgebiet vereitert ist – ein Mandant von mir hatte in einem derartigen Fall immerhin 2,5 Liter Eiter im Oberschenkel – so ist davon auszugehen, dass die Entzündungsparameter im Labor deutlich erhöht gewesen wären. Darauf nicht zu reagieren, wäre völlig unverständlich gewesen und das hätte auch keiner gemacht. In diesem Fall folgte eine Beweislastumkehr und das ist auch gut so, da wir nicht hätten nachweisen können, dass die frühzeitige Reaktion, durch die Gabe zunächst eines Antibiotikums, zu einem anderen Verlauf bei dem Patienten geführt hätte.

Ich konnte damit Ansprüche auf Schadens- und Schmerzensgeld durchsetzen.

Bei der Tatsache, dass im Fall von Herrn Kaden keine ausreichende Diagnostik durchgeführt wurde, handelte es sich meines Erachtens mit hoher Wahrscheinlichkeit um einen groben Behandlungsfehler, bei dessen Vorliegen wir Ansprüche würden durchsetzen können.

Für Mathias Kaden war eine außergerichtliche Einigung die beste Lösung. Wie bei seiner Erkrankung ging es auch jetzt um Zeit. Seine Existenz war – das klingt theatralisch, aber es war definitiv so – zerstört. Finanziell stand er mit dem Rücken zur Wand. Ein Klageverfahren dauert bis zu fünf Jahre, zuweilen auch länger, soviel Zeit hatte er nicht. Er musste einen Weg finden, seine Familie auch in Zukunft zu ernähren. Dafür brauchte er Geld.

Ein Vergleich war also unser gemeinsames Ziel. Wir waren erfolgreich: Wir haben seinen Schadenersatz durchgesetzt. Und das ohne ein mehrjähriges Verfahren.

Eine eingebildete Kranke?

Wie eine Fehldiagnose mein Leben in neue Bahnen lenkte

Wenn ich all diese Mandanten-Geschichten höre und die dazugehörigen Krankenakten lese, schwöre ich mir jedes Mal: Ich möchte niemals krank werden. Das scheint zu dem Beruf eines Arzthaftungsrechtlers zu gehören. Ich muss mir zuweilen immer wieder selbst in das Gedächtnis rufen, dass die Fälle meiner Mandanten die Ausnahme und nicht die Regel sind. Nun gut, mein Erstberuf, der der Ärztin, macht das auch nicht gerade besser. Ärzte sind bekanntlich schlechte Patienten.

Als schlimm habe ich insbesondere die Phase empfunden, in der ich Medizin studierte. In dieser Zeit lernt man all die schrecklichen Krankheiten kennen und beobachtet sich selbst ganz genau. Jedes Zipperlein fasst man als Symptom auf. Man hat den Überblick über alle Krankheiten, so umfassend wie am Ende des Studiums wird man später nie wieder Bescheid wissen. Und irgendetwas passt immer. Da kommt es vor, dass man vor dem Spiegel steht und einen Flecken auf der Haut für ein sicheres Zeichen von Hautkrebs hält. Fast jeder Medizinstudent fühlt sich irgendwann krank. Und so kam es, dass ich mich zum Ende meines Medizinstudiums unendlich elend fühlte. Ich hatte Schmerzen. Unerträgliche Schmerzen. Krämpfe durchzogen meinen Körper, ich spürte meinen Rücken. Ich versuchte mich zu diagnostizieren, zog die Bücher der Orthopädie, der Inneren Medizin, der Gastro-, der Kardio- und der Infektiologie zurate, aber konnte nicht herausfinden, was mir fehlte. Ich verordnete mir selbst Schmerztabletten, aber die verbesserten meinen Zustand ebenfalls nicht. Einzig der Aufenthalt in der warmen Badewanne half. Nur dort konnte ich natürlich nicht ewig bleiben. Zu guter Letzt und am Ende mit meinem Latein entschied ich mich für das eigentlich Naheliegendste: Ich konsultierte einen Arzt. Eine folgenschwere Entscheidung, die mein zukünftiges Leben nachhaltig veränderte.

Irgendwie dachte ich die ganze Zeit an ein chirurgisches Problem, gestützt wurde diese Vermutung dadurch, dass die Mutter meiner besten Freundin eine gute Bekannte des Chefarztes einer Chirurgie war und ich sofort einen Termin bekam. Meine Freundin fuhr mich hin. Im Nachhinein sage ich, dass ich sie besser nicht mitgenommen hätte. Denn bereits der Weg in die Klinik war eine Mischung aus Schmerzen und Lachen. Sie versuchte sämtliche Gullis großzügig zu umfahren, um damit Erschütterungen zu vermeiden und mir weitere Schmerzen zu ersparen. Wir waren albern. Und ich nahm mich selbst auch nicht sehr ernst, weil ich mich eigentlich jung, topfit und gesund fühlte. Da passte der Schmerz so gar nicht dazu.

Herr Prof. Dr. Drossel war rothaarig, freundlich, mit einer leichten Arroganz in seinem Auftreten. Er sah mich, hörte kurz zu und erklärte, ohne dass er den Ultraschallkopf, seine Hände oder gar das Labor bemüht hatte, dass meine Beschwerden psychisch bedingt seien. Er hatte sich von meiner albernen Stimmung blenden lassen. Seine Diagnose hieß: Ich hatte eine Macke und somatisierte – die psychischen Beschwerden verursachten also meine körperlichen Schmerzen. Später sollte sich schließlich herausstellen: Diese Diagnose war vermeidbar fehlerhaft.

Meine liebe Freundin fuhr mich wieder heim. Die Beschwerden blieben. Ich stieg immer öfter in die warme Badewanne und blieb immer länger darin liegen. Nach einiger

Zeit sah ich mich gezwungen, erneut einen Arzt aufzusuchen. Zum Glück hatte die Mutter meiner Freundin noch einen in ihrem Bekanntenkreis. Es war diesmal ein älterer, liebevoller Hausarzt. Er tat, was bereits Prof. Dr. Drossel hätte tun müssen. Er untersuchte mich. Seine Diagnose: Ich hatte Gallensteine, die Gallenblase hatte sich deshalb entzündet und als Reaktion darauf war nun auch die Bauchspeicheldrüse entzündet. Auf diese Idee war ich – trotz neun Semestern Medizinstudiums – nicht gekommen. Es passte einfach nicht. Ich gehörte nicht zur Risikogruppe, fand ich jedenfalls. Bis auf meine Eigenschaft, eine rothaarige Frau zu sein, hatte ich keine Risikofaktoren, kein Übergewicht, war noch zu jung und trank keinen Alkohol. Das passte nicht zu dem, was in den Büchern stand. Aber ich musste einsehen, dass der Arzt recht hatte und ich zügig etwas unternehmen sollte. Die Sterberate bei Patienten mit entzündeter Bauchspeicheldrüse liegt bei knapp 30 Prozent. So stand es in den Büchern und so ist es auch. Die Drüse produziert nämlich die Verdauungsenzyme, welche die Nahrung, die wir zu uns nehmen, zersetzen. Ist die Drüse entzündet, so kann es passieren, dass die Enzyme in die Bauchhöhle gelangen und dort die Organe angreifen. So kann ein tödlicher Kreislauf beginnen, bei dem die Bauchspeicheldrüse sich selbst zersetzt und dadurch immer weitere Schäden anrichtet.

Ich musste mich operieren und meine Gallenblase inklusive ihrer Steine entfernen lassen. Aber wer sollte das machen? Die Komplikationen waren mir bekannt. Zu irgendeinem Arzt wollte ich nicht. Und zu Herrn Prof. Dr. Drossel hatte ich verständlicherweise kein Zutrauen.

Außerdem hatte ich sehr klare Vorstellungen von der Operation. Ich wollte keinen großen Schnitt am Rippenbogenrand, sondern einen unauffälligen Schnitt, der nur eine dezente Narbe hinterließ. Ein Reiterfreund, der als Orthopäde niedergelassen war, empfahl mir einen Arzt, dem der Ruf vorausging, trotz kleiner Schnitte ein großer Chirurg zu sein. Ich vertraute dem Rat und vereinbarte einen Termin. Diesmal begleitete mich meine Mutter. Ich wollte nicht schon wieder lachend erscheinen.

Das war ein Mann! Ich erklärte ihm, dass ich nicht gewillt sei, künftig auf das Tragen von Bikinis zu verzichten. Er möge bitte einen etwa drei Zentimeter langen, senkrechten Schnitt machen, den er anschließend mit einer Spezialnaht, wie sie die Schönheitschirurgen verwenden – einer sogenannten Intrakutan-Naht – versehen möge, damit das Ganze am Ende gut aussieht. Das Zunähen dürfe er bitte nicht einem seiner Assistenten zur Übung überlassen, sondern das Werk selbst vollbringen. Ich schilderte ihm lang und breit, dass einer seiner Kollegen für meine Misere verantwortlich sei. Der hätte versäumt, seine diagnostischen notwendigen Möglichkeiten zu nutzen, und eine missliche Fehldiagnose gestellt. Die Angelegenheit, mit der ich mich nun schon lange herumgeplagt hatte, dürfe jetzt nicht mehr viel meiner Zeit in Anspruch nehmen. Ich hätte insgesamt vier Tage eingeplant.

Der Chefchirurg hörte sich das alles schmunzelnd an und fragte, auf welchem Hochseil er denn für mich während der Operation am besten tanzen solle. Irgendwie beschlich mich der Eindruck, dass er mich nicht ganz ernst nahm. Aber ich mochte ihn sofort, mochte sein Lächeln, seine ruhige kompetente Art. Ich habe es nie zu ergründen versucht, woran es liegt, dass mein erster Eindruck von einem anderen Menschen im Allgemeinen zutrifft. Ich vereinbarte einen kurzfristigen Termin und kam aus der Sprechstunde mit den Worten: »Mutter, den Mann würde ich heiraten«, was ich auch später tat. Der Behandlungsfehler des ersten Arztes hatte für mich persönlich dennoch ein gutes Ende. Ohne ihn hätte ich vermutlich meinen späteren Ehemann nie kennengelernt.

Ein Medizinstudium hat nicht jeder und nicht jeder kann dem Operateur sagen, wie er es machen soll. Und ganz ehrlich: Es sollte auch niemand brauchen, bloß weil er einmal krank werden und auf einen Arzt angewiesen sein könnte.

Man macht auch keine Elektrikerlehre, nur weil man sich vielleicht einmal ein Haus kaufen möchte und es Probleme mit der Elektrik geben könnte. Der Patient sollte seinem Arzt vertrauen und vertrauen können. Dass das immer seltener der Fall ist, erfordert ein Umdenken und viel Arbeit. Die Zeiten, als der Arzt gottgleich und der Patient gottergeben waren, sind vorbei.

Was ein Verfahren kostet

Manche Menschen sehnen sich nach Routine. Ich nicht. Ich freue mich, dass jeder Fall anders ist. Das macht die Arbeit spannend und kurzweilig. Ich muss mich konzentrieren. Ich leiste mir den Luxus, keine Zettelwirtschaft zu betreiben. Meine Post kommt auf beigem Briefpapier mit einem schicken blauen Logo. Ich will es schön haben, das Persönliche ist mir wichtig. Wer gute Arbeit macht, der wird sich auch anschließend Brötchen kaufen können.

Umgekehrt stellt sich für meine Mandanten gleich am Anfang die Frage, was es sie kostet, ihre Ansprüche geltend zu machen und meine Hilfe dabei in Anspruch zu nehmen.

Nehmen wir die Geschichte von der Hüftoperation mit Todesfolge. Die Frau ist verblutet, weil niemand daran gedacht hat, dass sie ihre Acetylsalicylsäure (ASS) vor der Operation hätte absetzen müssen. Ihre Angehörigen wollten, dass ich die Sache überprüfe und ihnen sage, was sich da machen lässt und wie hoch ihr Kostenrisiko sein würde.

Rechtsschutzversicherung

Am Anfang steht immer die Frage: Haben Sie eine Rechtsschutzversicherung? Denn eine Möglichkeit der Finanzierung meiner Inanspruchnahme wäre die Rechtsschutzversicherung. Da zählt das Bestehen der Versicherung des Patienten zu dem Zeitpunkt, zu dem der Behandlungsfehler gemacht wurde. Ich schildere dem Versicherer den Fall und bitte um eine Deckungszusage für meine außergerichtliche Tätigkeit. Es kann durchaus passieren, dass die Versicherung sagt: Nein, Deckungsschutz erteilen wir nicht, da zuweilen, wenn noch kein Gutachten vorliegt, die Erfolgsaussicht von der Rechtsschutzversicherung noch nicht eingeschätzt werden kann. Sie verweisen auf die Schlichtungsstelle oder den Medizinischen Dienst und bitten, den Fall doch zunächst dort prüfen zu lassen. Dann übernimmt die Versicherung das Kostenrisiko für meine Tätigkeit erst, wenn die Schlichtungsstelle oder der Medizinische Dienst zu einem positiven Ergebnis gekommen ist. Das Kostenrisiko für meine Tätigkeit müssen die Mandanten bis dahin übernehmen. Das passiert aber sehr selten, da ich mit vielen Rechtsschutzversicherungen vertrauensvoll zusammenarbeite und diese meine Tätigkeit kennen und somit meinen Einschätzungen Glauben schenken.

Berechtigungsschein

Eine weitere Möglichkeit ist, dass der Mandant einen Berechtigungsschein beantragt. Den bekommt, wer von einem Einkommen in etwa in Höhe von Hartz IV lebt. Ich frage dabei sehr vorsichtig nach, denn das geht in die Intimsphäre des Einzelnen. So ein Berechtigungsschein ist ähnlich wie die Prozesskostenhilfe; der Staat übernimmt bei Bewilligung eines Berechtigungsscheins die Kosten für die außergerichtliche Vertretung. Für das gerichtliche Verfahren muss Prozesskostenhilfe beantragt werden.

Prozesskostenfinanzierer

Im Arzthaftungsrecht steigen gelegentlich Prozesskostenfinanzierer mit ein. Das sind Unternehmen, die in solche Verfahren investieren und damit ihr Geld verdienen. Manche sind ab etwa 50 000 Euro Klagesumme interessiert, andere ab 100 000 Euro. Sie übernehmen die gesamten Kosten und tragen das volle Risiko – allerdings nur, wenn sie eine gute Chance sehen, dass wir gewinnen. Dafür bekommen sie bei Erfolg im Durchschnitt zwischen 30 und 40 Prozent des eingeklagten Betrages. Das ist ein Erfolgshonorar und erscheint auf den ersten Blick viel Geld. Aber: Der Patient hat kein Kostenrisiko. Das ist für ihn noch günstiger als bei der Prozesskostenhilfe, bei der immer unter anderem die Gebühren des gegnerischen Anwalts auf ihn zukommen, wenn er verliert.

Prozesskostenfinanzierer haben einen relativ schlechten Ruf. Die langen kräftig zu, heißt es. Aber ich empfinde das nicht als ungerecht. Wie soll der Patient das Verfahren denn sonst finanzieren? Bei der Bank dafür einen Kredit aufzunehmen wird schwierig, denn den muss man auch zurückzahlen, wenn man verliert. Interessant ist diese Form der Finanzierung für Mandanten, die keine Rechtsschutzversicherung haben und zu viel Einkommen beziehen, um Prozesskostenhilfe beantragen zu können – oder keinen Anwalt finden, der sie für das damit verbundene geringe Honorar vertritt. Auch für diejenigen, die das Risiko scheuen, die gegnerischen Anwaltskosten tragen zu müssen, wie im Falle des Unterliegens im Klageweg bei der Bewilligung von Prozesskostenhilfe oder in absehbarer Zeit wieder Geld verdienen werden, wo sich der Staat das Geld von dem Prozesskostenhilfeberechtigten wieder zurückholt. Wenn sich manche das Klageverfahren nicht leisten können oder möchten, würden sie ihren Anspruch unter Umständen gar nicht durchsetzen können. In diesen Fällen ist der Prozesskostenfinanzierer eine gute Option. Wenn die Summe zu klein war, um einen Prozesskostenfinanzierer zu gewinnen, habe ich schon manchmal die Krankenkasse gebeten, in das gerichtliche Verfahren zu gehen. Diese übernimmt dann das Risiko. Aber das gelingt nur bei Kassen, mit denen ich in der Vergangenheit schon gut zusammengearbeitet habe. Auch das ist eine Frage des Vertrauens.

Gebührenvereinbarung und Selbstfinanzierung

Natürlich gibt es auch die Möglichkeit eine Gebührenvereinbarung abzuschließen. Da treffen Sie individuell mit dem Anwalt eine Regelung über die Gebühren. Das macht vor allem dann Sinn, wenn der Streitwert außer Verhältnis zu den gesetzlichen Gebühren nach dem Rechtsanwaltsvergütungsgesetz liegt. Diese Vereinbarung kann pauschal oder auf Stundenhonorarbasis abgeschlossen werden. So eine Vereinbarung stellt für mich die Ausnahme dar und muss im Einzelfall geprüft werden.

Natürlich können Mandanten auch selbst zunächst ein Schlichtungsverfahren beantragen oder ihre Krankenkasse um Unterstützung bitten und im Anschluss mit einem Gutachten wieder zu mir kommen. Aber als Laien und Betroffene laufen sie Gefahr, nicht die richtigen Fragen stellen zu können.

Rechtsanwaltsgebühren

Wenn all diese Möglichkeiten nicht greifen, muss der Patient das Verfahren selbst finanzieren. »Wer sich keinen Lottoschein kauft, wird im Lottospiel nicht gewinnen, aber er wird immer den Einsatz sparen«, ist eine meiner Aussagen, die ich gern mache. Für den Mandanten ist es wichtig abzuschätzen, was der Lottoschein in etwa kostet.

Die Vergütung von Rechtsanwälten ist gesetzlich geregelt. Das gilt sowohl für die außergerichtliche, als auch für die gerichtliche Tätigkeit. In unserem Beispiel würden wir, wie meistens, zunächst den außergerichtlichen Weg einschlagen und erst, wenn dieser keinen Erfolg bringt, klagen.

Die Gebühren für den Anwalt bemessen sich am Streitwert, den muss ich also zunächst berechnen. Dazu gehört einmal das Schmerzensgeld. Zu unserem Beispiel gab es ein Urteil des OLG Düsseldorf zu einem vergleichbaren Fall: Da hatte eine Patientin nach einer Operation heftig geblutet und war drei Wochen später verstorben, ohne das Bewusstsein noch einmal wiedererlangt zu haben. Zugesprochen wurden damals 20000 Euro. Das Urteil ist schon ein wenig älter, die individuellen Faktoren sind zu berücksichtigen. Aber es bietet einen Anhaltspunkt. Ich setze also 20000 Euro Schmerzensgeld an, dazu kommen 5000 Euro für die Beerdigung. Dann ist der Unterhaltsschaden zu bewerten: Hier kann ich mit 200 Euro monatlich rechnen, für die Arbeit der Frau im Haushalt, die nun jemand anderes verrichten muss. Die Frau ist um die 60 Jahre alt geworden, sie hätte laut statistischem Mittel noch gut 20 Jahre zu leben gehabt. 20 Jahre mal 12 Monate mal 200 Euro wären 48000 Euro, aber das Gerichtskostengesetz begrenzt die Summe auf den fünffachen Jahresbetrag, also auf 12000 Euro. Addiert man die Zahlen, liegt der Streitwert für unser Beispiel bei einer Summe von 37000 Euro.

Nach Lektüre der Behandlungsunterlagen muss ich entscheiden: Kann ich den Fall selbst beurteilen? Als Ärztin und nach vielen Jahren Erfahrung im Studium dieser Akten kann ich oft sehen, ob und wo etwas falsch gelaufen ist. Andernfalls müssen wir einen Gutachter finden. Das kann eben über den Medizinischen Dienst oder die Schlichtungsstelle geschehen. Oder wir lassen ein Privatgutachten anfertigen. Dieses ist jedoch privat zu bezahlen. Wenn wir den Anspruch außergerichtlich in vollem Umfang durchsetzen können, übernimmt der Gegner auch meine Kosten in voller

Höhe. Können wir nur einen Teil durchsetzen, muss der Gegner auch nur einen Teil meiner Kosten erstatten. Das heißt, wenn ich, wie in unserem Beispiel, 37 000 Euro angesetzt habe, und wir vergleichen uns bei 20 000 Euro, übernimmt der Gegner meine Gebühren für die Vertretung und für den Abschluss des Vergleichs, allerdings üblicherweise nur aus einem Streitwert berechnet, den er zahlen muss, also aus 20 000 Euro. Tatsächlich entstanden sind aber die Kosten für die außergerichtliche Vertretung und den Abschluss des Vergleichs, berechnet aus dem Streitwert von 37 000 Euro. Die Differenz zu den Kosten, die die Gegenseite übernommen hat, muss der Mandant zahlen.

Wenn ich nicht erfolgreich bin, bleibt es bei der Anwaltsgebühr, die sich am Streitwert orientiert. In dem Fall stellt sich die Frage: Gehen wir ins Klageverfahren? Der Gegner hat inzwischen seine Argumente vorgetragen, warum er meint, dass wir keinen Anspruch haben. Manchmal sind diese auch nicht von der Hand zu weisen. Letztlich entscheidet der Mandant, ob wir ein Klageverfahren anstreben oder nicht.

Sagt er ja, entstehen neue Kostenrisiken: In unserem Beispiel kommen zunächst die Gerichtskosten, die bei einem Streitwert von 37 000 Euro 1194 Euro betragen. Für den Sachverständigen sind wenigstens 2500 Euro zu veranschlagen. Die Kosten des gerichtlichen Verfahrens sowie der außergerichtlichen Gebühren muss die Gegenseite ersetzen, wenn wir den Prozess gewinnen.

Verlieren wir den Prozess, müssen meine Mandanten darüber hinaus noch die Rechtsanwaltskosten der Gegenseite erstatten. Das gesamte Kostenrisiko meiner Mandanten für die außergerichtliche Vertretung und die Klage in der ersten Instanz beträgt daher zwischen 10 000 und 12 000 Euro.

Eine Mandantin war fest davon überzeugt, dass der Arzt einen Fehler gemacht hatte. Sie erhob Klage. Der Gutachter bescheinigte den Fehler des Arztes, aber nicht in dem Maße, wie die Frau das ursprünglich unterstellt hatte. Sie hatte 30 000 Euro eingeklagt und bekam 15 000 Euro ausgeurteilt. Aber der Arzt war insolvent und hatte auch keine Haftpflichtversicherung. Bei ihm war nichts zu holen. Die Klägerin musste die gesamten Gerichts- und die eigenen Anwaltskosten bezahlen sowie die Kosten für den Sachverständigen. Ohne Rechtsschutzversicherung, ohne Prozesskostenhilfe und ohne Prozesskostenfinanzierung kann das richtig bitter sein. Aber aus juristischer Sicht ist das folgerichtig, denn wer sonst sollte alles bezahlen? Der Staat? Das geht nicht. Zivilrecht ist Parteienrecht, die Parteien entscheiden über den Rechtsstreit. Der Kläger geht ins Verfahren, und wenn der Beklagte im Laufe des Verfahrens insolvent wird, trägt der Kläger das Risiko. Und das bedeutet: Suchen Sie sich aus, wen Sie verklagen. Sonst kann es passieren, dass Sie ein schönes Urteil erhalten, aber nichts davon haben, weil Sie am Ende nichts bekommen außer, dass Sie die »Zeche« zu bezahlen haben. Aber es besteht Hoffnung, denn immerhin: Das Urteil kann man 30 Jahre vollstrecken, und es besteht eine gewisse Chance, dass der Prozessgegner in der Zwischenzeit wieder zu Geld kommt.

Kostenrisiken
Aber zurück zu den normalen Abläufen. Wenn der Mandant einen Berechtigungsschein für das außergerichtliche Verfahren hat, hängt für den Anwalt viel davon ab, ob er sich mit dem Gegner einigen kann. Wenn nicht, das ist wichtig, bekommt er etwa 100 Euro brutto als Gebühr – unabhängig vom Streitwert. Wenn er erfolgreich ist, übernimmt der Gegner die Anwaltskosten in der üblichen, das heißt gesetzlichen Höhe nach dem RVG (Rechtsanwaltsvergütungsgesetz). Auch wenn man als Anwalt für einen Mandanten mit einer Prozesskostenhilfe in ein gerichtliches Verfahren geht, kann das Verhältnis zwischen Arbeit und Einnahme sehr ungünstig sein. Wenn ich so einen Prozess verliere, gehe ich mit 1200 Euro Brutto für vier Jahre Arbeit, die ich in einen aufwändigen Prozess investiert habe, nach Hause. Wenn ich gewinne, dann zahlt der Gegner auch hier meine ganz normalen Gebühren nach dem RVG.

Für den Mandanten, der Prozesskostenhilfe bekommt, ist wichtig zu wissen, dass der Prozess auch für ihn nicht ohne Risiko geführt wird. Verliert er, muss er in jedem Fall die gegnerischen gesetzlichen Anwaltskosten, bemessen nach dem Streitwert, übernehmen. Hinzu kommt, dass das Gericht – bessern sich die wirtschaftlichen Verhältnisse des Mandanten – noch vier Jahre nach Bewilligung der Prozesskostenhilfe die Möglichkeit hat, die verauslagten Prozesskosten zurückzufordern.

Die Arbeit ist die gleiche, ob mit oder ohne Prozesskostenhilfe. Ich muss die Klageschrift erstellen. Und sagt das Gericht, »Sehr geehrter Kläger, besorgen Sie mal die Behandlungsunterlagen«, muss ich dann – das sind nette kleine Nebenbeschäftigungen – von allen Ärzten, die in den Fall involviert sind, die Behandlungsunterlagen anfordern. Zusätzlich dem Brief die Verfügung des Gerichts beilegen und die Ärzte von der Schweigepflicht entbinden und ihnen sagen: »Schicke die Unterlagen mal bitte zum Gericht und sei so freundlich und sage uns Bescheid, wenn du das gemacht hast.« Wir haben keine Eingangskontrolle. Das finde ich eine Katastrophe. Dann kommt die Klageerwiderung und man muss erneut erwidern. Im besten Fall nur einmal. Später kommt ein Beweisbeschluss, den muss man auch durchlesen und prüfen, ob die Fragen denn auch tatsächlich richtig gestellt sind. Dann wird ein Sachverständiger bestellt. Ist dieser geeignet? Dann kommt das Gutachten, das muss man lesen und zunächst prüfen, ob dem Gutachter alle Unterlagen zur Verfügung standen. Danach gibt es Einwendungen gegen das Gutachten, man stellt Ergänzungsfragen. Und schließlich trifft man sich eines Tages vor Gericht. Der Aufwand für alle Beteiligten ist groß. Deshalb ist es so wichtig, realistisch einzuschätzen, wie hoch die Aussicht auf Erfolg ist.

Ich mache grundsätzlich keinen Unterschied zwischen den Mandanten, egal wie und von wem unsere Tätigkeit finanziert wird. Es ist so eine Art von Mischkalkulation, die ich betreibe. Wir haben Fälle mit hohen Streitwerten und welche mit niedrigen, Mandanten mit Prozesskostenhilfe oder Rechtsschutzversicherungen, Selbstzahler, Privat- und Kassenpatienten. Und allen gemein ist, dass sie Eingriffe in ihr Leben und ihre Gesundheit erfahren haben. Zu fast allen Fällen gibt es mehr als 100 Seiten Akten und in der Hälfte aller Fälle richten wir nach 300 Seiten einen zweiten Band ein. Was darin steht, muss ich im Kopf haben. Dazu kommen die Gespräche mit dem Mandanten, die Rücksprachen vor den

Terminen. Also, es steckt viel Arbeit in meinen Akten. Doch die Hauptsache ist, dass wir effektiv zum Ziel kommen. Dabei bin ich bemüht, ein für alle Beteiligten akzeptables Ergebnis zu erzielen. Ich finde, dass die Gier begrenzt werden muss. Ich muss mir keinen Ferrari kaufen. Aber: Es ist auch nicht so, dass in meinem Beruf die silbernen Teller vom Himmel fallen.

Neulich erklärte ein anwaltlicher Kollege in der mündlichen Verhandlung vor Gericht, als es um die Frage der Kosten ging, dass ihn der Rechtsstreit nicht reich machen würde. Der Vorsitzende Richter antwortete, dass es in dem anwaltlichen Beruf ums Überleben ginge und nicht darum, reich zu werden. Er habe da anscheinend etwas falsch verstanden. Ich erlaubte mir den Einwand, gern über das »Wie« des Überlebens diskutieren zu wollen.

Der Off-Label-Use

Behandlung mit einem nicht zugelassenen Medikament

Anna von Quirndorf hatte sich immer Kinder gewünscht. Aber etwas war schiefgelaufen. Zu ändern war offensichtlich nichts mehr. Der Krebs wucherte in ihrem Inneren und machte all ihre Pläne zunichte, mehr noch, er drohte, sie umzubringen. Und irgendwie hatte sie das Gefühl, ihre Gynäkologin sei daran schuld. So richtig konnte sie das nicht benennen. Aber Frau von Quirndorf wollte es nicht bei einem vagen Gefühl belassen, sondern wünschte sich Klarheit. Sie bat ihre ehemalige Gynäkologin, ihr die Behandlungsunterlagen auszuhändigen. Doch die verweigerte ihren Wunsch.

Sehr leise erzählte sie: Sie sei zuweilen ein schrecklich korrekter Mensch, insbesondere, wenn es um die gynäkologische Vorsorge ginge. Sie habe auch Gründe dafür, aber das würde sie mir später noch erzählen. Sie schilderte mir zunächst einmal ihren Behandlungsverlauf: Sie war regelmäßig zu ihrem Frauenarzt gegangen, einem »ganz lieben, sehr sachlichen älteren Hasen«, mit dem sie immer sehr zufrieden war. Sie hatte sogar das Gefühl, dass er sich freute, wenn er sie sah. Vor fünf Jahren nahm er, wie üblich, einen Abstrich an ihrem Gebärmutterhals. Dabei stellte er fest, dass die Probe nicht ganz in Ordnung war. »Ein Wert ist kein Wert«, sagte er beruhigend und bat sie, in drei Monaten wiederzukommen. Doch auch der nächste Befund war auffällig. Der Arzt bat um ein Gespräch. Er erklärte Frau von Quirndorf, dass in dem Abstrich auch diesmal ungewöhnliche Zellen, er sprach von PAP IV, gefunden worden seien, die eventuell eines Tages in Krebs übergehen könnten. Er wolle deshalb ein Stück aus dem Muttermund herausschneiden – eine sogenannte Konisation durchführen –, um die veränderten Zellen zu entfernen. Frau von Quirndorf war sprachlos. Sie vereinbarte einen Termin mit ihm für die Operation und ging erst einmal einen Kaffee trinken.

Am Abend besprach sie die Sache mit ihrem Freund. Sie lebten seit sechs Monaten zusammen, träumten von einer gemeinsamen Zukunft und wünschten sich ein Kind. Die Idee, dass jemand ausgerechnet jetzt an ihrem Muttermund herumschnitt, gefiel Anna von Quirndorf gar nicht. Sie hatte Angst, dass Narben zurückblieben und es Probleme bei der Schwangerschaft oder der Geburt geben könnte. Schwanger zu werden war ihr wichtig, und das nicht nur aus persönlichen Gründen, sondern auch aus familiären. Daher beschloss sie, eine zweite Meinung einzuholen.

Sie entschied sich für die Frauenärztin, von der ihre Freundin geschwärmt hatte. Eine Frau, dachte sie, wäre sicher nicht schlecht, die würde ihre Ängste sicherlich verstehen können. Sie rief die Freundin an, um nach der Telefonnummer zu fragen. Die Freundin redete ihr ebenfalls gut zu, eine zweite Meinung einzuholen. Sie erzählte von ihrer Oma, die an der Hüfte hatte operiert werden sollen, aber nun schon seit Jahren auch ohne Operation wieder laufen konnte. Für die Oma sei der Arztwechsel die beste Therapie gewesen.

Frau von Quirndorf machte also einen Termin aus. Sie berichtete der Gynäkologin von den Befunden und davon, dass ihr Frauenarzt gleich habe operieren wollen. Ob das denn sein müsse, wollte sie wissen. Die Antwort war eindeutig: »Das bekommen wir auch anders hin.« Die Ärztin nahm einen Abstrich. Dabei fand sie auch Viren vom Typ 16/18, die auf Feigwarzen hindeuten und Vorboten von Krebs sein können. Heutzutage raten die Ärzte jungen Mädchen zur Impfung gegen solche Viren. Statt zu operieren bepinselte die Ärztin den Muttermund. Womit, konnte Frau von Quirndorf nicht sagen. Diese Behandlung sollte eine Weile alle zwei Wochen wiederholt werden.

Sie war glücklich. Keine Operation, kein Wort mehr von Krebs. Am Abend stieß sie mit ihrem Freund mit Prosecco an. Sie ging regelmäßig in die Praxis, um den Muttermund dort von der Ärztin bepinseln zu lassen. Bald war die Sache vergessen. Ungewöhnlich war nur, dass sie im Verlauf fast jedes Mals, wenn sie Geschlechtsverkehr hatte, Blutungen bekam. Aber die Ärztin schien das nicht zu beunruhigen. Der Wunsch nach einem Kind könne durchaus zu Hormonschwankungen und damit zu Blutungen führen, sagte die Ärztin zu ihr. Sie sei eine junge und gesunde Frau und müsse sich darüber keine Gedanken machen.

Drei Jahre später kam der Schock. Gebärmutterhalskrebs. Frau von Quirndorf war in eine andere Stadt gezogen und hatte sich dort eine neue Frauenärztin gesucht. Deren Diagnose war eindeutig und sie war entsetzt, dass keine Konisation gemacht worden war. Die neue Ärztin war auch entsetzt, dass ihre Vorgängerin nicht auf die Blutungen reagiert hatte. Womit diese denn den Muttermund eingepinselt hätte? Frau von Quirndorf zuckte mit den Schultern.

Sie tat mir leid. Wohl nie hat mich das Schicksal einer Mandantin so berührt. Hätte sie auf ihren ersten Gynäkologen gehört, wäre heute sicherlich alles in Ordnung. Vermutlich hätte sie geheiratet und Kinder bekommen und ihr weiteres Leben wäre so verlaufen, wie sie es sich vorgestellt hatte. Stattdessen war sie nun schwer krank, ihr Freund, der unbedingt Kinder wollte, hatte sie verlassen, ihr Studium hatte sie zwar zu Ende gebracht, aber sie konnte nicht arbeiten, weil die Chemotherapie ihren Körper und auch ihren Kopf massiv beeinträchtigte. Ihr Zustand ließ das nicht zu.

Sie sah mich resigniert an. Sie erzählte, dass sie das Ganze besonders mitnahm, weil sie es eigentlich besser gewusst hatte. Zu den ganz festen Grundsätzen in ihrem Leben hatte gehört, die Krebsvorsorge ernst zu nehmen. Eine Bekannte aus ihrem Heimatort war an Brustkrebs gestorben. Anna von Quirndorf hatte erfahren, dass diese Frau die Vorsorgeuntersuchungen regelmäßig vor sich hergeschoben hatte. Immer war irgendetwas gewesen, das wichtiger war, als zum Arzt zu gehen – auch dann noch, als sie längst schon den Verdacht hatte, dass nicht alles in Ordnung war. Sie konnte den Knoten bereits deutlich fühlen, man sah ihn sogar schon mit eigenen Augen, als sie endlich zum Arzt ging. Es wurde ein großes Mamma-Karzinom auf dem Ultraschallbild gesehen, die Lymphknoten in den Achselhöhlen waren schon von Metastasen befallen – und die sofort begonnene Therapie kam zu spät. Als die Bekannte starb, hatte Frau von Quirndorf sich geschworen, regelmäßig zur Vorsorge zu gehen. Und nun das. In ihren Kummer mischten sich ihre Ängste, die Verzweiflung über die Situation, in die sie sich durch eine falsche Entscheidung manövriert hatte und die Enttäuschung über das Versagen der Ärztin, der sie vertraut hatte. Sie fühlte sich ohnmächtig und sah eigentlich keinen Weg, an ihrer Lage noch irgendetwas zu ändern. »Das bringt doch eh nichts«, hatte sie immer wieder gesagt. Trotzdem war sie zu mir gekommen. Ich spürte ihren Schmerz. Mein Impuls, ihr zu helfen, war stärker als die Widerstände, die absehbar waren – Frau von Quirndorf war arbeitslos, sie hatte kaum Geld. Aber wir hatten die Möglichkeit für sie einen Berechtigungsschein für meine außergerichtliche Tätigkeit zu beantragen, was wir auch taten. Ich ließ mir die Behandlungsakten kommen.

Anna von Quirndorfs Behandlungsunterlagen stapelten sich bald auf meinem Schreibtisch. Ich versuchte mir ein Bild zu machen. Was war passiert? Ich entdeckte, dass die Ärztin den Muttermund mit einem Medikament eingepinselt hatte, mit dem normalerweise Warzen behandelt werden. Was um Himmels Willen hat ein Warzenmittel auf dem Muttermund zu suchen? Durch meine medizinische Ausbildung kenne ich mich ein bisschen aus in der Medizin, auch die gynäkologische Vorsorge ist mir nicht fremd. Das Medikament kannte ich, es wird im äußeren Genitalbereich angewendet. Davon, dass es auch im inneren Genitalbereich eingesetzt wird, hatte ich noch nie gehört.

Der Gebärmutterhals ist der Kanal, der die Scheide mit der Gebärmutter verbindet. Er besteht aus Haut- und Drüsengewebe und mündet im Gebärmuttermund. Dieser hat eine andere Oberfläche: Er ist von einer dicken Schleimhaut umgeben. Die Grenzzone, wo Drüsengewebe und Schleimhaut aufeinanderstoßen, ist besonders anfällig für Wucherungen. Sie verändert sich mit dem Alter, die Hormone spielen dabei eine Rolle, kurz: Das ist der Bereich, den eine Frauenärztin immer besonders gut im Blick hat.

So auch der Gynäkologe, den Frau von Quirndorf zuerst besucht hatte. Er hatte eine mäßige bis schwere Dysplasie festgestellt: Plasie heißt »Wachstum«, Dysplasie bedeutet »ungeordnetes Wachstum«, und das, was da so ungeordnet wuchs, hatte er mit einem Laser oder einem Skalpell wegschneiden wollen. Dabei ist Dysplasie nicht gleich Krebs, die Zellen wachsen nicht in die Tiefe. Sie kann aber eine Vorstufe von Krebs sein und sich zu einem Karzinom entwickeln. Das tut sie nicht immer, aber doch häufiger. Schneidet man das Gewebe weg, ist in mehr als 98 Prozent aller Fälle das Problem gelöst und kommt auch nicht wieder.

Für die Operation hätte Frau von Quirndorf ins Krankenhaus gemusst, mit Vollnarkose. Der Eingriff wäre durch die Scheide durchgeführt worden. Nach ein, zwei Tagen wäre sie entlassen worden. Vielleicht hätte sie noch einmal geblutet, nachdem der Wundschorf abgegangen wäre. Aber das Risiko, dass nach der Operation der Gebärmutterhals verkleben oder ein schwacher Gebärmutterhals während der Schwangerschaft Probleme machen würde, wäre gering gewesen.

Das Warzenmittel arbeitet anders. Man trägt es auf die Warze auf, um die Zellen absterben zu lassen. Da der Gebärmutterhals bei Frau von Quindorf mit diesem Mittel eingepinselt worden war, starben auch dort die Zellen ab. Ich las den Beipackzettel, suchte in der Literatur und im Internet, aber ich fand keine Hinweise darauf, dass dies ein gängiges Verfahren sein könnte. Ich besprach den Fall mit einigen beratenden und auch befreundeten Gynäkologen. Die schüttelten nur den Kopf. Von einer solchen Therapie hatten sie noch nie gehört. Und sie vermuteten schwerwiegende Folgen, nämlich dass, wenn die Oberfläche des Muttermundes derart verätzt ist, der Abstrich nicht mehr taugt um Dysplasien nachzuweisen. Tatsächlich ging das aus der Krankenakte von Anna von Quirndorf hervor. Denn bei dem nächsten Abstrich war kein Pap IV mehr gefunden worden, vielmehr ein Normbefund. Aber die Dysplasie, die war noch da, die saß in der Tiefe. Und die Zellen hatten Zeit, sich zum Krebs zu entwickeln. Da war ich mir sicher.

Ich suchte weiter. Konnte es sein, dass man dieses Medikament auch anders einsetzen konnte, als auf dem Beipackzettel vermerkt? In der Medizin gibt es das häufiger. Wir sprechen vom sogenannten Off-Label-Use. Manche Medikamente können mehr als das, wofür sie zugelassen sind. Das hängt damit zusammen, dass es lange dauert und viel Geld kostet, bis ein neues Medikament verkauft werden darf. Jedes Medikament muss gründlich getestet werden. Das soll verhindern, dass sich ein Fall wie der Contergan-Skandal wiederholt.

Contergan kam 1957 auf den Markt und war als Schlafmittel schnell beliebt, denn es beruhigte die Nerven. Insbesondere viele Schwangere nahmen es, da es ihnen gegen morgendliche Übelkeit half. Ein paar Monate später stieg die Zahl der Neugeborenen, die mit fehlenden Gliedmaßen, sogenannten Aplasien, zur Welt kamen, überraschend an. Es dauerte aber fast vier Jahre, bis endlich der Zusammenhang zwischen Contergan und den Missbildungen klar war.

Contergan war frei verkäuflich, erst im August 1961 wurde es aufgrund möglicher Nebenwirkungen überhaupt rezeptpflichtig. Im November wurde es endgültig vom Markt genommen. Einige Monate zuvor war in Deutschland ein neues Arzneimittelgesetz in Kraft getreten. Es war darauf ausgerichtet, deutsche Pharmafirmen international wettbewerbsfähig zu machen. Wirksamkeit und Sicherheit von Medikamenten mussten nicht überprüft werden, Medikamente wurden einfach registriert. Nach dem Contergan-Skandal wollten die Menschen schließlich mehr Sicherheit. Der Prozess gegen den Hersteller zeigte die Lücken des Gesetzes deutlich. 1976 wurde die Prüfung und Zulassungspflicht von Medikamenten endgültig festgeschrieben. Die Zeiten waren vorbei, in denen ein Arzneimittel einfach nur registriert werden musste. Tests und ein ausführlicher Beipackzettel wurden Pflicht.

Aber auch das heutige Verfahren hat Nachteile. Manchmal ist, wenn ein Medikament endlich auf den Markt kommt, die Forschung schon viel weiter. Ärzte greifen das dann auf, ohne abzuwarten, bis der Einsatz zugelassen wird. Das kann auch durchaus sinnvoll sein, denn gerade krebskranke Patienten oder Patienten mit Krankheiten, für die es keine wirkliche Therapie gibt, können nicht warten, bis alle Studien abgeschlossen sind und das Arzneimittel zugelassen wird. Aber der Off-Label-Use birgt immer auch ein Risiko, da die Medikamente nicht umfangreich getestet sind.

Das Bundessozialgericht erkennt heute an, dass ein Off-Label-Use notwendig sein kann, sodass die Kosten hierfür von den Krankenkassen übernommen werden müssen. Aber die Grenzen sind eng gesteckt: Die Kostenübernahme besteht nur, wenn es um eine schwerwiegende, das heißt lebensbedrohliche oder die Lebensqualität auf Dauer nachhaltig beeinträchtigende Erkrankung geht, wenn keine andere Therapie verfügbar ist und wenn die begründete Aussicht auf Erfolg besteht.

Aber war das hier der Fall? Ich hatte Zweifel. Nirgends konnte ich Studien finden, die nahelegten, dass dieses Warzenmittel das ungeordnete Wachstum der Zellen im Gebärmutterhals stoppen kann. Der Arzt ist jedoch selbst bei einem Off-Label-Use in seiner Therapiefreiheit nicht eingeschränkt. Aber er haftet dann leichter, schneller. Wir hatten eine gute Chance, im Sinne des Arzthaftungsrechts einen Anspruch gegen die Ärztin geltend zu machen. Ich setzte mich hin und schrieb, dass Anna von Quirndorf durch die Verwendung eines Medikaments im Off-Label-Use zu Schaden gekommen und die Ärztin für die Folgen haftbar zu machen sei. Ich schlug vor, uns außergerichtlich zu einigen. Die Sachlage schien mir eindeutig, aber weit gefehlt. Die Antwort war negativ. Frau von Quirndorf habe die Behandlung so gewollt, schrieb die Ärztin beziehungsweise deren Haftpflichtversicherung zurück. Hinzu käme erstens, dass die Ärztin nichts von den Dysplasien gewusst habe, die der zuvor behandelnde Gynäkologe festgestellt hatte, und zweitens, dass das Warzenmittel keinen Einfluss auf den späteren Abstrich gehabt habe. Letzteres würde bedeuten, dass Frau von Quirndorf kein Schaden aus der Therapie entstanden wäre, den wir aber nachweisen mussten.

Ich konnte nur den Kopf schütteln. Aus meiner Sicht war die Sache ärgerlich: Nicht nur, dass die Ärztin einen Fehler gemacht hatte – jetzt weigerte sie sich auch noch, ihn einzugestehen, und schob ihrer Patientin quasi die Schuld in die Schuhe. Außergerichtlich war nichts zu machen. Wir mussten vor Gericht.

Diesen Schritt hätte ich Frau von Quirndorf gern erspart. Sie war mit ihren Therapien sowieso schon mehr als tragbar belastet. Nun noch zusätzlich ein Gerichtsverfahren anzustrengen, das sich leicht über drei bis vier Jahre hinziehen konnte, schien zu viel. Sie würde sich immer wieder mit dem, was geschehen war, beschäftigen müssen. Ich würde ihr Schriftsätze schicken, sie würde Fragen beantworten müssen. Und jedes Mal wieder würde sie darüber nachdenken, warum das alles so hatte kommen müssen. Derweil lief ihr die Zeit davon.

Aber ich sah keinen anderen Weg, wir mussten in das gerichtliche Verfahren – zumal es um ziemlich viel Geld ging. Für eine außergerichtliche Lösung hätten wir da sicher auf einiges verzichten können. Außerdem war es, so wie ich die Lage einschätzte, auch ein Wettlauf mit der Zeit. Wie lange hatte Frau von Quirndorf noch zu leben? Schlugen die Therapien an? Oder musste man auch darüber nachdenken, wie es gelingen konnte, dass sie eine gewisse Genugtuung noch erlebte, was ebenfalls oft einen guten Abschluss des Verfahrens für den einzelnen Mandanten bedeutet?

Ich fertigte also einen Klageentwurf, in dem ich den Fall sorgfältig darstellte, und bat einen Prozesskostenfinanzierer in den Rechtsstreit einzusteigen. Sicherlich hätten wir auch Prozesskostenhilfe bewilligt bekommen, aber Frau von Quirndorf hätte das Risiko der gegnerischen Rechtsanwaltskosten tragen müssen. Das konnte und wollte sie sich nicht leisten. Lieber, meinte sie, etwas weniger Geld, dafür aber kein Risiko. Ich benannte Schmerzensgeld, Schadensersatz und den Feststeller. Dann schickte ich das Ganze an den Prozesskostenfinanzierer, der die Klage als aussichtsreich beurteilte. Die Finanzierung des Prozesses war gesichert, sodass wir Klage erheben konnten. Die Klage wurde der Gynäkologin zugestellt, diese setzte sich mit ihrer Haftpflichtversicherung in Verbindung, ein Anwalt wurde mandatiert, das Verfahren war in Gang.

Kurze Zeit später hielten wir die »Klageerwiderung« in den Händen. Frau von Quirndorf war an allem selbst schuld, war der Kontext unter dem die Klageerwiderung stand. Sie habe die Hygiene mangelhaft durchgeführt und Termine nicht eingehalten. Und: Die Patientin habe gewusst, dass die Ärztin versuchen würde, sie mit dem Warzenmittel zu behandeln. Insgesamt stellte die Ärztin meine Mandantin in einem ziemlich schlechten Licht dar. Sie wollte den Eindruck erwecken, sie sei mitschuldig. Das Mitverschulden nach Paragraf 254 BGB wird im Arzthaftungsrecht selten angewendet. Aber Arzthaftungsrecht hat immer eine emotionale Grundlage und man kann auch auf die Art zusätzlich eine Emotionalität provozieren, indem man die Klägerin schlechtmacht.

Das kann man machen, aber ich finde es nicht fair. Ich nahm damals Stellung dazu: Der gegnerische Prozessbevollmächtigte möge bitte freundlicherweise seinen Vortrag dem standesrechtlichen Gebot der Sachlichkeit unterstellen und es unterlassen, meine Mandantin zu diskreditieren. Was man ihr vorwerfe, sei weder wahr noch relevant. So ging das ein paarmal hin und her, bis die Argumente ausgetauscht waren.

Acht Monate später folgte der Beweisbeschluss. Das Gericht gab die strittigen Fragen an einen Gutachter weiter. Zunächst wurden wir aufgefordert, uns mit der gegnerischen Partei auf einen Gutachter zu einigen. Ich gehe da selten mit – ich habe ganz am Anfang meiner Laufbahn einmal schlechte Erfahrungen gemacht. Damals war ich mit einem Gutachter einverstanden gewesen. Und später hieß es: Da ich mich mit dem Gutachter als Sachverständigen einverstanden erklärt hätte, müsse ich jetzt auch seine Aussagen akzeptieren. Seither überlasse ich es lieber dem Gericht selbst, einen Gutachter vorzuschlagen.

Ein Professor, Chefarzt der gynäkologischen Abteilung eines Krankenhauses, sollte den Fall prüfen. Die gegnerische Seite protestierte: Die Möglichkeiten in einem Krankenhaus seien nicht mit denen in einer kleinen Praxis zu vergleichen. Ein Chefarzt könne nicht nachvollziehen, wie eine niedergelassene Ärztin vorgeht. Wenn sein Gutachten für die Ärztin negativ ausfallen würde, könnte sie es gegebenenfalls anfechten, und das würde das Verfahren in die Länge ziehen. Das Zivilgericht versucht immer, Gutachter zu engagieren, die von beiden Seiten akzeptiert werden. Ich hatte Sorge, dass jetzt wieder Wochen vergingen, bis ein neuer Gutachter gefunden war, und teilte das auch mit. Facharzt sei Facharzt, schrieb ich, der Prozess möge zügig geführt werden. Das Gericht entschied, dass der Professor durchaus in der Lage sei zu klären, ob man das Warzenmittel benutzen konnte, um Dysplasien am Muttermund zu behandeln.

Die Wahl des Gutachters ist in solchen Prozessen zentral. Das Gericht entscheidet aufgrund von deren Aussagen. Es gibt zwar Spezialkammern für Arzthaftungsrecht, in denen die Richter durchaus viel sachliches Wissen erworben haben. Aber das Detailwissen bringt der Gutachter mit.

Der Professor begutachtete den Fall. Er stellte fest, dass es unsachgemäß gewesen war, die Dysplasie mit dem Warzenmittel einzupinseln. Er ließ aber offen, welche Folgen dieser Therapieversuch gehabt haben könnte. Ob dadurch der Abstrich beeinflusst wurde und sich der Krebs in der Tiefe entwickeln konnte, entwickelt hat. Dafür müsse ein pathologisches Gutachten angefordert werden, das sei nicht sein Gebiet. Das Gericht musste einen weiteren Gutachter suchen, jemanden, der sich in der Pathologie des Gebärmutterhalses auskannte. Wieder verging Zeit.

Man sollte denken: Wenn ein Gutachter zu einem Auftrag Ja gesagt hat, muss er ihn auch ausführen. Doch die meisten Gutachter lassen die Sache erst einmal liegen. Sie wollen Patienten versorgen und keinen Papierkram erledigen. Ich habe solche Formalien als Ärztin auch immer gehasst. Innerhalb des laufenden Klinikbetriebs ist keine Zeit, sich mit den Akten zu befassen, also muss man sich abends hinsetzen. Und da hätte man gern auch einmal Feierabend. So schieben die Gutachter die Sache immer weiter vor sich her.

Das Gericht hatte eine Frist von sechs Monaten gesetzt. Nach sieben Monaten schickte es eine Mahnung und drohte eine Ordnungsstrafe an. Doch auch das half nichts. Das Ordnungsgeld wurde verhängt, der Gutachter zahlte die 1000 Euro und auf das Gutachten mussten wir weiter warten. Derweil tickte für meine Mandantin die Uhr. Nach einem Jahr bekamen wir das Gutachten zugestellt. Auf den ersten Blick war klar: Der Sachverständige hatte die Aufgabe verfehlt. Er hatte lediglich ein zweites Mal festgestellt, dass das Warzenmittel zur Krebstherapie nicht taugte, aber nicht, welche Folgen dessen fehlerhafte Verwendung haben konnte. Welcher Schaden dadurch entstanden war. Die Fragen, die das Gericht an ihn gestellt hatte, hatte er nicht beantwortet. Wir waren also nicht weiter als zwölf Monate zuvor. Er bekam den Auftrag zurück, und eine Frist, die er wieder nicht einhielt.

Neun Monate später schrieb er: Das Mittel sei für diese Anwendung nie getestet worden. Er verwies auf allgemeine

Ausführungen. Es sei sehr wahrscheinlich, dass sich die damit behandelten Abstriche nicht wie unbehandelte verhalten würden. Welche Abnormität zu beobachten sei und über welche Zeit hinweg, darüber könne er nur spekulieren.

Wir konnten damit nicht beweisen, dass Frau von Quirndorf höchst wahrscheinlich durch den Fehler, das Bepinseln mit dem Warzenmittel, ein Schaden, die falsch negative Befunderhebung der Abstriche und die Entwicklung des Krebs entstanden war. Und eine Einstufung »mit höchster Wahrscheinlichkeit« wäre notwendig gewesen, um vor Gericht eine Chance zu haben. In der Kette Behandlungsfehler – Schaden – Kausalität fehlte uns ein entscheidendes Glied. Wir mussten anders argumentieren: Wenn es gelang, das Einpinseln mit dem Warzenmittel als »groben Behandlungsfehler« zu werten, würde sich die Beweislast hinsichtlich der Kausalität umkehren, obwohl der Schaden noch fraglich war. Die Gynäkologin müsste dann nachweisen, dass das Einpinseln keinen Einfluss auf die Abstriche und damit auf die Krebsvorsorge hatte. Was sie aufgrund der Aussage des Gutachters nicht könnte. Die Beweislast wäre zum Teil von unseren Schultern genommen. Denn bei einem Off-Label-Use liegt ein höherer Sorgfaltsmaßstab zugrunde als üblich, da das Mittel nicht für diese Anwendung getestet worden ist. Es war Grauland, auf dem wir uns befanden.

Eines Morgens war es endlich so weit. Ich lief die breite steinerne Treppe zu dem Landgericht hoch und ging durch die imposanten, hallenden Gänge zum Gerichtssaal. Dort war ich mit Frau von Quirndorf verabredet, wir wollten uns eine Stunde vor der Verhandlung treffen und manches noch einmal durchgehen. Ich erkannte sie kaum wieder. Zwei Jahre hatten wir uns nun nicht gesehen und nur schriftlich verkehrt, gelegentlich telefoniert. Die meiste Zeit hatten wir gewartet. Sie war schmal geworden. Sie berichtete, dass sich in ihrer Leber Metastasen gebildet hatten. Die Ärzte versuchten, den Krebs mit Chemotherapie in den Griff zu bekommen. Aber sie spürte, dass bei ihr alles immer einen Schritt zu spät kam.

Für Frau von Quirndorf war die Zeit im Gerichtssaal die reinste Qual. Da saß die Ärztin, der sie einst so sehr vertraut hatte, und ließ durch ihren Anwalt immer wieder betonen, keinen Fehler gemacht zu haben. Sie entschuldigte sich nicht bei ihr. Sie fragte nicht, wie es Frau von Quirndorf heute ging. Sie war so distanziert, dass es wehtat. Frau von Quirndof versuchte, ihre Gefühle in Zaum zu halten. Manchmal weinte sie leise. Sie fühlte sich hilflos und ausgeliefert, aber sie wollte da durch. Sie wollte verhindern, dass andere Frauen Ähnliches erleiden. Das allein gab ihr die Kraft, diesen langwierigen und schwierigen Prozess durchzustehen.

Das Gericht schloss sich unseren Überlegungen an. Es schlug einen Vergleich vor. Wir waren geneigt, ihn anzunehmen. Aber der Gegner lehnte ab. Frau von Quirndorf habe von dem Behandlungsversuch gewusst, sagte der Anwalt immer wieder. Und krank geworden wäre sie auch so. Wir verhandelten wie auf einem türkischen Basar. Ich war mir sicher, dass wir den Prozess gewinnen konnten. Aber es war auch absehbar, dass die gegnerische Seite Berufung einlegen und damit das Spiel von vorne beginnen würde.

Als Juristin hätte mich interessiert, in die zweite und vielleicht sogar in die dritte Instanz zu gehen und diese Geschichte ausurteilen zu lassen – beim Bundesgerichtshof gab es noch keine Rechtssprechung zu einem vergleichbaren Fall. Aber meiner Mandantin hätte das gar nichts genützt. Es gibt Mandanten, denen es ums Gewinnen geht. Die wollen ein volles Urteil. Aber bei Frau von Quirndorf wäre so ein juristischer Spieltrieb nicht zielführend gewesen. Sie sollte den Ausgang des Verfahrens noch erleben.

In meinem Kopf kreisten die Gedanken bald nur noch um die eine große Frage: Wie konnten wir es schaffen, diesem unwürdigen Spiel ein Ende zu machen? Welche Zugeständnisse konnten wir machen, damit Frau von Quirndof mit einem tragfähigen Gefühl von Gerechtigkeit den Saal verlassen konnte? Ich bat um einen Verkündungstermin, der mir Zeit ließ, mich mit dem gegnerischen Rechtsanwalt in Verbindung zu setzen. Solche Gespräche sind ein bisschen wie beim Poker. Man täuscht und blufft, aber alles ganz sachlich. Man wägt die Argumente ab, die Risiken. Und am Ende einigt man sich auf eine Abfindung. Dieser Vergleich wird protokolliert und das Geld wird ausgezahlt. Es gelang uns einen akzeptablen Vergleich zu schließen. Nach knapp fünf Jahren war das Verfahren zu Ende.

Kürzlich habe ich Frau von Quirndorf einmal wieder getroffen. Ich fragte sie, welche Wünsche sie sich von dem Geld nun erfüllen wolle. Sie erklärte, ihre Träume hätten sie verlassen. Alles, was sie sich jemals gewünscht hätte, wäre unmöglich geworden. Und immer, wenn ein Traum aus den Tiefen des Vergessens wieder auftauche und sie mit dem Gedanken spiele, ihn zu leben, wüsste sie doch, dass die Chemotherapie, die Nebenwirkungen, ihr Zustand sie daran hinderten. Als sie fünf Jahre zuvor zu mir kam, hätten ihr das Schmerzensgeld und der Schadensersatz noch genützt. Jetzt sei es dafür zu spät. Da begriff ich einmal mehr, dass die Lösungen, die wir mit dem Arzthaftungsrecht erzielen können, nur ganz selten das Gefühl von Recht und Unrecht, schwarz und weiß, gut und böse widerspiegeln. Im besten Fall sind sie sachgerecht. Im schlechtesten nicht einmal das.

Von der Ärztin zur Anwältin

Manchmal ist es gut, zur richtigen Zeit am richtigen Ort zu sein

Ich habe mich oft gefragt, warum mich das Schicksal von Frau von Quirndorf so berührt hat. Ich denke, es hat auch damit zu tun, dass unsere Leben hätten parallel verlaufen können. Wir waren beide jung, verliebt und wünschten uns eine Familie. Und dann ging bei Frau von Quirndorf alles in die Brüche, während das Schicksal es so gut mit mir meinte. Wohl nie habe ich so heftig gespürt, wie schnell sich das Blatt wenden kann, wenn die Gesundheit ruiniert ist.

Anders als Frau von Quirndorf hatte ich mich in meinen Jugendträumen in der Rolle einer ungebundenen Frau gesehen – wie geschaffen für eine Tätigkeit an der Universität. Das änderte sich, als ich meinen späteren Ehemann kennengelernt hatte. Da passte dieser alte Traum plötzlich nicht mehr in meine Lebenswirklichkeit. Ich war sicher, dass er der Mann meines Lebens ist und den wollte ich auf keinen Fall wieder loslassen. Wir heirateten.

Mein Ehemann und ich arbeiteten sehr viel und hegten und pflegten zusätzlich unser Zuhause. Wir wollten ein Kind, wollten, dass etwas von »uns« übrig bleibt. Zu diesen neuen und verwirrenden Vorstellungen passte kein 14-Stunden-Arbeitstag mit Nachtdiensten, wissenschaftlichem Arbeiten, Vorträgen und Veröffentlichungen. Schon gar nicht, wenn beide Elternteile diesen Tagesablauf lebten. Meine ehrgeizigen Idealvorstellungen wurden Opfer meiner konservativen Grundstrukturen. Zwei Ehepartner mit Kinderwunsch, die ihren Karriereplänen nachgingen, das schien mir nicht zielführend zu sein. Und dann wurde ich schwanger – und musste mich entscheiden.

Der Rolle als Ehefrau und Mutter konnte ich mit meiner Tätigkeit als Ärztin nicht gerecht werden. Unabhängig davon, ob es meiner Tochter gut ging oder nicht, hätte ich am Krankenbett der Patienten stehen müssen, derweil hätte meine Tochter mich zu Hause gebraucht. Finanziell befand ich mich in der glücklichen Situation, dass ich nicht arbeiten musste, was ich als unglaublich privilegiert empfand. Vielmehr stellte meine Arbeit aus meiner Sicht eine Kür dar – eine Kür, die mit schlechtem Gewissen einherging, wenn ich diese weiter betrieb. Ich war tief gespalten – ein Leben als Hausfrau und Mutter konnte ich mir genauso wenig vorstellen, wie weiterhin als Ärztin ehrgeizig zu arbeiten. Was also tun?

In dieser Zeit las ich eine Anzeige in einer medizinischen Fachzeitschrift, angekündigt wurde ein Seminar im Bereich der forensischen Psychiatrie. Da ich mir unter diesem Begriff wenig vorstellen konnte – inzwischen weiß ich, dass es im Wesentlichen um das Begutachten, Behandeln und Unterbringen von psychisch kranken Straftätern geht –, war ich neugierig. Ich meldete mich an und ahnte noch nicht einmal im Ansatz, was sich daraus entwickeln würde. Dieses Seminar besuchten ausschließlich Juristen: Jurastudenten, Rechtsanwälte und Richter. Und ich, die Ärztin, war allein auf weiter Flur. Erst heute, während des Schreibens, frage ich mich, warum diese Anzeige eigentlich in einem Ärzteblatt veröffentlicht worden ist und warum ausgerechnet ich darüber gestolpert bin.

Ist es Schicksal gewesen? Ich glaube, dass jedes Leben sich schicksalhaft gestaltet. Die Dinge, die passieren, haben einen Grund und es wird alles gut, auch wenn es viele Gründe gab, die mich an dieser Grundeinstellung im Laufe der Jahre haben zweifeln lassen. Letztlich halte ich die Fahne weiterhin oben und hoffe, dass mich diese positive Einstellung, das alles einem höheren Plan folgt und daher seinen Sinn hat, trotz allem, was mir im Leben begegnet, nie verlassen wird. Und dieses Seminar hatte eben den Sinn, mir eine neue Perspektive zu eröffnen. Es begeisterte mich für eine ganz andere Art zu denken.

Ich fasste einen folgenschweren Entschluss: Ich wollte Rechtswissenschaft studieren und die Medizin aus der Sicht des Juristen betrachten. Aufgrund meines Gerechtigkeitssinnes war klar, dass ich dies als Anwältin tun würde. Und so schrieb ich mich an der juristischen Fakultät der Universität ein. Zu studieren, solange meine Tochter klein war, erschien mir machbar. Ich konnte mir meine Zeit freier einteilen, als das in einem Krankenhausbetrieb möglich war. Als Ärztin arbeitete ich nur noch sporadisch. Ein neuer Abschnitt in meinem Leben begann. Er führte mich aus der Klinik in den Gerichtssaal und ich habe ihn bis heute nicht bereut.

Wenn nichts mehr ist, wie es war

Im Aufklärungsgespräch muss der Arzt auch über Alternativen informieren

Je tiefer ich in das Jurastudium eintauchte, desto mehr gefiel mir die Art, wie Juristen denken. Sie unterscheidet sich grundsätzlich von der des Arztes. Der Arzt handelt und denkt individuell, der Jurist versucht zu abstrahieren. Der Jurist begreift die Behandlung als Fall und verallgemeinert nach bestimmten Kriterien, um herauszufinden, ob rechtlich alles korrekt abgelaufen ist. Den Ärzten fällt es oft schwer, dieses Abstrahieren nachzuvollziehen. Sie sehen bei aller Kritik weniger das Allgemeine als vielmehr den einzelnen Patienten, der da vor ihnen sitzt, und dem sie – ganz individuell auf diesen Einzelfall bezogen – versuchen zu helfen. Sie sind bemüht, für diesen Patienten das beste Ergebnis zu erzielen. Ärzte denken in Wahrscheinlichkeiten. Wenn sie hören, dass ein Patient Schmerzen im rechten Unterbauch hat, denken sie: Meistens deutet das auf eine Blinddarmentzündung hin.

Die Juristen hingegen denken abstrakt. Sie klammern das Individuum möglichst aus und stellen Rechtssätze auf, die für jeden gelten, sodass gerade der Einzelfall meist nur höchst spärlich berücksichtigt wird. Es ist, als wenn zwei Welten aufeinander prallen. Ich begriff: Die Sprache und Denkweise von Medizinern und Juristen sind so unterschiedlich, dass es Übersetzer braucht, die zwischen diesen Welten vermitteln. Heute sage ich oft: Das Jurastudium war meine Facharztausbildung. Ich lernte dabei, die Medizin in den Kategorien des Rechts zu denken.

Der Fall von Klaus-Michael Schröder hat mir jedoch gezeigt, wie leicht man dabei Fehlannahmen unterliegt. Denn bei ihm vermisste ich gerade die individuelle Medizin. Bei ihm wurde schematisch vorgegangen und dann hat der Arzt auch noch das falsche Schema angewendet.

Es begann damit, dass Herr Schröder häufiger Durchfall hatte und Schleimabgänge bemerkte. Nun reden die Menschen sehr ungern über Stuhlgangprobleme und anale Leiden. Wie sehr es sie aber bewegt, zeigen unsere Erfahrungen als Mediziner bei Veranstaltungen für Patienten. Gerade die Vorträge über diese Leiden sind am besten besucht. Das verwundert nicht, da die Lebensqualität ganz erheblich eingeschränkt wird, wenn da etwas nicht funktioniert. Der Stuhlgang am Morgen kann über den gesamten Verlauf des Tages entscheiden. Wenn er ausbleibt, so beeinträchtigt das nachfolgende Völlegefühl den Tag und das Wohlbefinden. Die vielfache Werbung für Produkte, die da Abhilfe versprechen, lässt auch erkennen, wie verbreitet derlei Probleme sind.

Herr Schröder nahm die Beschwerden zum Anlass, zur Vorsorge zu gehen und sich einer Darmspiegelung zu unterziehen. Der Gastroenterologe entdeckte zwei kleine Polypen, die er entfernte. Er sah auch einen größeren Tumor im Enddarm, der jedoch zu groß war, um ihn gleich mit zu entfernen. Polypen sollten immer entfernt werden, da ansonsten ein bösartiges Krebsleiden daraus entstehen kann. Der Arzt nahm jedoch Gewebeproben aus diesem und ließ ihn zusammen mit den entfernten Polypen untersuchen. Sie waren gutartig. Klaus-Michael Schröder hatte geahnt, dass da etwas nicht stimmte und wurde darin bestätigt.

Herr Schröder kam in bequemer Kleidung. Er wirkte auf mich wie ein friedliebender, positiver und großzügiger Mensch, der Rechtsstreitigkeiten lieber aus dem Weg geht. Aber das, was auf diese Untersuchung alles gefolgt war, sagte er, das ginge zu weit. Sein Gerechtigkeitssinn habe rebelliert, da könne er nicht einfach so drüber hinweggehen.

Herr Schröder hatte sich auf Anraten seines Hausarztes zur Behandlung in eine chirurgische Abteilung begeben, damit der große Polyp durch eine Operation entfernt werden konnte. Er vertraute darauf, dass man ihn dort von seinen Problemen befreien würde. Natürlich fachgerecht. Stattdessen ist aus dem kleinen Problem ein riesengroßes geworden, eins, das sein Leben aus den Angeln hob.

»In fünf bis sechs Tagen sind Sie wieder fit wie ein Turnschuh!«, versprach ihm der behandelnde Arzt. Für Herrn Schröder, der das Extreme liebt, war das eine gute Nachricht. Er ist der Typ Mann, der die Enden der Welt erkundet und im Leben nichts auslässt. Nach Grönland im Norden und Mali im Süden war er schon gereist, war durch die Antarktis gelaufen, hatte das Hogga-Massiv in der Zentral-Sahara überquert und Kurse fürs Drachenfliegen besucht. Er träumte davon, bald in Rente zu gehen und mit einem selbstgebauten Boot Irland zu umrunden. Er trieb viel Sport und war in seinem Leben nie länger krank gewesen. Und er wollte, dass das so blieb.

Der Arzt empfahl die Knopflochchirurgie: Durch ein kleines Loch schob er Stäbe in den Bauchraum, um tief im Mastdarm zu operieren. Er förderte zehn Zentimeter des Darmes zu Tage. Doch die Untersuchung des Präparats ergab: Der Tumor war nicht dabei. Er hatte tiefer gesessen, in einem Bereich, der durch die Operation nicht erfasst wurde. Der Arzt hatte versäumt, den Tumor vorab genau zu lokalisieren, sodass er ein weiteres, tiefer liegendes Darmstück wegnehmen musste, um den Tumor zu entfernen, den er entfernen wollte. Bei dem zweiten Versuch hatte er dann auch das befallene Stück in der Schale. Die beiden verbliebenen Enden des Darmes wurden miteinander verbunden. Jetzt musste Herr Schröder nur noch gesunden.

Statt schnell wieder fit wie ein Turnschuh zu werden, bekam Herr Schröder hohes Fieber. Wenn der Arzt auf den Bauch drückte, tat das höllisch weh. Die Computertomografie zeigte einen Abszess. Durch ein Loch in der Darmnaht war Stuhlgang in die Bauchhöhle gelaufen und hatte dort eine Eiterhöhle verursacht. Herr Schröder wurde ein weiteres Mal operiert, denn die Eiterhöhle konnte so nicht bleiben. Danach ging es ihm ein wenig besser. Aber längst noch nicht wieder richtig gut. Im Verlauf stellten die Ärzte zu ihrem Bedauern fest, dass der Darm nun zu eng geworden war.

Der Mastdarm speichert den Stuhlgang und ist wie ein großes Reservoir, ohne ihn müssten wir laufend auf die Toilette, weil unser Körper ständig Stuhlgang produziert. Am Ende des Darms sitzt ein Muskel, der sogenannte Sphinkter. Er funktioniert wie ein sehr, sehr feines Ventil. Bei einem gesunden Menschen öffnet und schließt er zuverlässig. Wir können unterscheiden, ob da Luft kommt oder etwas Hartes. Wir können auch sagen: Es geht gerade nicht. Es gibt kaum etwas Faszinierenderes im menschlichen Körper als dieses System, dem wir so viel an Lebensqualität verdanken. Wenn es nicht funktioniert, haben wir ein Problem: Wir sind inkontinent und das ist im Alltag schwer zu ertragen.

Bei Herrn Schröder war der Mastdarm nun zu eng. Sein Arzt versuchte, den Kanal mit einem Ballonkatheter zu weiten. 40-mal setzte er dafür an. Jedes Mal war das schmerzhaft und nie brachte es den gewünschten Erfolg. Anschließend versuchte er es mit Kortison, aber fit wie ein Turnschuh wurde Herr Schröder davon auch nicht, sondern aufgedunsen im Gesicht und am Bauch.

Nur wenn er es schaffte, durch eine strenge Diät auf die Konsistenz seines Stuhlgangs Einfluss zu nehmen, konnte er einigermaßen normal leben.

Vorbei waren die Zeiten extremer Reisen, aus war der Traum von der Bootstour, kein Klettern mehr, kein Wandern, keine Begegnungen mit fremden Kulturen, deren Speisen sein System durcheinanderbringen würden. Wenn keine Toilette in der Nähe war, geriet Herr Schröder in Panik. Denn es kam, wie es kam. Und er konnte nicht sagen: Jetzt nicht. Er hatte einen sogenannten imperativen Stuhldrang, das heißt, dass dieser von ihm nicht zu beherrschen ist. Wenn Stuhl kam, fehlte das Reservoir, der Aufenthaltsraum, und damit die Möglichkeit, in Ruhe eine geeignete Toilette aufzusuchen. Besonders schlimm war die Situation bei durchfälligem Stuhl. Und wenn der Stuhl zu fest war, passt er nicht durch die Enge und das sorgte für Krämpfe.

Herr Schröder kam im Januar 2006 zu mir. Da war er 65. Er erzählte seine Geschichte und es war klar, dass es schwierig werden würde. Da er privatversichert war, konnten wir den Fall nicht vom Medizinischen Dienst prüfen lassen. Wir brauchten aber ein Gutachten. Ich ließ mir die Behandlungsunterlagen kommen und machte eine Liste mit Fragen, die zu klären waren. Wir beantragten ein Schlichtungsverfahren. Der operierende Arzt hatte es versäumt, mit einem Gerät die Höhe des Tumors exakt zu lokalisieren. Diese Lokalisation ist wichtig, weil die Operation umso risikoreicher wird, je näher der Tumor an den Ausgang des Darms heranreicht. Darüber hinaus hatte der Arzt eine klassische Krebsoperation vorgenommen, obwohl doch ein gutartiger Tumor vorlag. Insoweit musste die gesamte Operation hinterfragt werden. Entsprach das dem ärztlichen Standard?

Auf das Gutachten von Herrn Schröder haben wir lange gewartet. Und als es endlich kam, erschien es mir wenig plausibel. Der Gutachter kam zu dem Ergebnis, dass alles schön und gut war. Die Schlichtungskommission schloss sich diesem Urteil an. Zwar hätte der Arzt genauer diagnostizieren können, aber am Schaden geändert hätte das nichts: Der sei schicksalhaft, ein Kausalzusammenhang zwischen Fehler und Schaden lasse sich nicht belegen. Auf dieser Grundlage konnten wir uns nicht außergerichtlich einigen.

Da mich die Aussagen im Schlichtungsverfahren nicht von meiner Einschätzung abbrachten, ließen wir ein Privatgutachten erstellen. Der Gutachter, ein ausgewiesener Spezialist im Bereich der Darmchirurgie, bestätigte meinen Verdacht. Bei einem zu erwartenden gutartigen Tumor in 13 Zentimetern Höhe ab dem Anus hätte es durchaus andere Behandlungsmethoden gegeben: Mit der Transanalen Endoskopischen Mikrochirurgie, der TEM, hätte man mit einem Rohr in den Analkanal hineingehen und durch dieses Rohr mit feinen Instrumenten operieren können. Man hätte den Tumor quasi von hinten entfernt, statt durch die Bauchdecke zu operieren. Dafür hätte man aber wissen müssen, dass der Tumor so weit hinten saß, dass die TEM zum Einsatz kommen konnte. Und die Höhe des Tumors war fehlerhaft nicht lokalisiert worden. Diese Behandlungsmethode existiert seit 1983, ist aber von den technischen Voraussetzungen her recht teuer und nicht in jeder Klinik verfügbar. Es hat sie nicht jeder, es kann sie nicht jeder. Aber das ist kein Grund. Wenn es Alternativen gibt, die eine andere Erfolgsaussicht und ein anderes Risikoprofil vorweisen, muss der Arzt den Patienten darüber aufklären. Dem Patienten steht frei, wenn er das möchte, sich eine Klinik zu suchen, in der diese Operation durchgeführt werden kann. Er kann es natürlich auch lassen. Aber das ist seine Entscheidung.

Herr Schröder hätte sich niemals einer Bauchoperation unterzogen, wenn er gewusst hätte, dass es andere, weniger invasive Methoden gibt. Dann hätte die Operation in dieser Form niemals stattgefunden. Er hätte sich den gutartigen Tumor mit einer modernen Methode lokal von hinten entfernen lassen. Der Defekt wäre vernäht worden – wie ein Loch, welches man stopft –, sodass der Mastdarm als Reservoir voll erhalten geblieben wäre. Auch die Enge im Darm hätte es nicht gegeben, sie wäre nicht aufgetreten. Es wäre ja keine Ringsumnaht nötig geworden, weil ja auch kein Stück des Darmrohrs entfernt worden wäre. Statt eines solchen kleinen Eingriffs war bei ihm eine Krebsoperation durchgeführt worden. Aber auch mit diesem Gutachten haben wir keine außergerichtliche Einigung erzielen können.

Wir erhoben Klage. Nach dem üblichen Austausch der Argumente gab es einen Beweisbeschluss und ein Sachverständiger sollte mit der Begutachtung beauftragt werden.

Es dauerte einige Monate bis sein Gutachten vorlag. Es war klar und sprach für uns. »Aufgrund der transparenten, in sich geschlossenen Ausführungen des Sachverständigen ist die Klage zulässig und begründet«, schrieb ich daraufhin. »Dem Kläger stehen die geltend gemachten Schadensersatzansprüche zu. Zusammenfassend kommt der Sachverständige zu dem Ergebnis, dass keine Indikation zu der von der Beklagten durchgeführten Operation vorlag, mangels Indikation stellt sich diese Operation als vermeidbar behandlungsfehlerhaft dar.« Das Gericht gab der Klage am Ende dem Grunde nach statt. Auf die nicht ordnungsgemäße Aufklärung, mangels Nennung einer Behandlungsalternative, brauchten wir nicht eingehen. Wir mussten nicht erklären und beweisen, dass Herr Schröder in den durchgeführten Eingriff nicht eingewilligt hätte, sodass dieser insgesamt rechtswidrig war und eine Haftung für sämtliche Folgen begründet.

Die Höhe des Schmerzensgeldes ist immer eine Frage des Einzelfalls. Es gibt Tabellen, die Urteile aus der Vergangenheit erfassen. An diesen Tabellen können wir uns orientieren. Aber sie sind nur Anhaltspunkte. Die Urteile liegen oft schon lange zurück. Und jeder Fall ist anders, wir können den Schaden nicht isoliert sehen, sondern müssen auch die Lebensumstände des Geschädigten berücksichtigen. Hinzu kommt, dass die Tabellen nur Urteile erfassen und nicht Fälle, bei denen die Parteien außergerichtlich einen Vergleich geschlossen haben. Manchmal kann ich einen Schmerzensgeldanspruch geltend machen, der deutlich über dem Wert in der Tabelle liegt. Ich muss ihn natürlich gut begründen. In diesem Fall war die beantragte Summe ziemlich hoch, die das Gericht aber im Ergebnis doch für angemessen erachtete.

An dem Zustand von Herrn Schröder wird das nichts ändern. Der ließe sich nur durch eine weitere Operation verbessern. Vielleicht. Aber auch die könnte schiefgehen, denn das Gewebe ist vernarbt und entzündungsbedingt verwachsen. Herr Schröder hat wahnsinnige Angst davor, sich noch einmal unters Messer zu begeben und dabei zu sterben.

Einmal hatte Herr Schröder seinen Arzt zur Rede gestellt. Er wollte nur eine Entschuldigung, mehr nicht. Das war bei einem Symposium. Als der Arzt dort einen Vortrag hielt, sprach Herr Schröder ihn anschließend an. Er könne nicht mehr reisen, sagte er unter anderem. Auch wenn er verreist, müsse er ständig auf die Toilette. Und das nicht irgendwann, sondern sofort. Im Flugzeug, auf der Straße, im Tauchanzug. Überall, immer und jetzt. Seine Botschaft an den Arzt: »Hallo, Du hast alles zerstört, wofür ich lebe.« Wenn er doch nur geahnt hätte, dass es ein weniger drastisches Verfahren gibt – natürlich hätte er es dann gewählt. »Warum hast Du mir das nicht gesagt?«

Es geht nicht ums Geld, darum ging es bei Herrn Schröder nie. Herr Schröder ist kein reicher Mann, aber als Ingenieur hat er genug verdient, um sich sein Leben leisten zu können. Es geht ihm um Gerechtigkeit. Darum, dass anerkannt wird, dass hier etwas falsch gemacht wurde. Schmerzensgeld und Schadensersatz wird er zum großen Teil spenden. Es soll helfen, eine Krankenstation in einem Dorf in Burkina Faso zu finanzieren. Auf seinen Reisen nach Westafrika war Herr Schröder fasziniert von dem Land und den Menschen. Der Fehler in der Hightechmedizin, der ihm das Leben ruiniert hat, soll noch zu irgendetwas gut sein: Er soll dazu beitragen, in diesem Dorf die medizinische Grundversorgung zu sichern und im Idealfall, Menschenleben zu retten.

Aufklärung

Wie oft habe ich das schon gehört: Keiner hat mit mir gesprochen. Wenn ich das gewusst hätte, hätte ich doch niemals Ja gesagt.

Die Aufklärung gewinnt immer und vor allem dann an Bedeutung, wenn das Kind bereits in den Brunnen gefallen ist, also die Dinge anders gelaufen sind, als erwartet. Dieses Kapitel soll helfen zu verstehen, warum der Arzt mit dem Patienten reden muss, worüber er reden muss und was passieren kann, wenn er es nicht tut. Der Arzt schuldet dem Patienten vor jeder Behandlung eine ordnungsgemäße Aufklärung. Das ist eine wesentliche Pflicht aus dem Behandlungsvertrag.

Die Rechtsprechung sagt, dass die Aufklärung einzelfallbezogen sein muss. In dem Aufklärungsgespräch muss der Arzt die Bedürfnisse und die Auffassungsgabe des Patienten berücksichtigen. Die Aufklärung muss mündlich vorgenommen werden, weil sie sonst nicht einzelfallbezogen sein kann. Sie hat rechtzeitig zu erfolgen und darf keine Risiken verheimlichen. Der Arzt muss dem Patienten erklären, welche Folgen die infrage kommenden Komplikationen für sein weiteres Leben haben könnten. Auch über alternative Behandlungsverfahren muss aufgeklärt werden.

Hier sieht man bereits, dass die Anforderungen an eine rechtmäßige Aufklärung »wachsweich« sind. Was ist rechtzeitig? Welche Auffassungsgabe des Patienten ist zugrunde zu legen?

Die Grundprinzipien der ärztlichen Aufklärung
Um ordnungsgemäß aufklären zu können, ist entscheidend, dass man die Grundprinzipien der ärztlichen Aufklärung versteht.

Die Aufklärung steht unter dem Grundsatz »Voluntas aegroti suprema lex«, der Wille des Patienten ist oberstes Gebot. Geschützt ist sie durch die ersten beiden Artikel des Grundgesetzes: Das Selbstbestimmungsrecht des Patienten beruht auf dem Recht auf Menschenwürde (Artikel 1) und dem Recht auf körperliche Unversehrtheit (Artikel 2 Absatz 2). Damit hat der Wille des Patienten Vorrang vor der ärztlichen Entscheidung – und das selbst dann, wenn die ärztliche Behandlung noch so sinnvoll und die

Entscheidung des Patienten unvernünftig ist. Als Beispiel sind die Zeugen Jehovas zu nennen, die lieber den Tod in Kauf nehmen, anstatt eine Bluttransfusion zu erhalten. Auch diese Entscheidung ist durch das Grundgesetz geschützt. Der Arzt darf keine Bluttransfusion geben. Er muss die Entscheidung des Patienten mit allen Konsequenzen akzeptieren, auch wenn der Patient stirbt.

Die Forderung nach Aufklärung geht zurück auf ein Urteil des Reichsgerichtes aus dem Jahr 1894: Der ärztliche Eingriff erfüllt grundsätzlich den Straftatbestand der Körperverletzung, hieß es da, es sei denn, dass der Patient in den Eingriff eingewilligt hat. Die Aussage dieses Urteils gilt bis heute, auch wenn der Eingriff nach den Regeln der Kunst durchgeführt wurde. Eigenverantwortlich einwilligen kann nur der Patient, der weiß, worüber er entscheidet. Die Einwilligung des Patienten ist daher nur dann wirksam, wenn der Patient aufgeklärt wurde. Es gibt keine festen Regeln für die Aufklärung. Aber der Autonomie und der freien Entscheidung des Patienten ist immer Rechnung zu tragen. Der Patient muss über seine leiblich-seelische Integrität selbst bestimmen können. Er ist Subjekt und nicht Objekt der ärztlichen Behandlung.

Das bedeutet im Umkehrschluss: War die Aufklärung ungenügend, so konnte der Patient nicht wirksam einwilligen. Der ärztliche Eingriff ist dann rechtswidrig und der Arzt muss für alle Folgen der Behandlung einstehen.

Aber was wäre passiert, wenn der Arzt den Patienten aufgeklärt hätte? In vielen Fällen wäre der Patient dem Vorschlag des Arztes gefolgt und hätte in die Behandlung eingewilligt. Wie sich ein bestimmter Patient in einer bestimmten Situation entschieden hätte, wird das Gericht nicht aufklären können. Die Gerichte behelfen sich hier mit folgender Konstruktion: Wenn keine ordnungsgemäße Aufklärung stattgefunden hat, muss der Patient beweisen, dass er zumindest bei der Entscheidung in einen Konflikt gekommen wäre. Er hätte vielleicht nicht sofort eingewilligt, sondern vorher noch die Meinung seines Hausarztes eingeholt. Im Kern geht es darum, dass der Patient das Gericht davon überzeugen muss, dass er – hätte man ihn aufgeklärt, nicht einfach dem Eingriff zugestimmt hätte, sondern aus welchen Gründen auch immer, die

Entscheidung noch einmal ernsthaft auf den Prüfstand gestellt hätte. Damit die Gerichte hierüber urteilen können, hören sie den Patienten zu diesen Fragen in der Regel ausführlich an.

An diesem Punkt scheiterte auch eine Klage. Ich musste sie zurücknehmen, weil keine Aussicht auf Erfolg mehr bestand. Am Ende eines Rechtsstreits stand die ausschlaggebende Frage des Gerichts: »Frau Ullrich, hätten Sie den Eingriff denn durchführen lassen, wenn Sie von den ganzen Gefahren, die der Eingriff mit sich gebracht hat und die Sie zum Teil auch selbst erfahren haben, gewusst hätten?« Frau Ullrich erklärte: »Ja, ich denke schon. Der Eingriff war nötig. Aber man hätte doch mit mir reden, mir alles sagen müssen und nicht nur einen Teil.« Mit dieser Aussage konnte ich natürlich das Gericht nicht davon überzeugen, dass die Patientin in einem Entscheidungskonflikt gestanden hatte. Mir gegenüber hatte Frau Ullrich das auch immer ganz anders dargestellt.

Wenn bei einem Patienten ein Eingriff ganz dringend ist, zum Beispiel er einen Bandscheibenvorfall hat und schon gelähmt und inkontinent ist, so wird er einen Entscheidungskonflikt nur sehr schwer darlegen können.

Fragen der Aufklärung

Wenn man sich über die Aufklärung Gedanken macht, so ergeben sich folgende Fragen:

Wer muss den Patienten aufklären, in welcher Form und in welchem Verfahren, zu welchem Zeitpunkt, welchen Inhalt muss die Aufklärung haben, über welche Risiken ist aufzuklären, gibt es alternative Behandlungsmethoden? Was ist, wenn der Arzt während der Operation feststellt, dass weitere Maßnahmen erforderlich sind, über die vorher nicht aufgeklärt wurde?

Grundsätzlich trifft die Aufklärungspflicht den Arzt. Aufklären muss nicht der, der den Eingriff vornimmt, aber er hat die ordnungsgemäße Aufklärung sicherzustellen. Er kann die Aufgabe auch auf einen anderen Arzt übertragen, aber nicht auf eine Schwester oder den Pfleger. Wenn die Schwester oder die Arzthelferin in der Praxis zu dem Patienten kommt und etwas über den bevorstehenden Eingriff erzählt, so geht das nicht.

Mündlicher Aufklärungsgrund – schriftliche Einverständniserklärung

Die eigentliche Aufklärung erfolgt im Gespräch, aber zu Beweiszwecken wird das Aufklärungsgespräch meist schriftlich dokumentiert, da der Arzt den Beweis führen muss, dass er ordnungsgemäß aufgeklärt hat. Es reicht nicht aus, dem Patienten einfach einen Aufklärungsbogen, in dem der Eingriff und seine Risiken erläutert sind, zum Durchlesen und Unterschreiben mitzugeben. Diese Bögen können das Gespräch mit dem Arzt nicht ersetzen.

Zur Vorbereitung des Gesprächs kann der Arzt dem Patienten einen derartigen Bogen geben. Der Arzt hat sich in jedem Fall davon zu überzeugen, dass der Patient den Bogen gelesen und verstanden hat. Sind anschließend noch Fragen offen, müssen diese besprochen werden. Eine handschriftliche Eintragung ist dabei äußerst hilfreich, auch für den Nachweis der individuellen Aufklärung. Denn der Intellekt des Einzelnen muss berücksichtigt und jeder Einzelfall individualisiert betrachtet werden. Das geht nur in einem Gespräch.

Gerade bei einer Behandlung mit schwerwiegenden Risiken muss dem Patienten unter Umständen realitätsnah und praxisbezogen geschildert werden, wie ihn das auch im täglichen Leben einschränken kann. Die lapidare Formulierung, dass möglicherweise der Nerv geschädigt wird, reicht nicht aus. Vielmehr muss der Arzt dem Patienten erläutern, um welchen Nerv es sich handelt, der verletzt werden kann und mit welchen Folgen dann zu rechnen ist. So muss vor einer Hämorrhoiden-Operation erörtert werden, dass die Gefahr besteht, dass der Schließmuskel verletzt wird und der Patient inkontinent wird. Bei einer Hüftoperation muss der Arzt dem Patienten deutlich machen, dass das Bein im ungünstigsten Fall gelähmt ist und bleibt. Das gilt natürlich umso mehr bei Eingriffen, die nicht unbedingt notwendig sind, wie zum Beispiel im Bereich der Schönheitschirurgie.

Es geht nicht darum, den Patienten mit allen medizinischen Details zu konfrontieren. Es reicht aus, dass dem Patienten im »Großen und Ganzen« ein Bild von der Schwere und der Richtung der Risiken bei der vorgeschlagenen Behandlung vermittelt wird.

Berücksichtigung der Situation des Patienten

Bei der Prüfung der Aufklärung ist die besondere Situation des Patienten vor einer Operation zu berücksichtigen. Der Patient befindet sich vor einer Operation in einer Ausnahmesituation, da er einen Eingriff in seine Intimsphäre zu erwarten hat. Ängste vor der Narkose, dem Eingriff, den möglichen Komplikationen begleiten ihn. Er versucht die Risiken beiseitezuschieben und sich hoffnungsvoll zu verhalten und zu denken. Seine Wahrnehmung und seine Erinnerung sind durch die Ausnahmesituation eingeschränkt. Nicht selten weiß der Patient hinterher gar nicht mehr, worüber der Arzt vorher mit ihm gesprochen hat. Oft kommen Mandanten zu mir, die erklären, dass niemand sie aufgeklärt hätte. Und dann bekomme ich die Behandlungsunterlagen und finde einen sechsseitigen Aufklärungsbogen mit handschriftlichen Notizen des Arztes und der Unterschrift des Mandanten. Das ist nie böse Absicht, zeigt aber, dass sich die Gnade des Vergessens in solchen extremen Situationen relativ schnell über die Erinnerung der Patienten legt. Wie häufig es zu einer bestimmten Komplikation kommt, ist für die Frage, ob darüber aufzuklären ist, irrelevant. Je tiefgreifender das Leben des Patienten im Falle einer Komplikation beeinträchtigt ist, desto intensiver ist dieses Risiko zu erläutern und der Patient aufzuklären.

Über die Möglichkeit, dass eine Naht undicht sein und dies eine weitere Operation erforderlich machen kann, ist zu informieren. Oder dass, wenn das Rückenmark untersucht wird, der Patient hinterher querschnittgelähmt sein kann. Oder dass es nach Injektionen in das Kniegelenk zu Infektionen mit sehr bösen Folgen kommen kann. Sicherlich sind diese Komplikationen sehr selten, aber sie bringen nachhaltige Folgen mit sich, sodass der Patient wissen muss, was passieren kann. Nur so kann er sich überlegen, ob er das Risiko eingehen will oder auch nicht.

Der Patient muss nicht wissen, wer ihn operiert. Das ist nicht aufklärungsbedürftig. Auch das jedem chirurgischen Eingriff anhaftende Risiko einer Keloidbildung, also einer Narbenwucherung, darf unerwähnt bleiben, es sei denn, dass es sich um einen schönheitschirurgischen Eingriff handelt. Da wäre die Gefahr einer unschönen Narbe natürlich der Horror. Darüber, dass Bluttransfusionen nötig werden können, muss nicht immer aufgeklärt werden, wenn beispielsweise das Blutungsrisiko bei bestimmten Operationen extrem gering ist. Aber bei Hüftoperationen ist das Blutungsrisiko recht hoch, weshalb über eine Transfusion schon gesprochen werden muss. Dann ist auch über die Möglichkeit einer Eigenblutspende aufzuklären.

Grundsätzlich entscheidet der Arzt, welche Behandlungsmethode er wählt. Er darf aber nur unter gleichwertigen Methoden wählen. Wenn mehrere wissenschaftlich anerkannte Alternativen zur Verfügung stehen, die sich hinsichtlich Belastungen, Risiken oder Erfolgschancen voneinander unterscheiden, muss der Patient das wissen. Der Arzt muss auch mitteilen, wenn es konservative Alternativen gibt. So kann ein Kropf operiert, aber auch medikamentös behandelt werden. Manche Knochenbrüche können, müssen aber nicht operiert werden. Eine Vollprothese im Mund wäre eine Alternative zum Implantat.

Darlegen und beweisen, dass es alternative Behandlungsmöglichkeiten gibt, muss aber der Patient, der sich auf die mangelhafte Aufklärung über eine Alternative beruft.

Ausnahmen in der Aufklärungspflicht

Eine Ausnahme ist die Notoperation. Dabei kann der Arzt unter Umständen auch gar nicht aufklären, weil sofort operiert werden muss und der Patient bereits bewusstlos ins Krankenhaus eingeliefert wird.

Grundsätzlich gilt aber, dass die Aufklärung so früh wie möglich zu erfolgen hat. Bei einfachen Eingriffen genügt die Aufklärung am Vortag. Aber nicht mehr am Abend davor. Denn dann kann sich der Patient nur noch schlecht aus der Geschehenskette lösen. Bei ambulanten Eingriffen kann auch die Aufklärung am Tage des Eingriffs genügen, sofern es sich um einen Routineeingriff handelt. Für das Legen einer Spirale trifft das zum Beispiel zu.

Und was passiert, wenn der Arzt während der Operation eine andere Situation vorfindet als die, auf die er sich vorbereitet hatte, und wenn der Patient deshalb auch nicht über die notwendige Maßnahme aufgeklärt werden konnte? Zum Beispiel, weil der Hals-Nasen-Ohren-Arzt nicht nur einen, sondern zwei Polypen findet und der obere Polyp nur durch eine Operation am Siebbein erreichbar ist, über die der Patient nicht aufgeklärt wurde? Oder wenn sich während einer Operation herausstellt, dass man auf einen künstlichen Darmausgang nun doch nicht verzichten kann, was aber vorher nicht absehbar war, weshalb der Patient darüber auch nicht aufgeklärt wurde?

Auch hier ist die Autonomie des Patienten entscheidend. Ohne seine Zustimmung geht es nicht. Die notwendige Erweiterung der Operation ist erst dann möglich, wenn der Patient darüber aufgeklärt wurde und eingewilligt hat. Auch wenn er deshalb mit zwei Operationen, zwei Narkosen und damit dem zweifachen Operationsrisiko belastet wird.

Davon gibt es aber auch wieder Ausnahmen. So zum Beispiel, wenn das Leben bedroht ist. Hier kann man von einer mutmaßlichen Einwilligung ausgehen. An diese mutmaßliche Einwilligung sind jedoch strenge Anforderungen zu stellen. Sie rechtfertigt sich allein aus dem Spannungsfeld zwischen den Verfassungsgütern »Leben« und »Entscheidungsfreiheit des Patienten« und wird dabei zugunsten des Lebens des Patienten getroffen, weil man im Normalfall davon ausgehen kann, dass der Patient sich für eine lebensrettende Maßnahme entschieden hätte.

Wenn man von einer mutmaßlichen Einwilligung ausgeht, ist auf frühere mündliche oder schriftliche Äußerungen des Patienten, insbesondere einer Patientenverfügung, auf seine religiöse Überzeugung und seine altersbedingte Lebenserwartung zu achten. Auch Gespräche mit Angehörigen können dabei sehr nützlich sein. Grundsätzlich gilt, dass eine mutmaßliche Einwilligung vorliegt, wenn angenommen werden kann, dass ein verständiger Kranker in dieser Lage bei angemessener Aufklärung in den Eingriff eingewilligt hätte.

Bei einer nur geringfügigen Erweiterung des chirurgischen Eingriffs kann der Arzt ebenfalls von einer mutmaßlichen Einwilligung ausgehen, also dass der Patient eingewilligt hätte, wenn er vorher über die mögliche Erweiterung aufgeklärt worden wäre.

Die Annahme ist aber nicht zulässig, wenn der Eingriff erheblich erweitert werden muss. So bringt zum Beispiel die Operation am Siebbein ganz erhebliche Risiken mit sich, weshalb man nicht einfach davon ausgehen kann, dass der Patient damit einverstanden gewesen wäre. Auch wenn beim Entfernen der Gallenblase ein Krebs gefunden wird, kann dieser nicht einfach mitoperiert werden. Der Arzt muss in diesem Fall die Operation abbrechen, aufklären und gemeinsam mit dem Patienten beschließen, einen weiteren Eingriff durchzuführen.

Selbst wenn der Arzt alles richtig gemacht hat, heißt das noch lange nicht, dass die Inhalte dieses Gesprächs in ihrer Gänze auch bei dem Patienten angekommen sind. Der Patient sitzt da und denkt sich: »Ganz klar, es wird alles schick, es wird alles schön, alles gut.« Entsprechend verdrängt er das Gespräch, das ist nur zu menschlich. Er will auch gar nicht wissen, was der Arzt alles erzählt – dass Blutungen und Infektionen auftreten können, und dass es sogar sein kann, dass sein Bein amputiert werden muss, er halbseitig gelähmt ist oder sogar sterben kann. Solche schrecklichen Szenarien blendet er sofort aus. Und wenn der Arzt ihm den Aufklärungsbogen hinhält, unterschreibt er, weil er operiert werden will. Komplikationen betreffen immer nur die Nachbarn und nie einen selbst.

Menschlich ist es völlig verständlich, wenn der Patient später sagt: Wenn ich gewusst hätte, worauf ich mich einlasse, hätte ich die Operation nie machen lassen. Aber vor Gericht komme ich damit nicht durch. Ich werde oftmals nicht beweisen können, dass niemand mit dem Patienten gesprochen hat. Insbesondere wenn die handschriftlichen Notizen des Arztes belegen, dass ein Gespräch stattgefunden und der Patient unterschrieben hat. Nur das zählt. Für uns Juristen ist Wahrheit grundsätzlich eben das, was wir beweisen können.

Sicherlich ist es oft so, dass der Patient, wenn er ordnungsgemäß aufgeklärt worden wäre, in den Eingriff nicht eingewilligt hätte, dass er in einen Entscheidungskonflikt geraten wäre. Jede Operation birgt ein Risiko, und wenn es ganz dumm läuft, steht auch bei einem kleinen Eingriff manchmal das Leben oder die Gesundheit auf dem Spiel, und selbst einfache Medikamente können schwere Nebenwirkungen haben. Im Zweifelsfall holt der Patient vielleicht eine Zweitmeinung ein oder verzichtet auf den Eingriff oder vertagt ihn auf später.

Ich persönlich vertrete selten Patienten, die lediglich ein Aufklärungsverschulden des Arztes geltend machen wollen. Meines Erachtens steht man dabei auf sehr dünnem Eis. Selbst wenn die Dokumentation mangelhaft ist, kann der Arzt erklären, er habe den Patienten aufgeklärt, da er das immer tue. Alternativ kann der Arzt sich darauf berufen, dass der Patient auch bei stattgefundener Aufklärung in den Eingriff eingewilligt hätte. Je dringlicher der Eingriff war, desto wahrscheinlicher wird das Ganze. Ob ein Aufklärungsverschulden vorliegt, muss immer im Einzelfall geprüft werden – so wie es im gesamten Arzthaftungsrecht um den Einzelfall geht. Es gibt keine festen Regeln, nur einen einheitlichen Grund, nämlich der Autonomie und der freien Entscheidung des Patienten Rechnung tragen zu müssen.

Daneben gespritzt

Wenn ein kleiner Eingriff große Auswirkungen hat

Es ist Wahnsinn, was sich aus einem scheinbar kleinen und harmlosen Eingriff alles entwickeln kann. Helmut Schlegel kann ein Lied davon singen. Eigentlich hat er alles richtig gemacht, hat sich gekümmert, als er ein Problem feststellte. Aber er ist zum falschen Arzt gegangen, vielleicht war er auch nur zur falschen Zeit am falschen Ort. Wenn er an diesem Tag nicht zu diesem bestimmten Arzt gegangen wäre, wäre das alles nicht passiert und sein kleines Problem hätte sich vermutlich von selbst gelöst. Doch für diese Erkenntnis ist es leider zu spät. Bei Helmut Schlegel hat sich der Spruch: »Kleine Ursache, große Wirkung« auf dramatische Weise bewahrheitet. Nach dem Stuhlgang hatte Helmut Schlegel gelegentlich Blutflecken am Toilettenpapier festgestellt. Nicht immer, nicht viel, aber ein bisschen ab und zu. Und weil er viel über Darmkrebs gelesen hatte, dachte er, dass es besser wäre, das abklären zu lassen und ging zu einem Dermatologen. Das ist oft eine gute Entscheidung, da viele Dermatologen eine Zusatzausbildung für Proktologie, also Enddarmerkrankungen, haben. Die Untersuchung selbst war relativ unangenehm – in Hündchenstellung wurde Helmut Schlegel untersucht. Zum Glück dauerte sie nicht lange. Die Diagnose: eine kleine Hämorrhoide, welche die Blutungen wohl verursachte. Der Arzt schlug vor, die Hämorrhoide schnell zu veröden. Herr Schlegel blieb in Hündchenstellung.

Die komplette Behandlung dauerte vielleicht drei Minuten, dann konnte Helmut Schlegel nach Hause gehen. Für ihn war das optimal.

Er ist ein optimistischer, fröhlicher Mensch, der Probleme, wenn er welche hat, am liebsten schnell aus der Welt schafft und sich dann wieder den leichten und schönen Dingen des Lebens widmet. Mittlerweile ist er Ende 60. Aber das Wort langsam kommt immer noch nur sehr selten in seinem Wortschatz vor. Für ihn hätte das Leben so fröhlich und schnell weitergehen können, aber er wurde ausgebremst.

Vier Tage nach der Behandlung ging es erneut schnell – Helmut Schlegel rief den Rettungsdienst und wurde mit Blaulicht in die Klinik gebracht. Er hatte irrsinnige Bauchschmerzen, Fieber, Schüttelfrost. Die Ärzte fanden ein pfennigstückgroßes Loch in der Darmwand. Der Darminhalt war in die untere Bauchhöhle gewandert und hatte dort eine Bauchfellentzündung und eine Sepsis, also eine Blutvergiftung, verursacht. Helmut Schlegel musste notfallmäßig operiert werden. Aufgrund dieses Zustandes und zum Schutz des übernähten Darmlochs wurde ihm zur Sicherheit ein künstlicher Darmausgang gelegt. Das macht man, damit kein Stuhlgang mehr in den Bauch gelangen und die Entzündung aufrechthalten kann. Den künstlichen Ausgang behielt er für sechs Monate. Dann musste er wieder ins Krankenhaus, in einer neuen Operation wurde der künstliche Ausgang entfernt.

Leider stellten sich dann noch weitere Komplikationen ein – um genau zu sein: Helmut Schlegel hat kaum eine Komplikation ausgelassen. Das ging so weit, dass er schließlich auf der Intensivstation im künstlichen Koma lag. Im Anschluss daran litt er an einem Durchgangssyndrom. Das ist ein hirnorganisches Psychosyndrom, was öfter nach einer Operation in Extremsituationen auftritt, insbesondere bei Patienten auf der Intensivstation. Woher es kommt, weiß man nicht. Das Gehirn schaltet einfach zwischendurch ab. Am ehesten zu vergleichen ist es mit einem Delirium. Viele Patienten erzählen dann sehr wirre Sachen.

Ich hatte einmal einen Patienten, der meinte, die Fahrstühle reparieren zu wollen – mit dem Ergebnis, dass im Neuköllner Krankenhaus der von ihm reparierte ausfiel, weil die Reparatur nicht wirklich erfolgreich war. Die Patienten sind dann nicht mehr klar im Kopf, erkennen ihren Ehepartner zuweilen nicht mehr und können auch äußerst sexistisch werden. Zuweilen sehr zum Leidwesen mancher Krankenschwestern. Aber das geht Gott sei Dank mit Besserung der Erkrankung auch wieder vorbei. So manch eine Ehefrau hat sich in solchen Fällen schon gefragt, ob das denn noch der Mann ist, denn sie einst heiratete, mit dem sie nunmehr seit 28 Jahren zusammenlebt und Kinder hat.

Das ganze Weihnachtsfest verbrachte Helmut Schlegel in der Klinik – zwei geplante Urlaubsreisen musste er absagen. Ein Narbenbruch folgte kurze Zeit später, weshalb ein Stück Dünndarm operativ entfernt werden musste. Die Narbe verheilte insgesamt schlecht und sieht noch heute unschön, groß und wulstig aus. Durch die Narben und Verwachsungen infolge der Operationen ist die Gefahr von weiteren Darmverschlüssen relativ groß, was dann auch wieder eine Operation, vielleicht aber auch mehrere Operationen erfordern würde.

Für mich war relativ schnell klar, dass der Dermatologe, der die Hämorrhoide verödet hatte, dafür haften muss. Zum einen, weil meiner Ansicht nach das Loch in der Darmwand nur bei diesem Eingriff in behandlungsfehlerhafter Art und Weise entstanden sein konnte und zum anderen, weil die Aufklärung mehr als mangelhaft war. Eigentlich gab es gar keine, außer »ich veröde die Hämorrhoide mal kurz«. Der Gegner lehnte außergerichtlich jeden Anspruch ab, sodass wir relativ zügig in ein Klageverfahren gingen. Da wir die Klage recht früh einreichten, mussten wir neben Schmerzensgeld und Schadenersatz auch einen Feststeller beantragen, weil zu diesem Zeitpunkt noch nicht ersichtlich war, welche Schäden noch auftreten würden. Das war, als Herr Schlegel noch seinen künstlichen Darmausgang hatte. Ein Feststellungsantrag garantiert, weil wir ja nie wissen, wie lange das Klageverfahren dauern wird, dass auch spätere Schäden berücksichtigt und entschädigt werden.

Unser Gegner war sich keiner Schuld bewusst. Er hatte seiner Meinung nach ordnungsgemäß diagnostiziert, behandelt und umfassend über jeden einzelnen Schritt der Behandlung aufgeklärt. Unabhängig davon war der entscheidende Punkt für mich: Der Patient befand sich während der angeblichen Aufklärung in seiner Hündchenstellung. Die Aufklärung jedoch muss so erfolgen, dass der Patient sich aus der »Geschehenskette« lösen kann. Und das funktioniert natürlich nicht, wenn er die ganze Zeit in unwürdiger Haltung niederkniet. Genauso wenig darf eine Aufklärung im Vorraum des Operationssaales stattfinden. Die Aufklärung durch den Arzt war nicht nur nicht ordnungsgemäß, sondern gar nicht erfolgt, sodass Herr Schlegel in den Eingriff nicht wirksam einwilligen konnte, wodurch sich der Eingriff als rechtswidrig erwies. Damit waren wir bei dem Tatbestand der Körperverletzung, weil der ärztliche Eingriff als solcher tatbestandlich eine Körperverletzung ist, es sei denn der Patient hat eingewilligt.

Da konnte es mir dann auch egal sein, dass der Gutachter zu dem Schluss kam, dass die Verletzung der Darmwand nicht aufklärungspflichtig war, weil das Risiko, dass diese Komplikation auftritt, zu gering war. Schließlich würde es nur ganz vereinzelte Berichte dazu in der Literatur geben. Aber wer würde darüber auch berichten?

Ein vermeidbares, behandlungsfehlerhaftes Verhalten des Arztes wurde von dem Sachverständigen abgelehnt. Zwar konnte der Gutachter sich nicht vorstellen, wie es anders zu dem Loch in der Darmwand hätte gekommen sein können, außer durch den Dermatologen, aber was da genau passiert war, das konnte er nicht klären. Er vermutete, dass der Arzt die Verödungsspritze nicht in der richtigen Darmschicht, in der sich die Hämorrhoide befand, sondern etwas zu tief in die Darmwand gesetzt hatte. Dadurch kam es in dieser falschen Wandschicht zu einem Gewebeuntergang und damit zu dem Loch im Darm. Das könne man aber nicht als Behandlungsfehler werten, da dieser »Irrtum« aufgrund der dünnen Darmwand durchaus passieren kann und damit eine mögliche Komplikation darstellt. Die Frage, ob denn die Verödung der Hämorrhoide notwendig gewesen war, weil diese auch tatsächlich die Blutungsquelle darstellte, also die Frage der Indikation, könne er auch nicht klären. Häufig seien zwar kleine Fissuren, also winzige Verletzungen, für die Blutspuren am Toilettenpapier verantwortlich. Insofern muss die Hämorrhoide die Blutung gar nicht verursacht haben. Im Nachhinein ließe sich das aber nicht mehr klären. Den vermeidbaren Behandlungsfehler, der eine Haftung begründet hätte, gab es also nicht. Aber an der Tatsache, dass Herr Schlegel nicht korrekt aufgeklärt worden war, konnte niemand rütteln.

Ein Mensch, der in Hündchenstellung kauernd gefragt wird, ob er in eine Operation einwilligt – das ist nicht in Ordnung, und erst recht nicht, wenn keine akute Not besteht, sondern man sich auch noch mal in Ruhe hätte hinsetzen und den Eingriff besprechen können.

Wir haben uns dann vor Gericht auf einen Vergleich geeinigt. Hätte der Gegner nicht eingelenkt oder das Gericht unverständlicherweise die Klage abgewiesen, wäre ich auch in die nächste Instanz gegangen. Der Fall war eindeutig. Herr Schlegel wollte die Angelegenheit aber beenden.

Helmut Schlegel ist mit dem Ergebnis zufrieden. Er hat eine Entschädigung und seine Genugtuung bekommen. Mit den gesundheitlichen Folgen wird er leben müssen. Seine Fröhlichkeit hat er darüber aber nicht verloren, nur seine Reiselust. Für seine Frau ist das trotz aller Tragik ein Lichtblick. Früher war ihr Ehemann nämlich mehr unterwegs als zu Hause. Doch das Darmproblem, dessen Folgen er bis heute ertragen muss, bindet ihn. Heute hat sie ihn also öfter als früher für sich.

Von Äpfeln, Birnen und Melonen

Die besonderen Regeln bei einer Schönheits-operation

Unterer Brustrand, oberer Brustrand, horizontal, vertikal, tangential, kranial ... – mir schwirrte der Kopf. Die Richterin schaute etwas ratlos. Der Sachverständige redete Fachchinesisch, der Sachverhalt wurde nicht klar. Auch die gegnerische Kollegin schien nicht zu verstehen, worum es ging. Irgendwann reichte es! Ich räusperte mich. Alle sahen mich an. Die Richterin nickte. Ich unterbrach den Sachverständigen: »Herr Kollege«, als Ärztin darf ich das sagen, »Ihre Ausführungen erscheinen nicht transparent. Vielleicht kann man das Ganze einmal etwas plastischer darstellen, sodass alle Anwesenden verstehen können, worüber Sie hier gerade reden.« Alle hörten mir zu. Wie sollte das Gericht denn entscheiden, wenn es nicht verstand, was der Sachverständige sagte? Es ging hier um das Recht meiner Mandantin. Und das war durch das Gutachter-Chinesisch ernsthaft in Gefahr.

Dabei war alles so einfach. Man musste »es« nur aussprechen. Ich griff mir an die Brust, holte noch einmal tief Luft: »Also ich habe hier Größe 75 A. Und ich schätze mal, Frau Richterin, Sie dürften so 75 B haben.« Lächelnd schaute die Vorsitzende auf und sagte: »Na ja, ich bin so bei 80 B dabei.« »Na also«, sagte ich, »darunter können wir uns doch jetzt was vorstellen. Und hier haben wir die Klägerin. Sie haben doch ganz eindeutig ein D/E-Körbchen, schätze 85 D/E, Frau Kettler.« Die Verhandlung hatte trocken angefangen, jetzt gab es etwas zum Schmunzeln. Frau Kettler war eine Frau, die mit beiden Beinen auf dem Boden stand – taff und geradeheraus. Sonst wäre es vielleicht etwas schwierig geworden. Für peinliches Berührtsein und Scham ist im Gerichtssaal aber nur begrenzt Raum, wenn es um Eingriffe in die Intimsphäre geht.

Es ging um das Ende von Frau Kettlers Lebenstraum und darum, dass sie sich betrogen fühlte. Sie hatte sich vertrauensvoll in die Hände eine Facharztes für Plastische Chirurgie begeben, eines Schönheitschirurgen, der ihr versprochen hatte, ihr kleine Brüste – klein wie Äpfel, pflegte sie zu sagen – zu bescheren.

Schon seit Jahren hatte sich Anna Kettler kleinere Brüste gewünscht. Eigentlich schon seit der Schulzeit. Die Jungen hatten geschaut, die Mädchen gelästert. Der Sportunterricht war eine Qual. Körbchengröße E, vielleicht auch F. Oft hat sie sich gefragt, ob die Jungs sich wirklich für sie interessierten, für Anna Kettler, für das, was sie denkt, fühlt, meint! Und nicht nur vorrangig für ihre Oberweite.

Eine Schönheitsoperation war lange für sie nicht infrage gekommen. Das Geld gab sie lieber für Urlaub aus. Irgendwann lernte sie den Richtigen kennen, einen Mann, der sie liebte, so wie sie war, trotz der riesigen Brüste, aber nicht allein wegen ihnen. Alles hätte gut sein können. Doch dann nahmen die Rückenschmerzen zu. Der Rücken schien das Gewicht nicht mehr auszuhalten. Der Orthopäde stellte degenerative Veränderungen fest und schlug vor, die Brust zu verkleinern, um den Rücken zu entlasten. Wenn sie weniger Gewicht vor der Brust zu tragen hätte, könne das die Schmerzen lindern, sagte er. Für Frau Kettler war das eine gute Nachricht. Vielleicht war es Schicksal, dass er eine medizinische Indikation sah. Denn wenn die Kasse zahlte, konnte sie sich endlich ihren Traum erfüllen.

Sie machte also einen Termin bei einem Schönheitschirurgen aus. Sie erklärte ihm, dass es für sie zweitrangig war, den

Rücken zu entlasten. Nein, Frau Kettler wollte Äpfel, wunderschöne Äpfel statt der Melonen, die sie hatte. Körbchengröße B, allenfalls C, wollte sie und endlich einmal ganz normale BHs tragen können, die nicht groß wie Rucksäcke waren. Sie wollte endlich auch Blusen anziehen, ihr Leben lang hatte sie auf diese verzichten müssen. Der Arzt erklärte ihr, das wäre kein Problem. »Das machen wir.« Er könne nicht ganz sicher sein, dass die Brüste gleich beim ersten Versuch auf beiden Seiten gleich groß sein würden. Wenn nicht, müsste er einfach auf einer Seite noch einmal ein bisschen reduzieren. Und dann wäre alles so, wie sie es wollte. Der Medizinische Dienst begutachtete den Fall und die Krankenkasse übernahm die Kosten. Frau Kettler war glücklich.

Die Operation fand statt. Nur das Ergebnis war von den gewünschten Äpfeln leider weit entfernt. Es war Doppel-D Richtung E. Die Brüste waren immer noch riesig und störten. Wenn sie die Arme nach vorn bewegte, musste sie immer noch mit den Ellbogen einen Schlenker an der Brust vorbei machen. Außerdem waren sie jetzt ungleich. Die rechte ging Richtung Doppel-D, die linke Richtung E. Der Arzt operierte also noch mal. Doch das Ergebnis war für sie ein Schock. Am ehesten waren ihre Brüste noch mit riesigen birnenförmigen Objekten zu vergleichen, sie waren kaum kleiner als Melonen. So etwas hatte sie noch nie gesehen, nie gewollt. Dazu kam, dass die Brustwarzen bei jeder Berührung schmerzten. Nein, von der Erfüllung ihres Traumes war sie weit entfernt.

Ein paar Tage nach der zweiten Operation kam noch ein weiteres Problem dazu. Die Naht klaffte ein bisschen auf, es hatte sich wohl ein kleines Hämatom gebildet. Frau Kettler ging zu ihrem Schönheitschirurgen. Der spülte die Wunde mit Octenisept, einem Antiseptikum. Zwei Tage später war sie wieder beim Arzt – die Wunde war gerötet und die rechte Brust schmerzte, war unter Spannung und ließ nur wenige Bewegungen zu. Der Arzt spülte erneut mit Octenisept. Sicherheitshalber verschrieb er noch ein Antibiotikum. Ich habe die Bilder von der Entzündung gesehen, Frau Kettler hat Fotos gemacht. Das sah wirklich nicht schön aus. Die Brust war über Wochen geschwollen und gerötet. Immer wieder musste abgestorbenes Gewebe entfernt werden. Der Lymphabfluss war gestört. Das heißt, in ihrem Brustgewebe lagerte sich Flüssigkeit ein. Sie musste regelmäßig zur Lymphdrainage. So hatte sie sich das alles nicht vorgestellt.

Zu mir kam sie, weil sie nicht verstehen konnte, was geschehen war. Der Arzt hatte ihr doch versprochen, sie bekäme ihre Traumbrüste. Stattdessen waren sie unförmig und entzündet, bereiteten ihr Schmerzen bei jeder Bewegung. Hatte der Arzt einen Fehler gemacht? Ich wusste, dieser Fall konnte schwierig werden, weil hier im Motiv für die Operation eine eigentlich unzulässige Vermischung entstanden war.

Ich ließ mir die Behandlungsunterlagen kommen. Mein erstes Augenmerk galt den Umständen der Brustverkleinerung. Hatte der Arzt wirklich gewusst, worum es Frau Kettler ging? Da stand es schwarz auf weiß: Körbchengröße B/C war das Ziel. Natürlich auch medizinisch indiziert. Dass der Schwerpunkt der Behandlung aus Sicht von Frau Kettler in der Schönheitsoperation bestand, war für mich klar, aber aus Sicht des Arztes, der mit der Krankenkasse abrechnen sollte, war es eben »auch« eine medizinisch notwendige Operation. Anna Kettler war die Indikation egal. Sie wollte nicht 1000 Gramm rechts und links weniger haben, sondern sie wollte einfach ihre Äpfel. Die Rückenschmerzen waren nur der Auslöser, um eine OP wirklich in Erwägung zu ziehen. Und das hatte sie dem Arzt genau so gesagt. Und er hatte geantwortet: »Das kriegen wir hin.« Er hatte sich also darauf eingelassen, auf Kosten der Krankenkasse eine Schönheitsoperation zu machen. Zumindest sah Frau Kettler das so. Doch würden wir das vor Gericht beweisen können?

Für Schönheitsoperationen gelten bei der Aufklärung besondere Regeln. Sie sind deutlich härter als bei anderen Operationen. Bei einem medizinisch notwendigen Eingriff ist es weniger wahrscheinlich, dass jemand von einer Operation Abstand nimmt, weil es Komplikationen geben kann. Doch

Schönheitsoperationen sind Luxus. Der Patient muss schon ganz genau wissen, auf was er sich einlässt. Die Rechtsprechung sagt, dass die ärztliche Aufklärung gerade in diesem Bereich absolut schonungslos sein muss. Eigentlich muss der Arzt im Rahmen der Aufklärung versuchen den Patienten von seinem Vorhaben abzubringen. Im Grunde muss der Schönheitschirurg Bilder zeigen, wie das Ergebnis am Ende unter Umständen auch aussehen könnte. Das heißt: Vernarbungen, ungleiche Größe, verschobene Brustwarzen. Und er muss seiner Patientin auch sagen, dass man bei einer Schönheitsoperation sterben kann. Der Patient muss das Für und Wider abschätzen können und vor diesem Hintergrund sich bewusst entscheiden. Erst dann darf der Arzt operieren.

Bei Anna Kettler schien der Arzt nicht so umfassend aufgeklärt zu haben. Hier sah ich eine Chance. Doch eben nur, wenn auch das Gericht unserer Einschätzung folgen und die Operation als Schönheitsoperation sah. Sollte das Gericht aber von einer medizinisch notwendigen Operation ausgehen, hätten wir weit weniger Chancen, vielleicht auch gar keine. Denn dann hätte der Arzt in puncto Aufklärung vielleicht alles richtig gemacht. Im Ergebnis könnten wir dann die beiden Operationen nicht als rechtswidrig darstellen. Frau Kettler würde kein Schmerzensgeld bekommen.

Aber es gab noch andere Punkte. In den Unterlagen stand ganz klar, dass der Arzt Körbchen B/C avisierte. War das bei Frau Kettler überhaupt möglich? Ein Gutachten sollte Klarheit bringen. Das Ergebnis war für uns eindeutig: Bei einer Brustform wie der von Frau Kettler war eine Apfelform rein technisch nicht möglich, weil die Basis der Brust nicht verändert werden konnte. Höchstens Birne war machbar. Aber das hatte der Arzt ihr nicht gesagt. Doch auch bei diesem Punkt kam es darauf an, ob das Gericht den Fall als Schönheitsoperation sehen oder als medizinische indizierte Operation anerkennen würde. Ich erklärte Frau Kettler, dass ich nicht sicher war, ob wir im Falle einer Klage gewinnen würden. Sie entschied, den Kampf trotzdem aufnehmen zu wollen.

Der dritte Punkt allerdings war eindeutig. Das Octenisept hätte niemals in die Wunde eingebracht werden dürfen. Das wusste ich sofort, als ich es las. Hier war der medizinische Standard verletzt. Ich hatte vor nicht allzu langer Zeit einen ähnlichen Fall verhandelt. Mit Octenisept dürfen keine Höhlen und tiefere Wunden behandelt werden, wenn der vollständige Abfluss dieses lokalen Antiseptikums nicht gewährleistet ist. Sonst führt es häufig zu einer allergisch-toxischen Reaktion und es kann zu einem Gewebeuntergang, zu absterbendem Gewebe kommen. Bereits 2008 hat der Hersteller vor dieser Nebenwirkung gewarnt und über 70 000 Warnhinweise verschickt. Das heißt, der Hersteller verhielt sich völlig korrekt. Das Problem ist nur, dass manche den Hinweis bis heute nicht gelesen haben, offensichtlich auch dieser Arzt nicht. Die allergisch-toxischen Reaktionen des Gewebes ähneln der einer Entzündung und sind weder histologisch noch klinisch abgrenzbar. Das bereitete uns ein neues Problem, denn um die Kausalität zu beweisen, mussten wir aufzeigen, dass das Octenisept die Komplikation, die dicken geschwollenen und überwärmten Brüste, verursacht hatte und nicht ein Keim. Und das war wiederum unmöglich.

Wir hatten außergerichtlich alles versucht, aber uns nicht einigen können. Ein Vergleich war mit dem Arzt beziehungsweise mit seiner Haftpflichtversicherung nicht möglich. Er hatte sich ganz auf die medizinische Indikation versteift und seinen Fehler beim Einsatz von Octenisept ausgeblendet. Er beharrte darauf, alles richtig gemacht zu haben.

Unsere einzige Hoffnung war die Umkehr der Beweislast. Wenn das Gericht aufgrund der Aussagen des Sachverständigen von einem groben Behandlungsfehler ausgehen würde, müssten nicht wir den Beweis erbringen, sondern der Arzt würde beweisen müssen, dass es auch ohne Octenisept zu einer solchen Reaktion gekommen wäre – und das wäre vermutlich ebenso unmöglich. Ich war zuversichtlich und hielt es für ziemlich wahrscheinlich, dass die Richter den Behandlungsfehler als grob bewerten würden.

Die Verhandlung, in der wir uns befanden, dauerte mehrere Stunden. Gut, es war auch Raum für ein Schmunzeln, als wir alle versuchten, mit den Körbchengrößen Transparenz zu schaffen.

Doch am Ende haben Frau Kettler und ich in vielen Punkten verloren, vor allem in dem Punkt, auf den es ihr ankam: Die Richterin entschied, dass es sich um keine Schönheitsoperation im klassischen Sinne handelte. Und damit war der Punkt der fehlenden Aufklärung direkt vom Tisch. Dann ging es um die Reduktion. Der Arzt hatte rechts und links beinahe ein Kilo weggenommen. Er konnte damit argumentieren, er habe die Brüste verkleinert, ihr Gewicht reduziert. Dass er die Brüste nun nicht in die Form gebracht hat, wie die Mandantin das wollte – gut –, da hat er sich dann mit der medizinischen Indikation gerettet. Damit lag das primäre Augenmerk auf der Verkleinerung und nicht mehr auf der Form. Sein Versprechen, dass meine Mandantin ihre Äpfel bekommt, zählte nun nicht mehr. Auch nicht, dass sie die zweite Operation niemals hätte machen lassen, wenn sie vorher gewusst hätte, dass ihr Traum auch mit dieser nicht erreichbar war. Für Frau Kettler war diese Beurteilung bitter. Sie findet sie bis heute nicht gerecht. Sie fühlt sich belogen und betrogen und hat keine Genugtuung bekommen.

Das kann passieren, wenn Patienten versuchen, zwei Fliegen mit einer Klappe zu schlagen. Der nicht wohlmeinende Betrachter mag eine gewisse Trickserei in den Fall interpretieren. Manche Patienten versuchen aus einer Schönheitsoperation eine medizinisch indizierte Operation zu machen, allein damit sie die Kosten hierfür nicht aufbringen müssen. Die Spielregeln sind dann aber andere.

Man darf nie vergessen: Schönheitsoperationen bergen, wie alle ärztliche Eingriffe, ein Risiko. Die Erfolge bei einer geglückten Operation mögen groß sein, doch es reicht eben nicht, nur das schöne Ergebnis zu sehen und die Risiken dabei auszublenden. Man sollte diese nicht überlesen.

Wenn die Kasse nicht zahlt, weil sie keine medizinische Notwendigkeit sieht, kann es auch nach einer Schönheitsoperation richtig teuer werden. Die Krankenkasse kommt nämlich für Komplikationen nicht unbedingt auf. Auch Nachbehandlungen, wie zum Beispiel Narbenkorrekturen, muss der Patient selbst bezahlen. Mal angenommen, bei der Brustoperation von Frau Kettler hätte es sich um eine Schönheits-OP gehandelt, wären wahrscheinlich noch allerhand Kosten auf sie zugekommen. So aber zahlte eindeutig die Kasse – und zwar für alles, was später folgte.

Am Ende der Verhandlung gab es für Frau Kettler noch einen kleinen Lichtblick: Der Sachverständige stellte fest, dass es aus ärztlicher Sicht ein grober Fehler war, die Wunde mit Octenisept zu versorgen. Der Schönheitschirurg sei für die Folgen haftbar zu machen. Das Gericht schloss sich dem an.

Anna Kettler hatte durch die schmerzhafte Entzündung mehrere Monate nicht arbeiten können. Den Verdienstausfall den sie dadurch hatte, bekam sie erstattet. Auch die Kosten für die Fahrten zur Lymphdrainage musste der Arzt übernehmen, genauso wie für den Haushaltsführungsschaden: Weil Frau Kettler durch die Schmerzen in ihrer Brust auch ihren Haushalt nicht wie gewohnt organisieren konnte, musste der Prozessgegner für eine Haushaltshilfe zahlen. Das ist fast immer so, wenn Mandanten körperlich eingeschränkt sind, auch dann, wenn Familienangehörige für sie das Putzen, Kochen und Einkaufen übernehmen.

Alles zusammen waren das Tausende von Euro. Doch wirklich zufrieden ist Frau Kettler mit dem Urteil nicht. Es ging ihr nicht ums Geld. Sie wollte Gerechtigkeit – sie wollte, dass der Arzt für das verurteilt wird, was ihrer Meinung nach am schwersten wiegt: Nämlich dass er versprochen hat, ihr ihren Traum zu erfüllen. Und dass er dieses Versprechen nicht eingelöst hat, weil er es objektiv gar nicht einlösen konnte.

Was bleibt? Bei Frau Kettler ein schales Gefühl. Und bei ihrem Arzt das Wissen, dass Octenisept nicht in tiefe Wunden gehört, bei denen kein sicherer Abfluss gewährleistet ist. Das zumindest ist in meinen Augen ein gutes Ergebnis. Diesen Fehler wird der Arzt nicht noch einmal machen. Dadurch werden andere Patienten geschützt.

Dieses Verfahren hat mir wieder einmal deutlich gemacht, wie wichtig Aufklärung ist. Wenn Frau Kettler gewusst hätte, dass ihre Äpfel einfach nicht machbar waren, so hätte sie sich nicht operieren lassen. Ihre Enttäuschung war vermeidbar.

Frau Kettler wird mit ihren 85 D/E-Brüsten leben müssen. Die rechte Brust ist von den Folgen der allergisch-toxischen Reaktion geprägt und wird sich immer anders als die andere anfühlen. Die Brustwarzen beruhigen sich vielleicht irgendwann. Aber das unangenehme Gefühl bleibt. Frau Kettler hat das Vertrauen in Ärzte verloren. Beim nächsten Mal wird sie alles genau wissen wollen. Sie ist sich jetzt noch viel klarer bewusst als früher, dass es bei jeder Operation Risiken gibt.

Tricksen und Schummeln

Wenn Patienten und Ärzte mit unsauberen
Methoden zu Geld kommen wollen

Am Ende meines Studiums musste ich, um Volljuristin
zu werden, ein Referendariat absolvieren, einen Teil der
Zeit auch im Gericht. Wie stolz war ich, als mein ausbildender Richter vor mir stand, eine dicke Akte unter dem Arm,
und sagte: »Frau Dr. Konradt, schauen Sie sich das einmal
an. Bis nächsten Montag müssen Sie den Fall fertig haben.
Dann sitzt die Kammer zusammen.« Er legte mir die Akte
auf den Tisch. Ich hatte noch nie einen Fall vor der Kammer
vorgestellt. Bis Montag blieb wenig Zeit, gerade einmal fünf
Tage, dann sollte ich, die Berufsanfängerin, den gestandenen
Richtern der Kammer erklären, warum sie in diesem Fall wie
entscheiden sollten. Ich machte mich also sofort an die Arbeit.
Den Richter wollte ich auf keinen Fall enttäuschen.

Zunächst verschaffte ich mir einen Überblick über den Ablauf. Der Fall sah auf den ersten Blick recht einfach aus. Angelika Busch war eine ziemlich runde Frau. Sie hatte lange versucht, mit Diäten ihr Übergewicht in den Griff bekommen,
aber das hatte nie so richtig geholfen. Eine Magenoperation
schien ihr deshalb die beste Lösung. Und weil sie die selbst
bezahlen musste, wollte sie natürlich auch den besten Arzt
dafür. Der Arzt, den sie sich ausgesucht hatte, war ein Spezialist auf dem Gebiet der bariatrischen Chirurgie – umgangs-
sprachlich auch »Dickenchirurgie« genannt. Sie reiste extra

aus Süddeutschland nach Berlin, um sich von ihm behandeln zu lassen. Er riet ihr zu einem Magenband – das ist eine risikoarme Operation, bei der im Gegensatz zu anderen Operationen nicht Teile von Magen oder Darm entfernt werden, sondern die Organe unbeschädigt bleiben.

Es ist eine relativ einfache und wirkungsvolle Methode. Allerdings erfordert ein Magenband viel Disziplin und funktioniert nicht bei jedem. Wer sein Übergewicht hauptsächlich Pralinen, Chips und Softdrinks verdankt, hat mit einem Magenband keine Chance. Für den klassischen Vielesser ist es aber gut. Man kann mit einem Magenband nämlich nicht mehr so viel essen. Durch die Verengung muss man sein Essen sehr klein schneiden und sehr gut kauen, damit es im Magen ankommt. Der Magen hat dann genug Zeit, zu melden, wann man satt ist.

Die Operation verlief völlig glatt. Da Angelika Busch alle Kosten selbst übernehmen musste, verließ sie sehr früh das Krankenhaus und fuhr zurück nach Hause. Per Telefon hielt sie weiterhin Kontakt zu ihrem Berliner Arzt. In den Behandlungsunterlagen fand ich die Dokumentation diverser Telefonate. »Patientin berichtet von einem Infekt«, stand da. Und: »Erneute Vorstellung empfohlen.« Angelika Busch reiste also wieder nach Berlin. In einer ambulanten Sitzung entfernte ihr Arzt den äußeren Füllballon und setzte auf der anderen Seite einen neuen ein. Dazu verschrieb er ihr ein Antibiotikum.

Bis hierhin schien alles relativ normal verlaufen zu sein. Die Infektion gehört zu den möglichen Komplikationen eines Eingriffs. Die Reaktion des Arztes war nicht zu beanstanden. Die Nachsorge übernahm der Hausarzt in Süddeutschland. Soweit so gut. Nur hatte ein anderer Arzt bei einer weiteren Operation das Magenband komplett entfernt. Er habe keine andere Möglichkeit gesehen, hieß es, die Wunde sei so infiziert gewesen, dass er das Magenband wieder entfernen musste. Immense Kosten kamen auf die Patientin zu und sie behielt eine große Narbe am Bauch zurück. Angelika Busch machte den Berliner Chirurgen verantwortlich. Ihr Traum vom Traumgewicht durch eine Operation war geplatzt. Das wollte sie so nicht hinnehmen. Sie war überzeugt, dass der Berliner Chirurg bereits bei dem Auftreten der Infektion das Magenband hätte entfernen müssen. Damals sei noch alles möglich gewesen. Es wäre klar gewesen, dass der Infekt, so lange das Fremdmaterial sich in ihrem Körper befand, nicht zum Stillstand kommen würde. So aber habe sie über Wochen mit einem schwelenden Infekt leben müssen, und von dem Antibiotikum, das sie dagegen verschrieben bekam, sei ihr schlecht gewesen. Der Infekt habe das Gewebe im Bauchraum verwachsen, durch die Entzündung hätten sich Narbenstränge gebildet. Eine neuerliche Operation, um Gewicht abnehmen zu können, sei ihr aufgrund dieser Situation verbaut. Der mit dem Fall befasste und vom Gericht bestellte Sachverständige bestätigte das Ganze.

Es sah alles recht schlüssig aus. Es ist ein bekanntes Phänomen, dass Fremdmaterialien im Körper einen Infekt aufrecht erhalten. Der Klage musste wohl im vollen Umfang stattgegeben werden. Doch irgendetwas störte mich. Irgendetwas passte nicht zusammen, das spürte ich. Da war ein Fehler, aber ich fand ihn nicht. Stunde um Stunde saß ich an meinem Schreibtisch und brütete über der Akte. Um mich herum stapelten sich die Unterlagen.

Ich wusste, ich würde das hinkriegen. So wie ich bisher alles geschafft hatte. Nur durch extrem gute Organisation war ich bis zum Referendariat gekommen – mit Mann und Kind. Ich fing also an, die Begründung zu schreiben und alle Fakten darzulegen. Freitagabend war ich damit fertig. Das Wochenende konnte anfangen. Ich hoffte, dass sich mein schlechtes Gefühl spätestens während der Vorstellung des Falles in Wohlgefallen auflösen würde.

Am Abend war ich mit meinem Mann für die Sauna verabredet. Sicher war, dass ich in die Sauna gehen würde. Ob er wirklich auftauchte, war fraglich. Bei einem Arzt geht es immer darum, Menschenleben zu retten. Bei meinem Mann ist das der generalisierte Entschuldigungsgrund für alles. Nachdem er mich das erste Mal versetzt hat, habe ich mir abgewöhnt auf ihn zu warten. Damals hatte er gesagt, er sei spätestens um fünf zu Hause. Ich hatte den Kochlöffel geschwungen, was ich nicht sehr häufig mache, und ein wunderschönes Sahnehuhn mit Fenchelgemüse und Spätzle zubereitet. Wer nicht kam, war mein Mann. Der tauchte um halb acht auf. Das Essen war verkocht, ich schlecht gelaunt, der Abend gelaufen. Ich bin in puncto Pünktlichkeit beinahe fanatisch und empfinde Unpünktlichkeit als asozial, überspitzt formuliert. Mein Mann dagegen ist Chirurg. Wenn er operiert, interessieren ihn alle anderen Termine nicht. Wenn er operiert, operiert er. Und wenn er nach drei Stunden noch einmal bei Adam und Eva anfangen muss, tut er auch das. Da würde er sich auf keinen Kompromiss einlassen, sondern die Operation erst beenden, wenn alles so ist, wie er sich das vorstellt. »Ach, es wird schon gutgehen« – das gibt es bei ihm nicht. Das ist einer der Gründe, warum er so gut ist. Aber eben auch, weshalb man mit ihm keine Termine machen kann.

Ich fuhr also zur Sauna und versuchte, nicht auf ihn zu warten. Den entspannten Abend hatte ich mir verdient. Er war da. Während wir schwitzten, erzählte ich ihm von meinem ersten Fall und wie ich ihn bewertete. Ich gebe zu, ich wollte schon auch gern sein Lob hören. Und dann sagte er zu mir: »Pass auf Britta, da stimmt was nicht. Es ist alles logisch, was du sagst. Juristisch, dogmatisch, alles richtig. Aber da stimmt was nicht. Medizinisch ist es unwahrscheinlich, dass sich die Infektion von der Bauchdecke bis zum Magenband fortsetzt. Daher war der Austausch des Ballons völlig korrekt und das Entfernen des Magenbands unnötig. Ich glaube nicht, dass ein guter Chirurg, und das ist der nachbehandelnde Kollege, die Entfernung des Bandes für medizinisch notwendig hielt. Da ist ein Bruch drin. Irgendwo muss da was sein, was nicht passt.«

Meine Hochstimmung war dahin, das schlechte Gefühl nahm überhand. Ich setzte mich wieder vor die Akten. Seite für Seite ging ich alle Unterlagen noch einmal durch. Befunde, Blutwerte, Röntgenbilder – einfach alles. Mein Wissen als Ärztin erwies sich als Vorteil. Und dann entdeckte ich es: ein Schreiben der Patientin an den Arzt. Handgeschrieben. Der Arzt möge doch bitte das vermaledeite Magenband endlich entfernen und eine Magenverkleinerung vornehmen. Und der Arzt hatte dem zugestimmt. Es handelte sich also nicht, wie in den Unterlagen behauptet wurde, um eine notwendige Nachoperation – sondern um eine Absprache zwischen Patientin und Arzt. Angelika Busch war mit dem Magenband nicht klargekommen, wollte es wieder entfernen lassen und in derselben Operationssitzung eine andere Lösung für ihr Gewichtsproblem umsetzen. Sie suchte nach einem Weg, das zu finanzieren. Das Problem war nur gewesen, dass der Arzt sehr schwierige Operationsverhältnisse vorfand und die geplante Operation, die operative Verkleinerung des Magens, nicht durchführen konnte. Außer Spesen nichts gewesen. Die beiden hatten zusammengearbeitet. Und der Berliner Spezialist sollte bezahlen. Zu Unrecht. Ich schrieb mein ganzes Votum um. Kein Schmerzensgeld, kein Schadenersatz. Gar nichts. Frau Busch hatte versucht, das Gericht zu täuschen und den Arzt zu betrügen. Diese Klage musste abgewiesen werden. Ich war stolz auf meine Detektivarbeit.

Den Preis allerdings konnte ich nicht mehr entgegen nehmen. Völlig überraschend hatten sich die beiden Parteien inzwischen auf einen Vergleich geeinigt. Angelika Busch bekam 1000 D-Mark. Warum? Ich habe keine Ahnung. Aber ich habe aus diesem Fall eine Menge gelernt. Das war für mich ein Schlüsselerlebnis. Heute gehe ich nicht in ein gerichtliches Verfahren, ohne mir doppelt und dreifach die Behandlungsunterlagen anzuschauen. Das schützt mich vor unliebsamen Überraschungen. Schließlich verliere ich nicht gern. Schon gar nicht, weil meine Mandanten schummeln. Doch die meisten meiner Mandanten sind ehrlich. Bei denen, die betrügen wollen, habe ich einen großen Vorteil: meine doppelte Ausbildung. Manches, was einem reinen Juristen vermutlich gar nicht auffällt, kann ich als Ärztin bewerten und weiß, was sein kann oder was eben auch nicht.

Manchmal hilft aber auch der Zufall. So habe ich einen Arzt vertreten – der Patient behauptete durch meinen Mandanten so schwer geschädigt zu sein, dass er sich nur mit Gehstützen, also an Krücken, bewegen könne und nur durch bloßen Willen nicht im Rollstuhl säße. Es war ein Horrorverfahren, und auch wenn ich ahnte, dass der Mann nicht die Wahrheit sagte, konnte ich es nicht beweisen. Zumindest nicht bis zu dem Tag, an dem ich erfuhr, dass er gesehen worden war, als er mit seinem Sohn Fußball gespielt hatte. Er hatte alles nur vorgetäuscht. Das Schmerzensgeld in der Höhe war bei Weitem überzogen, wenn er überhaupt einen Schaden davongetragen hatte. Leider helfen einem nicht immer Zufälle. Und es sind auch nicht nur die Patienten, die tricksen.

Gelegentlich habe ich es mit nahezu perfekten Behandlungsunterlagen zu tun. Zu perfekten. Misstrauisch werde ich immer dann, wenn der Arzt gleich einen Anwalt einschaltet, wenn ich die Behandlungsunterlagen anfordere. Ich kann mir gut vorstellen, was dann passiert.

Der Anwalt berät natürlich und weiß genau, wonach ich suchen könnte. Und das kann er dem Arzt dann auch genauso sagen. »Es wäre schön, wenn in der Akte dieses oder jenes stünde. Schauen Sie doch mal, ob Sie das nicht dokumentiert haben.« Und der Arzt schreibt vielleicht genau das dazu. Beweisen kann man das nicht. In einem Fall einer misslungenen Abtreibung wurde dokumentiert, dass die Patientin auf die Untersuchung des ausgeschabten Gewebes verzichtet habe. Geglaubt habe ich das nicht.

Im Klinikbereich ist es nicht sehr wahrscheinlich, dass jemand die Akten manipuliert. Dafür haben viel zu viele Menschen Zugriff auf die Krankenakten. Schwestern, Ärzte der verschiedenen, an der Behandlung beteiligten Abteilungen, Physiotherapeuten – sie alle müssten abändern, damit es am Ende noch passt. Aber im ambulanten Bereich? Da schreibt nur ein Arzt und hat alles in der Hand, und damit eben auch die Möglichkeit, seine Dokumentation zu korrigieren. Es ist mir schon passiert, dass in einer Akte stand, dass der Arzt genau über die Komplikationen ausführlich aufgeklärt hat, die später bei dem Patienten tatsächlich auftraten. Die anderen zehn möglichen Komplikationen waren nicht erwähnt. Ein komischer Zufall, dem hellseherische Fähigkeiten vorausgegangen sein müssen.

Mein ehemaliger ausbildender Richter, den ich bis heute sehr schätze, sagte einmal zu mir: Akten sind immer nur die eine Sache. Die Gerichtsverhandlung die andere. Für ihn ist die Gerichtsverhandlung unglaublich wichtig, weil die Akten erst durch die Gerichtsverhandlung Leben bekommen. Es werden Fragen gestellt und man entwickelt ein Gefühl dafür, ob jemand mehr hineininterpretiert, als tatsächlich vorhanden ist. Für ihn liegt die Wahrheit immer in der Mitte – irgendwo zwischen den Aussagen des Klägers und der des Beklagten. Auch wenn am Ende nur wahr ist, was wir beweisen können.

Schwere Entscheidung

Nicht immer ist ein Verfahren für den Patienten der beste Weg

Christoph Mahlers Blick schien an der Tischkante zu kleben. Ein tiefer Schatten hing über ihm. Es war, als wenn ein Elend sich über ihn ausgebreitet hätte und er darauf hoffte, dass jemand ihn erlöste. Er erzählte gleich, er habe schon viele Gespräche mit seinem Therapeuten geführt. Er sehe jetzt klar: Das Problem läge nicht bei ihm, sondern bei dem Arzt, der ihm dieses Kind beschert hatte. Diesen Mann wollte er auf Unterhalt verklagen.

Er war schon über 40 gewesen, als seine Freundin noch einmal schwanger wurde. Ein Junge? »Nein, ein Mädchen. Flora.« Er schluckte. »Genau das hatten wir verhindern wollen«, sagte er leise. Er richtete sich auf, seine Schultern wirkten männlich und stark, er holte tief Luft und sagte: »Eben weil wir kein Kind mehr wollten, habe ich mich sterilisieren lassen. Und dann war plötzlich doch ein Kind unterwegs. Nein, nein, es ist nicht wie Sie denken, meine Freundin war nicht mit einem anderen im Bett.« Es stellte sich heraus, dass der Arzt schlicht vergessen hatte, Christoph Mahler darüber aufzuklären, dass ein Mann nach der Sterilisation noch vier bis sechs Wochen zeugungsfähig ist. Der Strang ist zwar abgebunden und es kommt kein neues Sperma nach. In den Samenleitern schwimmen aber noch die kleinen Guppys aus früherer Produktion, und wenn sie die Chance bekommen, dann suchen sie sich schnurstracks eine hübsche Eizelle und befruchten diese. Genau das war passiert.

Christoph Mahler war die Sache sichtlich peinlich. Er schien in seinem Mannsein verunsichert. Er und seine Freundin stritten viel, bevor er sich sterilisieren ließ. Seine Freundin vertrug die Pille schlecht und andere Formen der Empfängnisverhütung waren ihr unangenehm. Sie wollte keine Spirale in ihrem Körper und der Umgang mit Kondomen war beiden lästig. Genau dann, wenn er so richtig Lust auf Sex hatte, war gerade kein Gummi zur Hand und es waren natürlich auch die allerfruchtbarsten Tage im ganzen Zyklus. Immer wieder hatten sie trotzdem miteinander geschlafen, es war, als wenn der Teufel sie beide ritt und das Risiko die Lust eher beförderte. Und jedes Mal wieder waren sie sehr, sehr erleichtert gewesen, wenn die nächste Regelblutung einsetzte. »Glück gehabt«, sagten sie sich, »aber das war jetzt wirklich das allerletzte Mal.« War es natürlich nicht. Sie beide wussten, dass es so nicht weitergehen konnte. Und letztlich hatte er sich für die folgenschwere Sterilisation entschieden.

Und nun das. »Der Arzt muss zahlen!«, da war Christoph Mahler sich sicher.

Ihr erstes Kind war aus dem Gröbsten raus. Seine Freundin und er hatten den Kopf frei für andere Dinge als Kindererziehung und den Haushalt. Seine Freundin hatte auch gerade wieder in ihrem Beruf Fuß gefasst. Sie waren froh darüber, finanziell wurde das Leben dadurch beträchtlich leichter. Ihr zu Liebe war er zum Urologen gegangen. Eine Stimme in ihm hatte zwar rebelliert. Was, wenn aus irgendwelchen Gründen das Leben einen ganz unerwarteten Verlauf nahm? Es gibt viele Männer, die mit über 60 mit einer viel jüngeren Frau eine zweite Familie gründen. Ein gemeinsames Kind ist meist sehr schnell Thema – auch, weil der Frau sonnenklar ist, dass sie den Mann, rein statistisch betrachtet, überleben wird und sich wünscht, dass etwas von dieser Liebe bleibt. Christoph Mahler hatte vor dem Spiegel gestanden und überlegt, ob er sich selbst in dieser Rolle sah und verwarf den

Gedanken. Zwar hatte er seine Freundin nie geheiratet, aber sie waren nun schon so lange zusammen, dass er sich ein anderes Leben, ein Leben ohne sie, gar nicht vorstellen konnte. Eher bekümmerte ihn die Frage, was denn wohl mit der Lust geschehen würde, wenn diese nicht mehr damit verknüpft war, auch ein Kind zeugen zu können. Er hatte auch diesen Gedanken beiseitegeschoben. Aber vermutlich war das der Grund, dass sie gleich nach der Operation so viel Sex hatten: Einfach um auszuprobieren, ob das noch ging, ob die Lust noch da wäre. Und das hatte er jetzt davon.

Seine Freundin hatte ihm bittere Vorwürfe gemacht. Sie hatte ihm sogar unterstellt, sie angeschwindelt zu haben und gar nicht beim Arzt gewesen zu sein. Aber er wusste zumindest, dass er unschuldig war. Warum hatte der Arzt ihn nicht aufgeklärt? Warum hatte er ihm nicht gesagt, dass der Erfolg der Sterilisation nicht gleich einsetzt? Ein Freund, dem er davon erzählte, meinte, er hätte sich doch selber schlau machen können. »Einmal googeln, schon hättest Du Bescheid gewusst! Aber vielleicht hat deine Freundin auch längst einen anderen.« Der Freund fand das alles super lustig.

Gut konnte ich nachvollziehen, wie es Christoph Mahler ging. Über die Konsultation von »Doktor Google« musste ich schmunzeln. Natürlich kann sich heute jeder über fast alles auch selber informieren, sofern er über einen Rechner mit Internetanschluss verfügt oder ein Smartphone. Aber so kann man nicht argumentieren. Dann könnte man gleich die ganze medizinische Aufklärung an die Patienten delegieren. Die Patienten wissen meistens doch gar nicht so ganz genau, wonach sie suchen müssen. Vielleicht merkt einer, dass er nach einer Operation blutet und sich ein blauer Fleck bildet, googelt Blutgerinnung, liest, dass nach zwei Minuten schon die Blutplättchen kommen und anfangen, Schorf zu bilden und die Wunde zu verschließen. Was er aber nicht weiß, ist, dass dies nicht für mit einem Skalpell durchtrennte Gefäße gilt. Durch den scharfen Schnitt sind die Kanten so glatt, dass der Körper keinen Anlass für die Blutstillung sieht. Und dann blutet die Wunde einfach immer weiter. Das ist ein winziges Beispiel, das zeigt, dass man mit der Recherche im Internet vorsichtig sein muss. Die Ärzte müssen ihre Patienten aufklären, da gibt es kein Wenn und Aber. Und ich gab Christoph Mahler recht in seiner Wut auf den Arzt. Der hätte ihm sagen müssen, dass er noch eine Weile zeugungsfähig sein würde.

»Haben Sie sich überlegt, ob Sie das Kind abtreiben lassen?«, fragte ich nach. »Dafür war es schon zu spät«, sagte Christoph Mahler. »Insofern mussten wir uns darüber keine Gedanken machen. Hatten wir trotz unseres Risikospiels zuvor aber auch nicht.« Als die Regel ausblieb, hatte seine Freundin sich weiter nichts dabei gedacht. »Meine Freundin hatte schon lange unregelmäßig ihre Regel und wir dachten, wir seien auf der sicheren Seite. Es ist uns wirklich nicht der Gedanke daran gekommen, dass sie wieder schwanger sein könnte. Gut, morgens stellte sich ab und zu eine leichte Übelkeit ein, aber auch das haben wir nicht als Schwangerschaftsanzeichen gewertet. Meine Freundin war gerade auf Diät.« Sie schob die Übelkeit auf die umgestellte Ernährung. Dann war ihre Vorsorge wieder einmal fällig. Sie machte einen Termin bei ihrem Frauenarzt. Der gratulierte ihr zur Schwangerschaft. Sie war schon in der zwölften Woche. Für einen Abbruch war es zu spät.

Seither hatten sie viel nachgedacht: Würde, wo für ein Kind Platz ist, auch ein zweites satt? Mussten sie jetzt das ganze, gefügte Leben noch einmal aufreißen? Ein größeres Haus suchen, ein größeres Auto, und, weil beides mehr Geld kostet, auch eine besser bezahlte Arbeit anstreben? Ihnen gefiel ihr Leben, so wie es war, auch die Perspektive, aber nicht mit einem weiteren Kind. Irgendjemand würde die nächsten 18 Jahre oder länger für das Kind zahlen müssen. Christoph Mahler fand, dass der Arzt, der offensichtlich maßgeblich mit daran beteiligt war, dass dieses Kind zur Welt kam, auch für dessen Unterhalt aufkommen müsse.

Ich analysierte den Fall juristisch. Wo der Behandlungsfehler lag, schien klar: Der Arzt hatte seine Pflicht zur Sicherungsaufklärung verletzt. Er hätte Herrn Mahler natürlich darüber informieren müssen, dass eine Zeugung in der nächsten Zeit nicht ausgeschlossen ist. Diese Verletzung der Aufklärungspflicht gilt als Behandlungsfehler. Der Arzt müsste für die dadurch verursachte wirtschaftliche Belastung haften, für die Aufwendungen für das Kind.

Der Schaden ist nicht das Kind, sondern die Aufwendungen für dieses. Ein Kind kann niemals einen Schaden darstellen. Die Haftung des Arztes ist nicht davon abhängig, ob die Eltern verheiratet sind oder in einer nichtehelichen Lebensgemeinschaft leben, und auch nicht davon, ob die Familienplanung der beiden abgeschlossen ist. Auch wenn es hypothetisch noch möglich ist, dass etwa nach einer beruflichen Konsolidierung ein Kinderwunsch auftaucht, kann der Arzt dazu verurteilt werden, für das Kind Unterhalt zu zahlen. Mir fiel ein Urteil ein, in dem es hieß: »Eine Ersatzpflicht des Arztes besteht in derartigen Fällen auch dann, wenn die gegenwärtige berufliche und wirtschaftliche Planung der Mutter durchkreuzt wird und die zukünftige Planung nicht endgültig absehbar ist. Eine abgeschlossene Familienplanung in dem Sinne, dass auch die hypothetische Möglichkeit eines späteren Kinderwunsches völlig ausgeschlossen sein muss, bedarf es nicht.« Juristisch hatten wir also durchaus eine sehr gute Chance.

Ich spürte, wie sich alles in mir dagegen wehrte, ein Verfahren anzustrengen. Nicht immer ist, was juristisch durchaus machbar erscheint, auch menschlich richtig.

Ich sah, wie Herr Mahler litt. Wie tief zerrissen er war. Die Sterilisation hatte ihn in eine tiefe Depression gestürzt. Dieses »Ich wollte dich nicht, und jetzt bist du da« hatte ihn zusätzlich bedrückt. Dazu kam die – in der Schwangerschaft medizinisch völlig unbegründete – Sorge, das Kind könne durch die Sterilisation geschädigt worden sein. Schließlich sei sein Samen nicht mehr so frisch gewesen. Das Ultraschallbild in der Schwangerschaft war zwar in Ordnung, aber konnte man darauf alles sehen? Und dann war die Geburt selbst auch noch ein Desaster, weil die Wehen überraschend viel zu früh und deutlich zu heftig einsetzten, die Fruchtblase platzte. Er hatte den Rettungswagen gerufen, der seine Freundin in die falsche Klinik fuhr, also in eine, in der sie nicht zur Geburt angemeldet war. Dort hatte man keinen Platz für sie und sie wurde weitergeschickt. Fast wäre das Kind unterwegs auf der Liege im schaukelnden Krankenwagen auf die Welt gekommen. Kurz: Die ganze Situation hatte ihn emotional so überfordert, dass er kaum noch handlungsfähig war.

Ich stellte mir vor, wie es wäre, wenn wir jetzt zusammen ein Verfahren anstrengen würden. Dass wir uns mit dem Arzt außergerichtlich einigen könnten, hielt ich für unwahrscheinlich. Dafür war die Summe, um die es hier ging, zu hoch. Der Unterhalt für das Kind würde auf viele Jahre berechnet. Ohne ein rechtskräftiges Urteil lässt sich keine Versicherung darauf ein. Ein Gerichtsverfahren aber würde sich über Jahre hinziehen. Ich vermutete, dass dies Christoph Mahler mehr schaden als nützen würde.

»Ich wollte dieses Kind nicht!«, war der zentrale Satz, auf dem das Verfahren aufbauen musste. Das müsste er wieder und wieder belegen, müsste deutlich machen, dass dieses Kind für ihn eine unzumutbare Belastung darstellt – und das, während das Kind an seiner Seite aufwachsen würde.

Am Ende des Verfahrens wäre Flora vielleicht fünf, vielleicht sechs Jahre alt und längst Teil seines Lebens. Aber vor Gericht müsste er immer noch sagen, er habe sie nie gewollt. Ich fragte ihn, ob er das vertreten könnte? Oder ob nicht jedes Kind, egal wie die Vorgeschichte aussieht, ein Recht auf Eltern hat, die ihm positiv gegenübertreten? Schon bei der Geburt hatte seine kleine Flora einen rasanten Lebenswillen bewiesen. Ganz sicher würde sie sich in sein Herz schleichen, und er würde sie lieben, wie er die Große auch liebte. Vielleicht würde er an diesem Kind eine Freude haben, die er sich jetzt noch gar nicht vorstellen konnte. Vielleicht würde sie die Welt, zum Stolz der Eltern, etwas schöner machen. Aber vor

Gericht müsste er dabei bleiben, dass dieser Sonnenschein ungewollt war. Das würde das Verhältnis vielleicht jedes Mal aufs Neue belasten. Er würde sich schuldig fühlen, weil er dem Kind, das für all das nichts kann, so viel Negatives zumutete. Aber dann gäbe es kaum noch ein Zurück, denn das Verfahren später einzustellen hieße, die gesamten Kosten zu übernehmen. Das wäre eine zu hohe finanzielle Belastung.

Ich hatte ziemlich lange am Stück geredet, als Christoph Mahler seinen Blick von der Tischkante löste und mich ansah. So hatte er die Sache noch nicht betrachtet. Er hatte sich festgebissen in seinem Ärger über den Arzt und seinem Bedürfnis, diesen zum Zahlen zu zwingen. Er war so fokussiert auf diesen Punkt, dass er alles andere aus dem Blick verloren hatte. Er ging und erklärte, dass er sich melden würde. Er würde mit seiner Freundin darüber noch einmal sprechen. Tatsächlich rief er einige Tage später an und wollte einen kurzen Termin, wie er sagte. Er brachte mir einen wunderschönen Blumenstrauß mit und eine Flasche Prosecco. Auch Flora war mit dabei.

Er wolle nun einen Strich unter die Angelegenheit ziehen. Denn rückgängig zu machen war – wie fast immer, wenn es um Behandlungsfehler geht – nichts mehr.

Was jetzt zählte, war der Weg nach vorn. Mit Flora.

Schuld in die Schuhe schieben

Wenn Ärzte einen Anwalt als Beistand brauchen

Seine Patientin hätte es wissen müssen. Sie ist selbst Ärztin. Und trotzdem hat sie all seine Ratschläge ignoriert. Sie hat am Tag nach der Operation schon gefeiert, statt sich erst einmal zu schonen. Kein Wunder, dass die Sache so schiefgegangen ist. »Da ist sie selber schuld«, sagte Dr. Kirchhoff. Er war sehr erstaunt, als er kurz darauf ein Schreiben bekam, aus dem hervorging, dass die Patientin Ansprüche an ihn stellte und er Schadenersatz und Schmerzensgeld zahlen sollte, weil er sie nicht in eine Klinik eingewiesen habe.

Dr. Kirchhoff ist niedergelassener Chirurg und einer der Ärzte, die ich vertrete. Dass ich mich nicht nur für Patienten, sondern auch für Ärzte engagiere, ergibt sich aus meinem Selbstbild: Ich stehe auf der Seite des Rechts. Auch Ärzte brauchen einen Anwalt als Beistand. Wenn Patienten klagen, steht auf der anderen Seite ein Arzt – der längst nicht immer im Unrecht ist. Und noch viel seltener fügen sie anderen vorsätzlich Schaden zu und machen sich damit strafbar. Das sieht man schon daran, dass die allermeisten strafrechtlichen Ermittlungen gegen Ärzte wieder eingestellt werden. Im Zweifel für den Angeklagten, heißt ein Grundprinzip unserer strafrechtlichen Rechtsprechung.

Ich habe selbst als Ärztin gearbeitet, ich weiß, wie groß die Verantwortung ist und wie häufig die Situationen eskalieren und sich anders entwickeln, als man es sich wünscht. Ich bin während meiner Ausbildung eine Weile Notarztwagen gefahren. Ich wollte lernen, Notfälle zu behandeln und nicht in Panik verfallen, wenn mir einer begegnete. Dazu kam meine Sensationsgier. Ich fand es spannend, mit Blaulicht durch die Stadt zu rasen. Andere Menschen müssen fernsehen, als Notarzt ist man selbst mitten im Geschehen.

Als ich das erste Mal im Einsatz war, hatte ich ein komisches Gefühl im Magen. Das geht wohl allen jungen Ärzten so. Man weiß nicht, was auf einen zukommt. Man weiß nur, dass es höchstwahrscheinlich um Leben und Tod geht. Sonst würde man nicht mit dem Notarztwagen ausfahren. Ich war Ende 20 und ich hatte großes Glück, denn ich war mit ganz hervorragenden Sanitätern unterwegs. Sie waren alte Hasen und nicht mehr nervös, sondern wussten, was zu tun ist. Und: Sie mochten mich. Während ich Adrenalin ausschüttete und ziemlich aufgelöst war, sagten sie: »Doktorchen, die Braunüle brauchen Sie jetzt, wir legen schon mal ein EKG an.« Sie gingen bei den Einsätzen immer vor. Wenn sie sahen, dass der Notfall kein Notfall mehr war, sagten sie: »Doktorchen, du musst da nicht mehr hineingehen. Komm, wir fahren weiter.« Der erste Arzt, der bei einem Toten eintrifft, muss die Leichenschau machen. Das wollten sie mir damit ersparen. Irgendwann wird man ruhiger, weil man weiß, man kann sich zunächst auf seine Sanitäter verlassen, bis man sich auf sich selbst verlässt.

Dann kam ein Einsatz, den ich nicht vergessen werde. Ein Arzt hatte uns gerufen, in seiner Praxis war einer seiner Patienten kollabiert. Als wir vor Ort ankamen, stand der Arzt vor der Praxis auf der Straße. Er winkte, damit wir möglichst schnell in seine Räume kämen. Derweil hatte er den Patienten allein gelassen. Ich habe mich gefragt, lieber Arzt, was machst du hier auf der Straße? Du solltest besser bei deinem Patienten sein. Du könntest schon eine Braunüle legen – das ist ein vorübergehender Zugang meist am Unterarm, durch den man Infusionen und Medikamente injizieren kann, damit dann sofort alles schnell geht. Aber der Arzt war einfach überfordert und dadurch wie gelähmt. Genau aus diesem Grund bin ich Notarztwagen gefahren: Ich wollte, dass mir so etwas nicht passiert.

Ich habe auch in der Notaufnahme gearbeitet. Einmal brachten die Sanitäter uns einen Mann, der Blut spuckte. Wir haben Blutdruck gemessen, die Braunüle und eine Infusion angelegt, Blut abgenommen und die Endoskopie angerufen. Wir wollten in den Magen schauen. Wir nahmen an, dass er eine Magenblutung hatte, und es galt zu klären, ob das stimmte und was wir tun konnten. Er wirkte grau und hatte einen Hämoglobinwert von 4,2 – bei Männern sind Werte zwischen 14 und 16 normal. Er musste also schon viel Blut verloren haben. Aber er war stabil, woraus wir schließen konnten, dass er schon länger blutete und nicht erst seit kurzer Zeit. Wir brachten ihn in die Endoskopie. Die Oberärztin kam und bereitete alles vor. Da kollabierte der Mann, sein Herz stand still. In der Endoskopie gab es keinen Reanimationswagen. Wir riefen die Intensivstation an. Die war nicht weit weg, aber es verging doch einige Zeit, bis die Ärzte mit dem Reanimationsteam vor Ort waren. Wir konnten den Patienten nicht retten. Er ist gestorben – ein gutaussehender Mann um die 40. Das war für mich ein einschneidendes Erlebnis. Wir hatten uns nichts vorzuwerfen, wir hatten nach dem ärztlichen Standard gehandelt. Aber in Zukunft würde ich in einem solchen Fall den Patienten für die Magenspiegelung auf die Intensivstation verlegen. Ich weiß nicht, ob er dann nicht gestorben wäre, aber ich hätte zumindest das Gefühl, alles, was möglich ist, getan zu haben. Das Beispiel zeigt, dass Medizin eben auch ganz gewaltig von der persönlichen Erfahrung abhängt.

Als Dr. Kirchhoff meinen Rat suchte, war ihm sonnenklar, dass er alles richtig gemacht hatte. Er sah meine Aufgabe darin, das durchzusetzen, den Anspruch zu Fall zu bringen. Aber obwohl jedem Menschen mit gesundem Verstand sofort einleuchten musste, dass er im Recht war, war diese Aufgabe doch schwierig.

Es ging um eine Hammerzehe: Der große Zeh am linken Fuß seiner Patientin war krallenartig gebeugt. Vermutlich hatte die Frau, zusätzlich zu ihrer persönlichen Veranlagung für eine solche Ausformung, zu lange die falschen Schuhe, also hochhackige Pumps, getragen. Die Patientin hatte starke Schmerzen, als sie endlich zum Arzt humpelte. Die hatte sie nicht erst seit ein paar Tagen, schließlich entsteht so eine Hammerzehe nicht von heute auf morgen. Oben auf dem Gelenk hatte sich schon lange eine Druckstelle gebildet. Der Fuß passte in keine High Heels mehr. Dr. Kirchhoff hatte schon oft Hammerzehen operiert. Er wusste, was zu tun war: Er röntgte den Fuß, zeigte seiner Patientin das Bild und besprach mit ihr die Operationsmethode, die seiner Meinung nach am geeignetsten war, das Problem zu lösen. Er beschrieb die Risiken, benannte mögliche Komplikationen. Sie einigten sich, die Operation zu wagen, und verabredeten einen Termin. Nach der Operation, sagte er, müsse sie sich etwa vier Wochen Zeit nehmen und den Fuß nicht belasten. Danach könnte sie wieder relativ normal und schmerzfrei laufen.

Bei dieser Gelegenheit lud sie ihn zu ihrer Goldenen Hochzeit ein und er vermerkte den Termin in seinem Kalender. Er hätte Stopp sagen sollen, als er sah, dass der Termin für die Operation auf den Tag vor der Goldenen Hochzeit seiner Patientin fiel. Aber er kannte die Frau. Er wusste, dass sie selbst Ärztin ist. Aus ihrer Hausarztpraxis hatte sie öfter Patienten für Operationen an ihn überwiesen – als niedergelassener Chirurg machte er vor allem so »kleine Sachen«, wie er das nennt: Leistenbrüche, Zysten, hier und da eine kleine Schönheitsoperation. Er hatte gern mit der Kollegin zusammengearbeitet und sie immer als kompetent erlebt. Er dachte: Die ist schon so lange Ärztin, die weiß, was sie tut. Am Tag vor der Operation kam die Patientin in seine Praxis, um die Anästhesie zu besprechen. Als sie zufällig aufeinandertrafen erklärte sie, dass die Feier ein tolles Fest werden wird. Kollegen und Freunde würden kommen, sicherlich so an die 70 Personen. Sie war schon ganz aufgeregt. Dr. Kirchhoff konnte das, was er hörte, kaum glauben. Er fragte, ob sie den Termin für die Operation nicht lieber verschieben wolle. Schließlich dürfe sie den Fuß nach der Operation nicht belasten. Sie müsse zwei Gehstützen benutzen, jeder Weg wäre anstrengend. Und wenn so viele Menschen im Haus sind, würde es ihr sicher schwer fallen, sich zu schonen. Aber sie erklärte ihm: »Nee, nee, Herr Kollege, das geht schon, seien Sie da mal ganz unbesorgt.«

Die Operation verlief wie geplant. Am Abend konnte Dr. Kirchhoff seine Patientin nach Hause entlassen. Da er Feierabend hatte und ihre Wohnung auf seinem Weg lag, nahm er sie mit. So konnte er sehen, dass sie erstaunlich geschickt mit den Gehstützen hantierte. Er dachte: Na, hoffentlich geht das gut. Doch als er am nächsten Tag zum Hausbesuch vorbeikam, öffnete sie ihm humpelnd die Tür. Sie stützte sich nur noch auf einen Stock. Der Fuß war überwärmt und gerötet. Es war seines Erachtens eindeutig, dass sie sich schon den ganzen Tag entgegen seiner Anweisung verhalten hatte. Und es war für ihn auch klar, dass sie es am Abend, wenn die Gäste kamen, nicht anders halten würde. Dr. Kirchhoff riet ihr dringend, sich in einer Klinik stationär behandeln zu lassen. Der Fuß zeigte Anzeichen einer Entzündung, sie durfte auf keinen Fall weiter damit herumlaufen und schon gar nicht ein Fest mit 70 Gästen veranstalten. Doch die Patientin lehnte vehement ab. Sie wisse, was sie tue. Schließlich sei sie Ärztin. Immerhin konnte er sie wenigstens noch dazu überreden, ein Antibiotikum einzunehmen.

Bei seinem Hausbesuch am nächsten Tag hatte sich die Entzündung bis in den Unterschenkel ausgebreitet, aber die Patientin wollte noch immer nicht in die Klinik. Dr. Kirchhoff versorgte die Wunde lokal. Erst zwei Tage später ging die Frau ins Krankenhaus. Sie wurde mehrfach operiert, Haut wurde transplantiert und schließlich der Vorfuß amputiert. Sie muss künftig ohne Zehen laufen. Es war furchtbar. Und, so Dr. Kirchhoff: Es wäre vermeidbar gewesen. Ein kleines bisschen Verstand hätte gereicht und die Wunde wäre voraussichtlich ganz normal verheilt. Dass man auf einem frisch operierten Fuß nicht herumtanzen kann, ist so klar, dass selbst Nichtmediziner es in aller Regel begreifen. Dr. Kirchhoff hatte nicht einmal seine Haftpflichtversicherung informiert. Er ging davon aus, dass die Patientin wusste, dass der Fehler bei ihr lag. Schließlich war sie nicht in die Klinik gegangen. Doch dann kam das Anspruchsschreiben. Er brauchte meinen Rat.

Was der Mandant erzählt, ist die eine Sache. Was ich beweisen kann, die andere. Das musste ich prüfen. Aus den Behandlungsunterlagen war nicht viel zu holen. Mir lagen der Aufklärungsbogen, das Röntgenbild, die Verordnung des Antibiotikums und die Beschreibung des Lokalbefundes vor. Das war alles soweit korrekt, aber damit konnte ich überhaupt nichts beweisen. Rechtlich gesehen schließt eine bevorstehende Feier eine Operation am Tag zuvor nicht aus. Es gab auch keine Anhaltspunkte dafür, dass die Patientin unzuverlässig war, und ihr Arzt deshalb von sich aus die Operation hätte verschieben müssen. Ich konnte also nur bei dem ansetzen, was danach geschah: Wenn ich beweisen konnte, dass die Patientin sich entgegen des ärztlichen Rates nicht hatte stationär behandeln lassen, was ihr Vorwurf war, lag die Verantwortung für die Folgen bei ihr. Aber ich fand keinen schriftlichen Hinweis darauf, dass Dr. Kirchhoff seiner Patientin geraten hatte, ins Krankenhaus zu gehen. Gab es dafür Zeugen?

Dr. Kirchhoff war aufgebracht über diese Frage. Er erzählte, dass er Hausbesuche grundsätzlich allein macht, eine Helferin mitzunehmen könne er sich nicht leisten. Die Patientin dagegen hatte in dem Anspruchsschreiben angegeben, dass eine Freundin von ihr zu dem fraglichen Zeitpunkt im Haus war. Dr. Kirchhoff hatte die Besucherin zwar nicht gesehen. Aber dass noch jemand im Haus war und das Gespräch verfolgt haben konnte, schien möglich und plausibel, da die Goldene Hochzeit vor der Tür stand. Vor Gericht würde bestenfalls Aussage gegen Aussage stehen. Wem die Richter glauben würden, war offen. Dr. Kirchhoff wurde wütend: »Na, was glauben Sie denn von mir? Dass ich eine Infektion nicht erkenne und nicht weiß, wann eine Patientin zu ihrem eigenen Schutz ins Krankenhaus muss? Ich mache meinen Job seit 30 Jahren, ich war auf der Intensivstation, bin Notarztwagen gefahren und habe in der Ersten Hilfe gearbeitet. Ich bin doch kein Idiot!« – »Das sind die juristischen Spielregeln«, sagte ich ruhig.

Ärzte fühlen sich oft hilflos, wenn sie mit einem Anspruchsschreiben, einem Klageverfahren konfrontiert sind. Dabei ist unwesentlich, wie schwerwiegend der Fall ist. Auch Kleinigkeiten werfen sie oft aus der Bahn.

Einem meiner Mandanten war versuchter Betrug vorgeworfen worden: Er hatte Leistungen für einen Patienten abgerechnet, der schon verstorben war. Es handelte sich, wenn ich mich recht erinnere, um etwas mehr als zehn Euro. Es stellte sich heraus, dass dieser Mann nach dem Tod seines Patienten mit dessen Ehefrau noch ein längeres Gespräch geführt hatte – sie wollte wissen, was die Todesursache war – und dieses Gespräch hatte er abgerechnet. Das darf er. Das Verfahren wurde eingestellt. Aber das Verfahren hat ihn so mitgenommen, dass er nachts nicht schlafen konnte. Ich finde das verständlich. Das Rechtswesen ist den meisten Ärzten sehr fremd. Und immer, wenn man es mit einem Gebiet zu tun hat, von dem man gar keine Ahnung hat, macht das Angst. Man kommt nicht so einfach damit klar, nicht zu wissen, wohin die Reise geht.

Manchmal ist es schwer, Mandanten klarzumachen, dass ich nicht ihre Gegnerin, sondern ihre Partnerin bin. Ich stehe auf ihrer Seite, egal, ob es sich um einen Arzt oder um einen Patienten handelt. Aber es gehört nun einmal zu meinen Aufgaben, sie auch über die Risiken aufzuklären und ihnen die Fragen zu stellen, auf die der gegnerische Anwalt oder der Richter auch stoßen werden. Nur so kann ich beurteilen, wie wir uns verhalten sollen. Wenn ich mit jemandem in ein gerichtliches

Verfahren gehe oder ihn außergerichtlich vertrete, so kann er sicher sein, dass ich ihn mit Überzeugung unterstütze.

Als Dr. Kirchhoff sich beruhigt hatte und bereit war, wieder zuzuhören, erklärte ich ihm, was das Problem war: Er begriff, dass Wahrheit für uns Juristen das ist, was wir beweisen können. Wenn ich mich mit meinem Ehemann streite und er erklärt, dass ich dieses oder jenes gesagt habe, so sage ich zuweilen: »Liebling, das habe ich nicht gesagt. Beweise es. Nur wenn Du es beweisen kannst, ist es wahr.« Das ist natürlich ein Totschlagargument, denn wie soll er beweisen, was ich gesagt habe? Aber es zeigt, wie wir Juristen ticken.

Am Abend rief Dr. Kirchhoff an. Er hörte sich fröhlich an. »Ich habe einen Zeugen«, sagte er. Und erzählte, dass er, nachdem er versucht hatte, seine Patientin in die Klinik zu überweisen, dort angerufen hatte, um für alle Fälle sicherzustellen, dass dort ein Bett für sie frei war. Einer der jungen Männer, der als Assistent in seiner Praxis mitgearbeitet hatte, war inzwischen Arzt an diesem Krankenhaus. Er hatte mit diesem Mann gesprochen und ihm den Fall erklärt. Er hatte in dem Gespräch sogar gesagt, dass er seine Patientin schon lange kenne und man sich doch besonders gut um sie kümmern möge. Der junge Kollege war, als Dr. Kirchhoff mit ihm telefonierte, schon fast auf dem Weg in den Feierabend. Aber er habe die Information an die Erste Hilfe weitergegeben. Mit etwas Glück befände sich im Übergabebuch ein entsprechender Eintrag.

Tatsächlich hatte ich am nächsten Morgen ein Fax mit der Seite aus dem Buch. Ich freute mich. Damit konnte ich selbst einem Klageverfahren entspannt entgegensehen. Das Gericht würde die Klage sehr wahrscheinlich abweisen, und das mit Recht. Der Vorwurf der Patientin war nachweislich falsch.

So etwas erlebe ich öfter. Da schlagen Patienten den Rat ihres Arztes in den Wind und setzen sich hinters Steuer, obwohl sie mit Medikamenten ruhiggestellt sind. Wenn sie dann einen

Unfall verursachen, verklagen sie ihren Arzt. Aber der Arzt kann dem Patienten nicht den Schlüssel wegnehmen und ihn lückenlos überwachen. Das sollte er meines Erachtens auch nicht tun. Ebenso wenig, wie er ihn zwingen kann, die verordneten Medikamente einzunehmen, die Krankengymnastik zu machen, das Herz durch ausreichend Bewegung in Schwung zu halten oder eben den frisch operierten Fuß hochzulegen. Der Patient ist ein Partner des Arztes. Wenn er nicht mitwirkt, hat die Therapie häufig keinen Erfolg. Natürlich hat der Patient das Recht, sich über die Ratschläge des Arztes hinwegzusetzen. Er ist für sich selbst verantwortlich, und sein Wille ist oberstes Gebot. So soll es auch sein. Aber wenn er sich eigenverantwortlich in Gefahr begibt, darf er nicht versuchen, anderen hinterher Schuld in die Schuhe zu schieben, wenn ihm die Konsequenzen daraus nicht gefallen.

Ich will nicht klagen

Viele Patienten entscheiden sich bewusst gegen
rechtliche Schritte

Es kommt vor, dass Patienten sogar gravierende Behandlungsfehler nicht verfolgen, sondern die Sache einfach auf
sich beruhen lassen. Vermutlich ist das sogar die Mehrheit.
In Deutschland gibt es noch keine verlässlichen Zahlen zu
dem Thema, aber aus den USA weiß man: Nur drei Prozent
der Patienten, die von einem Behandlungsfehler betroffen
sind, strengen tatsächlich ein Verfahren an. Die überwiegen-
de Mehrheit hat nicht die Kraft, die Lust oder das Geld, sich
auch noch gerichtlich mit diesem Thema zu beschäftigen. Ich
schätze, dass in Deutschland die Situation ähnlich ist.

Christiane Schadewald ist eine dieser Patientinnen. Sie
hätte guten Grund gehabt, ihre Ärzte auf Schadenersatz und
Schmerzensgeld zu verklagen, die sie um etliche Jahre ihres
Lebens brachten. Doch Christiane Schadewald wollte das
nicht. Sie wollte nicht mehr kämpfen. Ich versuchte, ihr zuzu-
reden. Aber sie blieb standhaft.

Wir beide kennen uns schon seit dem Medizinstudium.
Wir sind zusammen um die Häuser gezogen, haben zusammen gelernt und waren gut befreundet. Eines Tages lernte
Christiane in den Semesterferien einen bayrischen Frosch
kennen und meinte, dass er ihr Prinz werden könnte. Sie
heiratete und zog nach Bayern. Und das als Berlinerin! Ich
war ein bisschen entsetzt. Aber sie war glücklich mit ihm und

bald darauf auch schwanger. Die Schwangerschaft war nicht einfach. Sie brachte eine gesunde Tochter zur Welt. Wir sahen uns selten, auch die Telefonate nahmen mit den Jahren ab. Trotzdem blieb unser Verhältnis eng. Ich sage immer, dass ich zu alt bin, um Freunde aufzugeben. Neue Freunde kommen dazu, aber sie werden mich niemals so kennenlernen, wie ich gewesen bin, nie das erleben, was ich erlebt habe, und genau das ist die Grundlage, die ich mit meinen Freunden habe: eine gemeinsame Vergangenheit. Auch wenn das Leben uns auseinander bringt, so werden wir immer durch diese verbunden sein.

Sporadisch trafen wir uns wieder. Und dann kam der Schock. Sie erzählte, dass bei ihr ein Lupus erythematodes diagnostiziert worden sei. Das ist eine Autoimmunerkrankung, die den ganzen Körper befällt. Sie macht einfach alles kaputt. Das Immunsystem verändert sich – aus noch unbekannten Ursachen – und bekämpft den eigenen Körper. Die Folge sind Hautveränderungen, Entzündungen der Gefäße, der Gelenke, der Nerven, der Muskeln oder der Organe. Die Krankheit geht an die Gefäßstrukturen, an die Nieren, an die Herzkranzgefäße, an die Lunge. Überall ist der Lupus vorhanden. Der Kampf begann.

Christiane wurde medikamentös eingestellt. Die Behandlung blieb erst einmal relativ wirkungslos, sie hatte zwei Schlaganfälle mit einer halbseitigen Lähmung, die sich zum Glück vollständig, aber unerwartet, zurückbildete. Die Medikamente wurden so hoch dosiert, dass sie nur noch einen Herzschlag von 28 bis 30 Schlägen pro Minute hatte, normal sind 60 bis 80. Sie wusste nie, ob sie am nächsten Morgen noch aufwachen würde. Trotzdem versuchte sie ihr Leben weiterzuleben. Mit ihrem Mann baute sie ein Haus. Ihre Einstellung war: »Mir egal, ich lebe einfach jeden Tag, der mir geschenkt wird, und ob das übermorgen noch funktioniert, weiß ich nicht. Aber auf morgen will ich mal hoffen.«

Ich habe sie dafür bewundert. Es ging ihr wirklich nicht gut. Die Medikamente hatten massive Nebenwirkungen. Vom

Kortison schwoll ihr Körper an. Früher war sie zierlich und schlank, nun war ihr Gesicht aufgedunsen, der Bauch dick. Ihre Zukunftsträume hatte sie begraben, die Krankheit ließ dafür keinen Platz mehr. Sie lebte nur noch für den nächsten Tag. Aber sie hatte ihren Andreas. So eine Krankheit belastet nicht nur den Patienten, sondern die ganze Familie. Manch einer wäre vermutlich weggelaufen. Andreas nicht, obwohl er unter ihrer Krankheit litt. Er blieb an ihrer Seite. Mehr als zehn Jahre lebten sie so mit der Krankheit.

Eines Tages ging Christiane zu einer Computertomografie. Eigentlich sollte nur eine Aufnahme vom Brustkorb gemacht werden, doch das Gerät nahm auch die Nieren auf. Ein Zufall. Mit weitreichenden Folgen. Denn auf dem Bild war ganz deutlich ein Nebennierentumor zu erkennen. Damit gab es plötzlich und unerwartet eine völlig andere Erklärung für Christianes Symptome: Der Tumor produzierte Adrenalin und das sorgte für die Beschwerden, die dem Lupus zugeordnet worden waren.

Niemand war auf die Idee gekommen, dass etwas anderes als der Lupus erythematodes als Grund für ihr Kranksein infrage kam. Es gab zwar bestimmte Befundkonstellationen, die nicht passten, und es hätten auch bestimmte Untersuchungen gemacht werden müssen. Aber die hatte man unterlassen. Die Ärzte hatten ihre Diagnose, sie hatten ihren Lupus erythematodes und sie haben mit diesem therapeutisch herumgespielt. Sie haben nicht mehr nach rechts und links geblickt, sie haben sich auf den Lupus fokussiert. In gewisser Weise war das verständlich, weil das Problem dieser Krankheit ist, dass sie alles macht. Und weil sie alles macht, passt auch alles zum Krankheitsbild. Aber keiner hat diese Diagnose überhaupt noch hinterfragt. Christiane wurde therapiert, therapiert, therapiert. Und man hat damit zehn Jahre Angst in ihr Leben gebracht und ihre Lebensqualität verringert.

Christiane wurde dann operiert. Einen Nebennierentumor zu entfernen, ist relativ unproblematisch. Die Herausforderung kam in diesem Fall erst danach. Sie war extrem hoch mit Medikamenten eingestellt und der Tumor hatte zusätzlich Adrenalin in rauen Mengen ausgeschüttet. Für die Mediziner war es harte Arbeit, den Stoffwechsel wieder in den Griff zu bekommen. Das Adrenalin, das der Tumor produziert hatte, musste erst durch Medikamente ersetzt und die Dosis schließlich extrem vorsichtig heruntergefahren werden.

Es ist gelungen. Christiane hat alles gut überstanden. Heute lebt sie völlig normal und beschwerdefrei. Und sie braucht keine Medikamente mehr – auch kein Kortison. Die Nebenwirkungen sind alle abgeklungen. Ihre alten Kleider würden ihr wieder passen, aber die sind natürlich in der Zwischenzeit aus der Mode gekommen.

Die Zeit ist nicht spurlos an ihr vorbeigezogen. Sie hat durch diese Fehldiagnose auf einmal zehn Jahre ihres Lebens verloren. Jetzt versucht sie, diese nachzuholen – ein wenig zum Leidwesen ihres Mannes. Denn sie hat einen unfassbaren Hunger entwickelt – einen Hunger nach Leben. Sie hat ihren sicheren Job als Dermatologin aufgegeben und stattdessen noch einmal eine andere Facharztausbildung gemacht – sie ist heute Arbeitsmedizinerin. Sie arbeitet für ein international tätiges arbeitsmedizinisches Institut und fühlt sich sehr wohl dabei. Man könnte sagen, sie erfindet sich neu.

Ihr Mann jedoch steht da und versteht die Welt nicht mehr. Für ihn war das Leben vorher auch schön. Er versteht nicht, warum es jetzt nicht einfach so weitergeht. Aber für sie geht das Leben natürlich viel, viel weiter und sie sagt: »Andreas, komm mit. Komm mit Tennisspielen, komm mit Tauchen. Ich will das. Und ich möchte wieder Marathon laufen, so wie früher, vor der Diagnose. Ich möchte laufen. Lass mich trainieren, lass mich laufen und laufen und laufen und lass mich meinen unbändigen Hunger nach Leben stillen.« Wenn sie so erzählt, bin ich dicht bei ihr.

Juristisch betrachtet ist es ein klassischer Fall – Fehldiagnose, unterlassene Befunderhebung. Und sicher ein grober

Behandlungsfehler. Ohne die fehlerhafte Diagnose hätte sie den Schlaganfall voraussichtlich nicht gehabt, die Lähmungen nicht erfahren, auch nicht die Nebenwirkungen des Kortisons und all die Ängste. Alles ist recht eindeutig. Ich bin mir sicher: Den Fall würden wir gewinnen. Aber meine Freundin will nicht klagen. Sie sagt, das macht sie auch nicht glücklicher. Sie will sich damit nicht mehr beschäftigen. Sie weiß, dass es ein Behandlungsfehler war und dass wir das auch mit großer Wahrscheinlichkeit nachweisen könnten. Sie sagt, egal, wie viel Geld sie bekäme, diese zehn Jahre kann ihr keiner wieder zurückgeben. Sie ist glücklich, dass das Leben jetzt wieder weitergeht und dass sie eine gute Chance hat, auf der Hochzeitsfeier ihrer Tochter zu tanzen. Nicht dass diese Hochzeit schon in Sicht wäre – ihre Tochter ist gerade einmal 13 Jahre alt. Aber wieder eine Zukunft zu haben, das macht sie glücklich.

Sie hat auch keine Rachegedanken den Ärzten gegenüber. Die Kollegen wissen, dass sie einen Fehler gemacht haben. Das hat ihnen Christiane gesagt. Sie hat ihre Gerechtigkeit. Gut, sie hätte einen Anspruch auf Schmerzensgeld. Aber wie kann man zehn Jahre Angst in Schmerzensgeld aufwiegen? Das funktioniert nicht. Das kann nicht funktionieren. Wie viel ist verlorene Lebenszeit wert?

Schmerzensgeld deckt primär nur den körperlichen Schaden. Was ist mit den Geburtstagsfesten der Tochter, die ausfallen mussten, weil Christiane im Krankenhaus lag? Was zählt ein Marathon, den sie nicht laufen konnte? Vor Gericht zählt das nicht in dem Maße, wie es zählen sollte. Und so versucht Christiane, die verlorene Zeit wieder aufzuholen und nicht Zeit mit einer Klage zu verschwenden.

Die Zahl der Behandlungsfehler

Um zuverlässig zu schätzen, wie häufig Behandlungsfehlern vorkommen, bräuchten wir verlässliche Daten. Doch die liegen in Deutschland nicht vor, weil es hier kein zentrales Register gibt, in das alle Fälle von Behandlungsfehlern eingehen.

Bei den Schlichtungsstellen der Landesärztekammern sind 2010 mehr als 11 000 Anträge von Patienten eingegangen. Zwei Drittel betrafen stationäre, ein Drittel ambulante Therapien. Laut Statistik der Bundesärztekammer 2010 sind das ein Viertel aller vermuteten arzthaftungsrechtlichen Fälle. Doch niemand kann das belegen. Wie viele Patienten ziehen ihren Anspruch schon beim Anwalt zurück? Oder einigen sich mit der Versicherung? Ich weiß es nicht.

Die zuverlässigsten Daten über die Häufigkeit von vermeidbaren unerwünschten Ereignissen könnten Studien auf der Basis klinischer Untersuchungen oder einer Analyse der Krankenakten liefern. Solche Studien, in denen die Krankenakten einer repräsentativen Stichprobe von Krankenhauspatienten begutachtet wurden, sind schon in mehreren europäischen Ländern durchgeführt worden.

Danach erlitten zwischen zwei und acht Prozent aller stationär aufgenommenen Patienten ein vermeidbares, unerwünschtes Ereignis. Auf dieser Grundlage wurde in einigen Studien auch die Zahl vermeidbarer Todesfälle geschätzt. In den Niederlanden (circa 16,5 Millionen Einwohner) ging man für das Jahr 2004 von 1482 bis 2032 Fällen aus. In Schweden (circa 9,4 Millionen Einwohner) wurde die Anzahl vermeidbarer unerwünschter Ereignisse mit tödlichem Ausgang auf jährlich bis zu 3000 geschätzt. Und in Deutschland? Das Bundesgesundheitsministerium geht von 40 000 bis 170 000 Fehlern pro Jahr aus. Eine große Spannbreite, die vermutlich mehr Ängste schürt als Fakten schafft.

Die Zahl der vermuteten Behandlungsfehler steigt jedes Jahr und damit die Überprüfung von Behandlungen. Diese Entwicklung spiegelt sich auch in der stetigen Zunahme von Arzthaftungskammern bei den Landgerichten wieder.

Die Kanzlei im grünen Hinterhof

Erste Schritte in die Selbständigkeit

Irgendwann hatte ich mein Juraexamen. Ich spürte, ich war angekommen. Ich hatte ein Kind, eine Familie, einen Mann – und endlich den Traumberuf, der all meine Fähigkeiten und Neigungen miteinander vereinte. Ich war Anwältin und gründete meine Kanzlei für Arzthaftungsrecht. Während des Referendariats habe ich zwei Menschen kennen gelernt, die mich in dieser ersten Zeit der Selbständigkeit begleitet haben. Meine ehemalige Partnerin ist eine brillante Rechtsanwältin, die über langjährige Erfahrung auf dem Gebiet der Personenschäden verfügt. Sie hat sehr viel Routine in die Kanzlei gebracht, sodass wir schnell effiziente Arbeitsstrukturen besaßen. Ein Kommilitone, der damals mit seinem Studium noch nicht fertig war, aber schon bei verschiedenen Anwälten gearbeitet hatte, unterstützte uns und kümmerte sich um den IT-Bereich. So haben wir die Kanzlei aufgebaut.

Ich wurde oft belächelt. Ich hätte nicht unbedingt arbeiten müssen. Ich war in einer privilegierten Situation. Die Kollegen sagten manchmal zu meinem Mann: »Wie schön, dass deine Frau studiert ...«, so nach dem Motto: Die eine geht zum Töpferkurs, die andere zur Fitness, mit irgendetwas müssen sich die Frauen beschäftigen. Das hat mich nicht geärgert. Auf die Meinung von anderen Leuten habe ich noch nie viel Wert gelegt. Von manchen Frauen hörte ich: »Ich hab mir auch schon überlegt, ob ich nicht noch mal studieren sollte. Kunst oder

Germanistik vielleicht. Jura, das wäre mir jedoch zu hart.« Zu so einem Studium gehört tatsächlich eine unheimliche Konsequenz, man muss sich die Zeit gut einteilen. Es ist einfach viel Arbeit. Als ich mit dem Studium fertig war, ging das Gerede weiter: »Oh, jetzt hat sie ihr Hobby abgeschlossen – was jetzt wohl kommt?« Als ich die Kanzlei gegründet habe und begann, recht ehrgeizig und sehr viel zu arbeiten, im Grunde an sechs Tagen in der Woche, konnten sehr viele das nicht verstehen. Und noch heute denken manche, dass diese Kanzlei vor allem mein Refugium ist, in das ich mich zurückziehen kann, wenn ich meine Ruhe haben möchte. Viele sind davon ausgegangen, dass Anwältin zu sein mein Hobby ist und ich das alles mit links mache. Dass ich damit tatsächlich ein Ziel verfolgt habe, nämlich als Arzthaftungsrechtlerin zu arbeiten und die Medizin aus dieser Sicht zu betrachten, können einige bis heute nicht verstehen.

Ich führe eine, als klein zu bezeichnende, Kanzlei in der Berliner Innenstadt. Die Suche nach geeigneten Büroräumen gestaltete sich seinerzeit schwierig. Irgendwann habe ich beschlossen, mir selbst jeden Milchladen anzuschauen. Irgendetwas Passendes musste es doch geben. So ergab es sich, dass ich eine uncharmante Anzeige über Büroräume las, die in meinem Wunschbezirk liegen sollten. Ich hinterließ eine Nachricht auf einem Anrufbeantworter. Aber niemand rief zurück. So rief ich ein weiteres Mal an. »Ach, Sie möchten die Büroräume sehen? Kommen Sie doch vorbei und klingeln Sie. Ich bin da. Ich werde dann runterkommen. Das Büro ist im Hinterhof.« Ich fragte, wo sich die Büroräume genau befinden. »Neben der Autobahn«, hieß es. Innerlich schnaufte ich, aber mangels besserer Alternativen klingelte ich im Laufe des Tages.

In die Räume habe ich mich sofort verliebt. Allein die Lage meines Büros mag meine Eigenwilligkeit beschreiben. Ich residiere in der Remise eines Stadtpalais aus der Gründerzeit, das die Kriegswirren nicht überstanden hat. Früher war das

Hinterhaus vielleicht die Garage diverser Pferdefuhrwerke. 1888 hatte es der Textilkaufmann Moses Wolfenstein der jüdischen Gemeinde geschenkt, die sie zur Synagoge umbaute. Es gibt in Berlin vier dieser Kleinode. Am Eingang befinden sich die zehn Gebote in hebräisch und der Davidsstern.

Mein Chateaulais, wie es meine Kollegen zuweilen nennen, ist mehr lang als breit. Die Räume im Erdgeschoss sind dreieinhalb Meter hoch. Riesige Fenster lassen das Licht herein und die Inneneinrichtung je nach Sonnenstand mal glänzend, mal matt scheinen. Davor liegt ein idyllischer Hinterhofgarten. Bei schönem Wetter können wir draußen sitzen und Fälle und Strategien besprechen oder einfach nur unser Mittagessen einnehmen. Drinnen gelangt man über eine weiß lackierte Wendeltreppe auf die Galerie, auf deren grau-blauem Boden ein rotes Sofa steht. Zwei Büroräume schließen sich an. Einer davon ist meine »heilige Halle«. Alle Räume sind minimalistisch mit Designermöbeln eingerichtet, die ich vor einigen Jahren topgünstig von einem sich verkleinernden Büro erworben habe. Sie lassen die Räume warm und wohnlich erscheinen. Neulich hat mir mein Bruder eine kleine Discokugel geschenkt, die ich auf der Galerie an die Decke gehängt habe. Sie funkelt und produziert bizarre Effekte.

In meinem Chateaulais kann man den Alltag, den Lärm, den Verkehr, das rege Treiben der Großstadt hinter sich lassen und sich hervorragend auf die Arbeit konzentrieren. Die Ruhe und Stille vermittelt sich auch meinen Mandanten. Das erleichtert die Gespräche, bei denen es oft um Intimes und Eingriffe in Privatsphären geht.

Niemand kam, als sie rief

Bei Organisationsverschulden ist die Klinik in der Pflicht

Eines Tages kam eine Frau auf zwei Gehstützen in die Kanzlei. Sie war extra aus einer kleinen Stadt in Norddeutschland angereist, um ihr Anliegen vorzutragen.

Sieglinde Halberstadt war mit einem Schlaganfall in die Klinik gebracht worden. Sie wurde zunächst auf die Intensivstation gelegt und war halbseitig gelähmt. Die Krankenschwester war gerade bei ihr im Zimmer gewesen und hatte gefragt, ob alles im Lot sei. Da war auch noch alles im Lot. Aber kaum war die junge Frau draußen, da musste Frau Halberstadt auf die Toilette. Dass sie einfach aufstehen, die Füße in ihre Pantoffeln schieben und ins Badezimmer gehen würde, war unmöglich. Sie hatte sich an ihren neuen Zustand noch nicht richtig gewöhnt, aber sie hatte schon begriffen, dass ihr rechtes Bein ihr gegenwärtig nicht gehorchte. Mühselig langte sie mit dem Arm nach der Klingel, drückte den Knopf, lauschte – und nichts geschah. Kein Laut. Vielleicht klingelt es nur im Schwesternzimmer, dachte Frau Halberstadt und versuchte, geduldig zu sein. Sie wartete. Niemand kam. Sie drückte noch einmal auf den Knopf. Dass immer noch niemand kam, brachte sie fast um den Verstand. Sie hatte Sorge, sich einzunässen. Das war ihr das letzte Mal an ihrem ersten Schultag passiert, vor lauter Aufregung. Jetzt war sie 76 Jahre alt und eine Frau, die etwas auf sich hält. Aber je länger sie wartete, desto drängender wurde das Problem. Nach circa 30 Minuten hielt Frau Halberstadt es nicht mehr aus. Sie rollte sich mühsam zur Seite, um nach der Flasche zu angeln, die auf ihrem Nachttisch stand. In ihrer Jugend hatte sie selbst im Krankenhaus gearbeitet, sie wusste: Wenn es irgendwo scheppert, ist auch sofort jemand da. Ihr Plan war, die Flasche mit voller Wucht gegen die Tür zu schleudern und damit richtig Krach zu machen. Sie hob den Arm, um die Flasche zu greifen. Da rutschte sie ab. Als sie wieder zu sich kam, lag sie auf dem Boden, und ein grimmiger Schmerz zuckte durch ihre Hüfte. Sie war so unglücklich gefallen, dass sie sich ganz offensichtlich etwas gebrochen hatte. In diesem Moment stand die Krankenschwester mit dem Abendessen in der Tür. »Aber Frau Halberstadt«, rief sie, »was machen Sie denn da?« Frau Halberstadt sah sie mit verzerrtem Gesicht an und ächzte: »Warum sind Sie nicht einen kleinen Moment früher gekommen?«

Die Ärzte stellten später fest, dass der Schenkelhals gebrochen war. Eine Operation wurde nötig. Nun hatte die Patientin wegen des Schlaganfalls blutverdünnende Mittel genommen. Die Ärzte mussten abwägen, ob sie trotzdem operieren konnten. Letztlich ist alles gut gegangen. Frau Halberstadt hat bei der Operation zwar sehr stark geblutet, aber sie hat überlebt. Als sie wieder einigermaßen auf dem Damm war, fand sie, dass sie Ansprüche geltend machen sollte. Aus ihrer Sicht war der Sturz durchaus vermeidbar. Waren die Schwestern nicht verpflichtet zu kommen, wenn sie, die Patientin, klingelt, weil sie auf die Toilette muss – und vor allem, auf der Intensivstation liegend?

Es stellte sich schließlich heraus, dass die Klingel am Bett schlicht defekt war. Es waren Handwerker im Haus gewesen, die an der elektrischen Anlage gearbeitet hatten. Hinterher hatte keiner kontrolliert, ob die Klingel funktionierte. Es war niemand auf die Idee gekommen, dass die Leitung unterbrochen sein könnte. Aber ein Krankenhaus muss auch bei Kleinigkeiten sicherstellen, dass alles in Ordnung ist.

In der Sprache der Juristen ist das ein Organisationsverschulden. Ein Krankenhausträger muss organisatorisch gewährleisten, dass er mit dem vorhandenen ärztlichen Personal und funktionstüchtigem medizinischen Gerät seine Aufgaben nach dem jeweiligen Stand der medizinischen Erkenntnis auch erfüllen kann. Die Klingel muss überprüft werden, die Infusion muss frisch sein, die Schwester muss wissen, wo das Operationsbesteck liegt. Sie muss sicherstellen, dass genügend ausreichend qualifizierte Operateure und fachlich einwandfrei arbeitendes nichtärztliches Personal vorhanden sind. Und: Sie muss das Personal so einteilen, dass die behandelnden Ärzte nicht durch einen vorangehenden Nachtdienst übermüdet und deshalb nicht mehr in der Lage sind, mit der erforderlichen Konzentration und Sorgfalt zu operieren.

Wenn ein Organisationsfehler vorliegt, hilft kein Wenn und Aber. Das ist wie bei einem Auffahrunfall: Egal, warum Sie einem anderen Wagen hinten drauffahren, Sie sind zunächst schuld. Für einen Patienten ist es sehr beruhigend zu wissen, dass das Krankenhaus dafür sorgen muss, dass alle Abläufe zuverlässig funktionieren. Für das Krankenhaus wird das umso schwieriger je komplexer die Abläufe werden. Die Haftung ist hier schon fast vorprogrammiert.

Oft sind es kleine Versäumnisse, die großen Schaden auslösen: In einem Fall von Organisationsverschulden hatte der Arzt bei einem Patienten im Krankenhaus Blut abgenommen. Aber am nächsten Morgen war der Laborbefund nicht da. Warum nicht? Weil die Befunde im Haus verteilt werden müssen, und die Laborergebnisse an irgendeiner Verteilerstation liegengeblieben waren. Die Laborwerte hätten gezeigt, dass eine massive Entzündung vorlag, die man sofort hätte behandeln müssen. So ist das unterblieben. Die Tatsache, dass die Entzündung nicht behandelt wurde, weil die Laborwerte nicht auf der Station ankamen, stellt einen eindeutigen Behandlungsfehler dar. Und der ist auf ein Organisationsverschulden zurückzuführen.

Diese Dinge passieren einfach. Der Mann, der normalerweise die Befunde des Labors im Krankenhaus austeilt, war krank. Man hätte prüfen müssen, ob die Vertretung die Arbeit auch richtig ausführt.

Einen anderen Fall hat ein Gericht entschieden. Betroffen war ein ambulant tätiger Gynäkologe und Geburtshelfer. Seine Patientin hatte eine unkomplizierte Schwangerschaft. Es war vereinbart, dass die Geburt in der Praxis des Gynäkologen stattfindet, in der auch eine Hebamme und ein Anästhesist angestellt sind. Die wären bei Komplikationen schnell zur Stelle. Eines Abends hatte die Patientin einen vorzeitigen Blasensprung und eilte in die Praxis. Die Herztöne des Kindes wurden immer schwächer. Der Geburtshelfer war gleich zur Stelle und entband das Kind mit der Saugglocke. Es starb. Aus fachlicher Sicht hätte der Arzt das Kind mit einem Kaiserschnitt holen müssen. Aber der Anästhesist hatte schon Feierabend. Er war nicht mehr in der Praxis und telefonisch nicht zu erreichen. Das Gericht befand, dass dies ein Fall von Organisationsverschulden war. Der Gutachter hat festgestellt, dass das Kind gesund überlebt hätte, wenn es rechtzeitig entbunden worden wäre. Der Arzt wurde verurteilt, den Eltern Schadenersatz zu leisten.

Dass die Klingel nicht funktioniert oder auf die Klingel keiner reagiert, kommt häufiger vor. Gerade habe ich drei solcher Fälle, bei zweien bin ich im Verfahren. Den Patienten wurde gesagt, dass sie auf keinen Fall aufstehen und allein zur Toilette gehen dürfen. Sie klingelten und keiner kam. Sie sind aufgestanden und gestürzt. Bei einem haben die Angehörigen erklärt: Unsere Mutter war nach der Operation total verwirrt, die Schwestern hätten ein Bettgitter anbringen müssen, damit sie sich nicht selbst gefährdet. Unsere Rechtsprechung ist aber mittlerweile sehr restriktiv geworden, was diese Bettgitter betrifft. Das geht nur unter ganz bestimmten Bedingungen, denn letztlich nehmen sie dem Patienten die Freiheit.

Wenn auf ein Klingeln nicht zügig reagiert wird, führt das zuweilen zu eigenwilligen Reaktionen. Ein Mandant hatte seine Frau in der Reha-Klinik besucht und dabei festgestellt, dass die Pflegerinnen oft nicht kamen, wenn seine Frau klingelte. Nach fünf, sechs Minuten war immer noch keiner da. Die Schwestern saßen zusammen und rauchten. Nun gibt es verschiedene Möglichkeiten, wie man damit umgeht. Dieser Mann war Ingenieur, schon älteren Jahrgangs und ziemlich penibel. Er hat als erstes die Schwestern beim Rauchen fotografiert, um den Fall zu dokumentieren. Er hat seinen Ärger den anderen Patienten mitgeteilt und sie gebeten, eine Statistik zu führen: Wie lange dauert es ab dem Klingeln bis jemand erscheint, und zu welchen Zeiten brauchen die Schwestern besonders lange? Er hat sogar ein Formular dafür entwickelt, in dem alle die Uhrzeiten vermerken konnten. Das hat er schließlich ausgewertet und um ein Gespräch mit dem Chefarzt gebeten. Das Gespräch muss relativ unangenehm gewesen sein. Zumal der Arzt für das Pflegepersonal nicht zuständig ist. Es folgten Übertragungsmechanismen, die Schwestern und die Ärzte haben seine Frau nicht mehr besonders gern behandelt. Leidtragende war am Ende die Patientin. Ich finde das verständlich – auch wenn mein Mandant in der Sache sicher recht hatte.

Es kommt häufiger vor, dass Mandanten möchten, dass ich aktiv in ein Geschehen eingreife und, wie sie sagen:»Die Ärzte auf Trab bringe.« Ich tue das nur sehr selten, sondern sage:»Wenn ich jetzt mit Ihnen mitgehe, ist das Risiko groß, dass sich das Blatt gegen Sie wendet.« Ärzte und Pflegepersonal schätzen solche direkten Eingriffe nicht. Und das Wohl des Patienten steht für mich immer an allererster Stelle.

Der Kampf gegen die Keime

Sonderfall: Krankenhausinfektion – ein beherrschbares Risiko?

Im Sommer 2010 löste ein Drama an der Mainzer Universitätsklinik eine große Debatte aus. Drei Säuglinge starben auf der Intensivstation an Infektionen. Solche Schreckensmeldungen tauchen immer wieder auf. Krankenhauskeime sind zur Horrorvision für Patienten geworden. Was passiert, wenn Patienten sich mit Krankenhauskeimen infizieren? Und vor allem: Wer haftet dann?

Krankenhauskeime sind ein altbekanntes Problem. Und eins, das immer häufiger und immer heftiger aufzutreten scheint. Genaue Zahlen gibt es nicht. Zwischen 400 000 und 600 000 Patienten erkranken jährlich an einer nosokomialen Infektion, bestätigt das Bundesgesundheitsministerium. Darunter versteht man alle Infektionen, die im Zusammenhang mit medizinischen Behandlungen auftreten. Schätzungsweise zwischen 7500 bis 15 000 Patienten sterben jährlich daran. 20 bis 30 Prozent dieser Infektionen und Todesfälle wären vermeidbar, wenn die bekannten Regeln der Infektionshygiene besser eingehalten würden und viele der nosokomialen Infektionen, so das Ministerium, werden durch Erreger verursacht, »die gegen Arzneimittel resistent und deshalb schwer zu behandeln sind (MRSA-Keime).« Werden Antibiotika sachgerecht verordnet, wird »die Selektion und Weiterverbreitung von resistenten Krankheitserregern [...] reduziert.«

Vor einigen Jahren kam die Mutter einer 40-jährigen Frau zu mir, deren Tochter dann meine Mandantin wurde. Die Mutter erzählte, dass ihre Tochter einen Bandscheibenvorfall erlitten habe. Dieser sei so massiv, dass die Beine gelähmt seien. Sie habe große Mühe zu laufen, arbeiten könne sie vor Schmerzen gar nicht mehr. Die Versorgung ihrer beiden Kinder, seinerzeit vier und sechs Jahre alt, sei zu einem Problem geworden. Der Arzt habe ihr dringend zu einer Operation geraten, die laut seiner Aussage nicht aufwändig sein sollte. Das Absaugen der Bandscheibe würde ihr Schmerzfreiheit garantieren. Da der Leidensdruck ihrer Tochter sehr groß gewesen sei, habe sie sich operieren lassen.

Und damit begann ihr, ich nenne es wirklich so, Leidensweg. Denn es kam zu einer Krankenhausinfektion, zu einer Infektion mit dem gefürchteten MRSA-Keim, einem Methicillin-resistenten (ein Penicillin) Staphylococcusaureus.

Der Keim ist besonders bösartig, weil er gegen Antibiotika weitgehend resistent ist. Eine MRSA-Infektion ist sehr schwer zu behandeln. Manchmal müssen sogar Gliedmaßen amputiert werden, weil der Keim einen Knochen angegriffen hat. Die Amputation ist dann besser, als wenn der Keim den ganzen Körper erfasst und der Patient daran stirbt.

Sicher, das Leben ist ein Risiko und endet mit dem Tod, aber das Risiko eines Patienten, eine MRSA-Infektionen zu erleiden oder sogar daran zu sterben, kann reduziert werden. Es wird geschätzt, dass allein 5000 Menschen pro Jahr im Rahmen einer MRSA-Infektion sterben. Jeder Einzelne ist einer zu viel. Die MRSA-Infektionen haben sich seit 1995 mehr als verzehnfacht, sie machen über 20 Prozent der nosokomialen Infektionen aus. Auf deutschen Intensivstationen wurden sie im Jahre 2005 bei knapp 40 Prozent der Patienten festgestellt. Das Robert-Koch-Institut sieht diese Infektionen als »ein ernstes krankenhaushygienisches Problem« an.

Es ist schon lange bekannt, dass es im Krankenhaus Gefahren gibt. Der österreichische Arzt Dr. Ignaz Semmelweis hatte sich daran gestört, dass so viele Frauen an Kindbett-fieber starben. 1847 verordnete er den Ärzten, sich vor der Behandlung die Hände mit Chlorkalk zu waschen. Dadurch gelang es ihm, die Zahl der Infektionen im Krankenhaus ganz erheblich zu senken.

Heute wissen wir: Keime können sich auf vielen Wegen verbreiten, durch die medizinischen Instrumente, durch die Raumluft, die Wäsche, die Lebensmittel, aber auch durch das Personal. Wenn ein Katheter gelegt oder eine offene Wunde behandelt wird, bedeutet das jedes Mal ein Risiko. Wer kennt nicht jemanden, bei dem nach einer Behandlung eine Infektion aufgetreten ist? Zum Glück verlaufen die meisten nicht dramatisch, aber es gibt eben auch andere Fälle.

Doch bei meiner Mandantin lief das anders. Mittlerweile war sie ungefähr 25-mal operiert worden. Es wurde gespült und drainiert, versucht den porösen Knochen zu stabilisieren. Sie sitzt nunmehr im Rollstuhl, ohne Chance jemals wieder ohne diesen auszukommen. Kurz vor der Operation hatte sie sich von ihrem Ehemann getrennt. Er bekam das Sorgerecht für die Kinder, weil sie diese aus dem Rollstuhl heraus nicht ad-äquat versorgen kann. Darüber hinaus wurde sie schwer de-pressiv. Sie konnte nicht mehr arbeiten.

Für die Oma, die Mutter der Patientin, war das besonders schlimm: die Enkelkinder hatte sie schon lange nicht mehr gesehen. Jetzt kämpfte sie vor Gericht. Damit sind neue Prob-leme aufgetreten. Die Patientin hatte keine Rechtsschutzver-sicherung, die Rücklagen waren aufgebraucht. Ein Verfahren, um die Ärzte haftbar zu machen, wollte die Frau deshalb nur führen, wenn es Aussicht auf Erfolg hätte. Doch die Rechtsla-ge war schwierig und der Ausgang ungewiss.

Zu den nosokomialen Infektionen gehören auch Infektionen, bei denen der Patient sich selbst mit einem eigenen Keim in-fiziert hat, aber während des Krankenhausaufenthalts. Diese endogenen Infektionen machen rund zwei Drittel der Fälle aus. Bei den endogenen Infektionen hat der Patient selbst den Keim, der dann an anderer Stelle zu einer Infektion führt. Meist handelt es sich bei diesen Erregern um Darmkeime. Dr. Nassauer erklärte, dass es mehr Darmkeime als Zellen in einem menschlichen Körper gibt. Schneidet man nun die Haut auf, fasst man selbst die Wunde an, so kann es zu einer Infektion mit den eigenen Keimen kommen, die schicksalhaft eine Infektion verursachen.

Als »voll beherrschbares Risiko« fasst die Rechtsprechung und Literatur den Bereich der Krankenhausinfektionen bei den exogenen Infektionen zusammen. Das sind die Infektionen mit Keimen, die zum Beispiel vom Personal auf den Patienten, also von außen, übertragen werden. Aber voll beherrschbar sind die Keime nicht. Man kann die Zahl der Keime und der Infektionen verringern, aber ein Krankenhaus oder eine Praxis keimfrei zu machen ist unmöglich. Das ist ähnlich wie beim Zähneputzen. Dabei werden die Keime auch nur reduziert, aber nicht ausgerottet. Karies kann man auch bekommen, wenn man regelmäßig die Zähne putzt. Wenn bei einer medizinischen Behandlung eine Infektion auftritt, kann daher nicht grundsätzlich angenommen werden, dass ein Sorgfaltsverstoß vorliegt, der eine Haftung der medizinischen Einrichtung begründen würde. Das wäre auch viel zu leicht.

Der Bundesgerichtshof hat 1991 entschieden, dass Krankenhausinfektionen, die sich trotz der Einhaltung der gebotenen hygienischen Maßnahmen ereignen, zum schicksalhaft hinzunehmenden Risiko des Patienten gehören. Eine Haftung kommt nur dann in Betracht, wenn die Einhaltung der hygienischen Maßnahmen diese hätte verhindern können. Aber wer kann das schon sagen? Manche Menschen kommen mit Keimen in Berührung und werden nicht krank, andere schon. Gerade kranke, alte, geschwächte Menschen können leichter krank werden. Das ist wie auch bei allen anderen Infektionen: Manch einer bekommt jeden Schnupfen, der andere keinen.

Aber das Krankenhaus als medizinische Einrichtung hat für Hygiene zu sorgen, sie muss alles tun, um die Keine zu reduzieren und Infektionen zu vermeiden. Die Patienten können erwarten, dass das geschieht. Keiner würde sich in der Currywurst-Bude operieren lassen, weil diese dafür unzweifelhaft zu unhygienisch ist.

Wenn die Klinik oder die Arztpraxis Vorschriften zur Hygiene verletzt und damit sorgfaltswidrig handelt, so gilt dies als Behandlungsfehler. Und der wird fast regelhaft als grob bewertet. Der Verursacher muss dann beweisen, dass die Infektion, auch wenn man die Hygiene eingehalten hätte, vermieden worden wäre. Das kann der Klinik kaum gelingen.

Es gibt viele Urteile dazu. Schon 1968 hat sich der Bundesgerichtshof mit einem solchen Fall befasst: Da lag eine Spritze über Nacht offen herum und wurde am nächsten Morgen zur Injektion verwendet. Auch, wenn die Hände nicht desinfiziert werden oder der Arzt nicht wartet, bis das Desinfektionsmittel wirkt, haftet der Krankenhausbetreiber.

Der Patient hat aber die Beweislast für den Hygienefehler. Er muss das Gericht davon überzeugen, dass dem Arzt oder der medizinischen Einrichtung ein Hygienefehler unterlaufen ist. Das ist problematisch. Meist ist er während der Behandlung allein. Woher soll er wissen und wie soll er nachweisen, dass die Spitze da schon seit längerem aufgezogen lag? Dafür müsste er zumindest die Hygienepläne einsehen können – und ob er da etwas über die Spritze finden würde, ist fraglich. Zudem: Es existiert keine Vorschrift, die ihm dieses Recht gewährt.

Allein die Tatsache, dass er im Krankenhaus eine Infektion erlitten hat, reicht als Beweis nicht. Im Zweifel steht dann Aussage gegen Aussage. Auch wenn der Kläger sagt, dass der Arzt nicht mit Handschuhen gearbeitet und er deshalb die Infektion bekommen hat – in dem Moment, wo der Arzt das abstreitet und sagt: »Ich arbeite immer mit Handschuhen. Was kann ich dafür, wenn Dich Keime krank gemacht haben. Die gibt es immer«, bestehen Zweifel. Da der Kläger im Normalfall keine weiteren Beweise vorlegen kann, kann das Gericht nicht wissen, was zutrifft. Ob nun tatsächlich mit Handschuhen gearbeitet wurde oder nicht, das spielt keine Rolle, denn der Kläger hat das Gericht nicht überzeugen können, dass der Arzt wirklich ohne Handschuhe gearbeitet und damit tatsächlich einen Hygienestandard verletzt hat. Die Zweifel des Gerichts wirken zu Ungunsten des Patienten. Die Richter werden die Klage abweisen.

Der Sachverhalt ist nicht aufgeklärt, er ist, wie wir Juristen das nennen, »non liquet«. Dass die Klage abgewiesen wird, heißt nicht, dass das Gericht dem Arzt glaubt, dass er mit Handschuhen gearbeitet hat. Es wendet lediglich eine allgemeine Regel der Zivilprozessordnung zur Beweislastverteilung an. Das ist auch im folgenden Fall passiert. Er zeigt, wie ungleich die Waffen zwischen medizinischer Einrichtung und Patient verteilt sind.

Eine Patientin hatte sich einer ambulanten Darmspiegelung unterzogen, war anschließend im Krankenhaus operiert worden und hatte sich mit Hepatitis C infiziert. Diese Infektion wird meist durch Blut übertragen, kann aber auch auf anderen Wegen erfolgen. Hepatitis C ist eine chronische Krankheit, die die Leber schädigt und zu Zirrhose oder auch zu Leberzellkrebs führen kann. Die Patientin erklärte, dass die Infektion durch einen Verstoß gegen Hygienevorschriften verursacht worden sei, und beanspruchte Schadenersatz.

Der Sachverständige, ein Gastroentero- und Infektiologe, sagte, dass die Infektionsquelle in dem Krankenhaus zu suchen sei. Aus dem Auftreten der Infektion könne aber nicht geschlossen werden, dass Hygienestandards verletzt worden seien, da der Infektionsweg bis heute nicht sicher bekannt sei. Die Klage wurde abgewiesen.

Es bleibt die Frage, auf welchem anderen Weg die Patientin sich während des Klinikaufenthaltes mit Hepatitis C hätte infizieren können. Das Krankenhaus hatte vorgetragen, dass eine Infektion durch das Personal ausgeschlossen sei, da die Mitarbeiter alle Hepatitis C negativ seien. Sexualkontakte konnten während des stationären Aufenthaltes ausgeschlossen werden, die eigene Verwendung von Spritzen sicherlich auch, ein Drogenkonsum dürfte auch nicht bestanden haben und eine Bluttransfusion fand nicht statt. Übrig bliebe nur der Kontakt zu von dem Keim besiedelten Materialien, wie Tische, Operationsbesteck oder ähnliches. Die Desinfektion von Tischen ist dem voll beherrschbaren Bereich der Klinik zuzuordnen und hätte damit dazu führen müssen, dass die Hygienepläne und ihre Dokumentation hätten vorgelegt werden müssen. Dies war aber nicht der Fall.

Der Gesetzgeber hat das Infektionsschutzgesetz zum 29. August 2011 novelliert. Es soll einen länderübergreifend einheitlichen Hygienestandard schaffen, der sich an den Empfehlungen des Robert-Koch-Instituts misst. Die Einrichtungen müssen sicherstellen, dass innerbetriebliche Verfahren zur Infektionshygiene in Hygieneplänen festgelegt sind. Eine Dokumentation der Maßnahmen ist zwingend und wird durch Aufsichtsbehörden überwacht. Aber was nützt das alles dem Patienten, der eine Krankenhausinfektion erlitten hat?

Ich glaube, wir müssen juristisch umdenken. Wenn wir die Hygiene als voll beherrschbares Risiko begreifen, so muss in dem Moment, wo feststeht, dass der Patient eine exogene Krankenhausinfektion erlitten hat – also nicht mit einem eigenen Keim infiziert wurde, sondern mit einem, der aus dem Krankenhaus stammt –, der Arzt den Beweis antreten, dass er alles entsprechend dem Hygienestandard getan hat, um diese zu vermeiden. Er, und nicht der Patient, wird dann darlegen und beweisen müssen, dass die medizinische Einrichtung die Hygienestandards eingehalten und dies auch dokumentiert hat. Was nicht dokumentiert ist, gilt als nicht gemacht. Wenn also Fehler bei der Dokumentation vorliegen, so wäre die Verletzung der Hygienestandards zu vermuten. Dies folgt auch aus dem Rechtsgedanken des Paragrafen 280 Absatz 1 Seite 2 des Bürgerlichen Gesetzbuches: »Verletzt der Schuldner eine Pflicht aus dem Schuldverhältnis, so kann der Gläubiger Ersatz des hierdurch entstehenden Schadens verlangen. Das trifft nicht zu, wenn der Schuldner die Pflichtverletzung nicht zu vertreten hat« (siehe auch Seite 246).

Diese Vorschrift greift für alle Schuldverhältnisse. Im Bereich der Organisation und Koordination einer medizinischen Einrichtung ist dieser Rechtsgedanke schon lange gültig. Und er sollte auch konsequent auf den Bereich der Hygiene angewendet werden. Nur so kann eine Waffengleichheit zwischen Patienten und Behandelnden geschaffen und garantiert werden. Damit könnten Ansprüche wegen einer erlittenen Krankenhausinfektion durchgesetzt werden. Leider hat der Bundesgerichtshof dazu noch nicht klar Stellung bezogen. Das sollte er aber zügig tun, wie ich finde.

Zu ändern wäre auch manches in Bezug auf Infektionen mit dem MRSA-Keim. Dieser Keim existiert nicht nur im Krankenhaus und in anderen medizinischen Einrichtungen. Er kommt vielmehr regelmäßig auch auf der Haut gesunder Menschen vor. Diese können den Keim an andere weitergeben, und der Keim kann sie krank machen, wenn ihr Immunsystem geschwächt ist. MRSA-Keime sitzen am häufigsten in der Nase, in den Achselhöhlen, im Rachen, in der Leistengegend, auf den Händen und Unterarmen sowie im Dammbereich, mitunter aber auch in Wunden, im Urin und im Blut. Am häufigsten werden die Keime über die Hände übertragen. Ein nur nasal besiedelter Patient kann, wenn er hustet oder niest, zum Ausgangspunkt einer MRSA-Kontamination werden. Wie häufig fassen wir uns allein an die Nase? Dann sind die Hände kontaminiert und schließlich alles, was wir anfassen. Ein Wettlauf mit der Zeit hat begonnen.

Nach wie vor erkranken an MRSA-Keimen meistens Patienten, die Risikofaktoren aufweisen. Sie machen eine Langzeittherapie mit Antibiotika, befinden sich auf der Intensivstation, haben Hauterkrankungen, sind abwehrgeschwächt, alt, haben Herzprobleme und mehr.

Gerade im Krankenhaus und anderen medizinischen Einrichtungen können Personen wie Pflegepersonal und Ärzte, die Kontakt zu besiedelten Patienten haben, mit diesem Keim selbst besiedelt werden und ihn dann von Bett zu Bett, von Patient zu Patient tragen. Erschwerend kommt hinzu, dass eine einmalige Ansteckung mit dem MRSA-Keim nicht vor einer neuen Infektion schützt, wie das bei anderen, auch bakteriellen Erkrankungen häufig der Fall ist. Und es gibt keinen Impfstoff.

Nur durch konsequente und einheitliche Hygiene kann es gelingen die Ansteckungsrate zu reduzieren. Dafür muss im ambulanten wie im stationären Bereich zunächst konsequent der MRSA-Status von Risikopatienten erfasst werden. Das kann durch Screening-Tests geschehen: Man macht Abstriche in Nase, im Rachen und auf Wunden und prüft, ob sie mit MRSA-Keimen besiedelt sind. Zur Risikogruppe zählen Menschen, bei denen schon einmal MRSA-Keime erfasst wurden, die häufiger in Krankenhäusern waren, die mit Landwirtschaft zu tun haben oder Kontakt zu MRSA-Trägern hatten. Dialysepflicht, Geschwüre bei Diabetikern oder Menschen mit gestörter Durchblutung und Pflegebedürftigkeit sind Risikofaktoren. Wenn die Patienten besiedelt sind, müssen die Behandlungen, wenn möglich, verschoben und zunächst die Keime eliminiert werden, was zu über 90 Prozent gelingt. Eine Nasensalbe, desinfizierende Mundspülungen und antiseptische Seifen sowie Lösungen helfen, Körper und Haare keimfrei zu bekommen. Drei Tage nach der Therapie wird noch einmal kontrolliert. Wenn der Patient dann nicht mehr MRSA-Träger ist, kann er stationär behandelt werden. Für normale Keime gibt es kein Screening.

Wenn die Behandlung nicht verschoben werden kann, der Patient stationär aufgenommen wird, muss der Patient isoliert und möglichst in ein Einzelzimmer verlegt werden. Er darf das Zimmer nur nach Rücksprache mit dem medizinischen Personal verlassen. Gemeinschaftsräume sind zu meiden. Vor Verlassen des Raumes muss er die Hände desinfizieren. Tische und Stühle müssen vermehrt desinfiziert werden. Die Patienten müssen auch nach der Entlassung weiter betreut werden – zumindest dann, wenn die De-Kolonialisierung noch nicht abgeschlossen ist – damit sie die Keime nicht an andere weitergeben.

Dass dieser Weg richtig ist, sieht man bei unseren Nachbarn. Die Niederlande wenden das Screening seit mehr als 20 Jahren konsequent an. Mit Erfolg: Dort liegt die MRSA-Infektionsrate unter zwei Prozent. Risikopatienten werden erst einmal isoliert – das heißt, sie bekommen ein Einzelzimmer – bis eine MRSA-Infektion abgeklärt ist. Als MRSA-Risikopatient gilt im Übrigen in den Niederlanden auch jeder, der in einem deutschen Krankenhaus behandelt wurde. Deutsche Krankenhäuser haben dort den Ruf, MRSA zu verbreiten. Das Modell wird mittlerweile in der deutsch-holländischen Grenzregion getestet.

Doch dieser Kampf kostet. Zumindest kurzfristig. Langfristig würde es sich lohnen, da die Behandlungen von Infektionen mit immens hohen Kosten verbunden sind. Ohne MRSA-Infektion hätte die Tochter meiner Mandantin eine Operation gebraucht – die für ihre Bandscheibe. Jetzt sind es 25, plus Medikamente, Physiotherapie und so weiter. Das möchte man gar nicht ausrechnen.

Gegner des Screenings und der Isolation rechnen vor, dass die Kliniken sich diese Maßnahmen finanziell nicht leisten könnten. So viele Einzelzimmer hätte man gar nicht.

2009 konnten etwa 90 Prozent der Patienten, die hätten isoliert werden müssen, dies nicht werden. Doch im Ergebnis bräuchten die Krankenhäuser am Ende viel weniger Einzelzimmer zur Isolation. Großer Aufwand, großer Nutzen.

Man darf aber auch eines nicht vergessen: Für den betroffenen Patienten haben diese Maßnahmen Folgen. Wenn er MRSA-positiv ist und die Behandlung nicht verschoben werden kann, wird er isoliert, in seiner Mobilität eingeschränkt, bekommt weniger Besuch, wird als »Infizierter« stigmatisiert und hat Sorge, dass er weniger gut betreut wird als andere

Patienten, einfach weil das Personal die Keime meidet. Aber diese Situation ist nur vorübergehend und der einzige bisher bekannte Weg die Infektionen mit dem MRSA-Keim eindämmen zu können.

Was bedeutet das Vorhergesagte jedoch für den Patienten, der durch einen MRSA-Keim krank geworden ist? Kann dieser Ansprüche durchsetzen?

Nein, solange das Screening gesetzlich nicht verbindlich gefordert ist, stellt es keinen Standard dar, welchem der Arzt folgen muss. Die Juristen können also auch keinen Behandlungsfehler einklagen, wenn nicht gescreent worden ist. Zunächst muss deshalb gefordert werden, dass das Screening verbindlich eingeführt wird.

Bis dahin sollte das Prinzip der sekundären Darlegungs- und Beweislast angewendet werden – was ich bislang jedoch noch nicht erlebt habe. Diesem Prinzip liegt zugrunde, dass eine Partei außerhalb des von ihr darzulegenden Geschehensablaufs steht und typischerweise keine Kenntnis der darzulegenden Tatsachen besitzt, während der Prozessgegner diese besitzt und ein näherer Sachvortrag ihm zumutbar ist. Er hat sich dann umfassend und genau zu dem Vorbringen der Gegenseite zu erklären. Das heißt, das Krankenhaus stünde in der Pflicht nachzuweisen, dass der Patient diesen Keim nicht in dem selbigen erworben hat. Die Möglichkeit hierfür ergibt sich durch eine Besonderheit des Keims. Dieser bildet Subtypen, das heißt: Kein Keim gleicht dem anderen. Somit kann durch die familiäre Herkunft der Infektionsweg nachverfolgt werden.

Ob der Keim aus dem Krankenhaus kommt oder ob er aus der eigenen Sphäre des Patienten stammt, kann damit nachgewiesen werden. Wenn der Keim A, der die Infektion verursacht hat, im Krankenhaus bislang noch nicht vorgekommen ist, hat der Patient ihn vermutlich selbst mitgebracht. Das Krankenhaus kann das nachweisen, der Patient bislang nicht. Wenn der Patient den Keim mitgebracht hat, kann auch die beste Einhaltung der Hygienevorschriften die Infektion nicht verhindern. Das Krankenhaus haftet dann nicht. Wenn Keim A aber gerade kürzlich schon einmal im Krankenhaus festgestellt wurde, ist ziemlich wahrscheinlich, dass der Patient ihn sich dort erworben hat. Dann müssen die Hygienepläne vorgelegt werden, und wenn diese nicht eingehalten worden sind oder nicht sorgfältig dokumentiert worden ist, müsste das Krankenhaus haften.

Meine Mandantin hat nicht geklagt. Aus Kostengründen hat sie die Finger davon gelassen, da der Erfolg äußerst fraglich ist. Für eine Prozesskostenhilfe war sie ein wenig zu vermögend, und ein Prozesskostenfinanzierer hätte die Aussicht auf Erfolg auf weniger als 50 Prozent eingestuft und wäre deshalb nicht eingestiegen. Die Mandantin hätte das Kostenrisiko also selbst tragen müssen. Das konnte sie sich nicht leisten. Mich hat dieser Fall lange beschäftigt. Seither rate ich allen Patienten, sich nach den Hygienestandards zu erkundigen und erst anschließend zu entscheiden, in welche Klinik sie gehen.

Sonderfall: Sterbehilfe

In meinem Beruf komme ich oft an Grenzen. Manchmal auch an meine eigenen. Ich bin ein optimistischer Mensch – und ich will gewinnen. So versuche ich meine Fälle frühzeitig abzuklopfen, um die Chancen gut einschätzen zu können. Meine und die meiner Mandanten. In vielen Punkten gelingt es mir, meine persönliche Einstellung auszuschalten. Es muss nicht in meinem Sinne sein, sondern zum Wohle meiner Mandanten. Doch manchmal scheitere ich doch daran.

Der Fall von Peter Schulten war so ein Scheitern. Er kam zu mir in die Kanzlei. Grau und gebeugt. Man sah sofort, dass eine schwere Last auf seinen Schultern lag. Er bat mich, für seine Frau Sterbehilfe einzuklagen. Von seinem Standpunkt aus erschien das nachvollziehbar. Mehr als zehn Jahre lang hat Peter Schulten seine Frau zu Hause gepflegt, nach einem Unfall war sie schwerbehindert, körperlich und geistig. Allein konnte sie nichts mehr, nicht essen, nicht sitzen, nicht sprechen. Ob sie überhaupt wahrnahm, dass Peter Schulten da war, wusste er nicht. Von der Frau, die er einmal geheiratet hatte, war nur noch eine Hülle übrig geblieben.

Ich traf eine – auch für mich eher ungewöhnliche – Entscheidung. Ich wollte die Frau sehen, bevor ich irgendetwas tat. Peter Schulten stimmte zu und gemeinsam fuhren wir zu ihm nach Hause. Seine Frau saß im Sessel, der Fernseher lief und ich hatte das Gefühl, dass sie mich fixierte und mir mit ihren Augen folgte. In diesem Moment wusste ich, ich konnte das nicht und mache das nicht. Trotz allem Verständnis für ihn. Denn was war mit ihr? Ich weiß nicht, vielleicht lebt sie jetzt in ihrer ganz eigenen Welt und vielleicht ist diese Welt viel schöner als die, in der sie vorher lebte. Ich kann doch nicht sagen: Dieses Leben ist lebenswert und jenes nicht. Ich habe seinen Wunsch abgelehnt. Aber ich habe noch viel darüber nachgedacht und denke bis heute oft an die beiden.

Es bringt mich zu der Frage, was die Medizin darf. Und auf der anderen Seite – was muss Medizin? Und wer entscheidet, was erlaubt ist und was nicht? Ich als Anwältin? Die Gesetze? Oder eben doch jeder, so wie er es für richtig hält? Manches, was das Gesetz erlaubt, kann ich nicht vertreten. Möchte ich auch nicht. Das sind meine Grenzen und die nehme ich ernst. Sterbehilfe ist so ein Thema. Ich konnte diesem Mann nicht helfen, weil mein Denken, meine Einstellung dazu eben eine andere ist. Ich wollte die Erfolgsaussicht nicht prüfen.

Wir können uns das Leben nehmen. Wir können über unser Leben bestimmen. Aber wir können nicht über unser Leben verfügen. Wir können nicht sagen, wir wollen jetzt sterben und einen Dritten dafür bestimmen, dass er das durchführt. Rechtlich ist die Sachlage eindeutig geregelt. Der Suizid ist nicht strafbar. Beihilfe zum Suizid ist daher auch nicht strafbar, weil der Suizid als solcher nicht strafbar ist. Aktive Sterbehilfe – Sterben auf Verlangen – ist verboten und meiner Meinung nach ist das gut so. Weil es zum einen die Patienten schützt und zum anderen eben auch den Arzt vor der Forderung von Patienten und deren Angehörigen.

Der Bundesgerichtshof hat das ganz eindeutig formuliert. »Auch bei aussichtsloser Prognose darf Sterbehilfe nicht durch gezieltes Töten, sondern nur entsprechend dem erklärten oder mutmaßlichen Patientenwillen durch die Nichteinleitung oder den Abbruch lebensverlängernder Maßnahmen geleistet werden, um dem Sterben – gegebenenfalls unter wirksamer Schmerzmedikation – seinen natürlichen, der Würde des Menschen gemäßen Verlauf zu lassen.«

Passive Sterbehilfe ist dementsprechend erlaubt. Ich denke, wenn man die therapeutischen lebensverlängernden Maßnahmen einstellt, ohne dass der Patient in irgendeiner Weise leidet, weil er das so will und es keine Chance gibt, dass er überlebt, ist das in Ordnung. Doch eben nur nach ganz klaren Regeln. Das heißt, dass wir ihm entsprechende Opiate verordnen, ihn mit Flüssigkeit versorgen, kein Kortison und keine Antibiotika mehr verabreichen, die den tödlichen Behandlungsverlauf aufhalten oder verlangsamen würden und ihm auch im Zweifelsfall kein Essen mehr geben – solche Patienten haben kein Hungergefühl mehr, aber sie haben Durst. Wenn wir sie trinken lassen und sie schmerzfrei stellen, ist das akzeptabel und menschenwürdig. Und darauf kommt es an.

Die Patientenverfügung gibt eine gewisse Sicherheit, dass nur das passiert, was der Patient auch selbst will. Mein Problem mit solchen Patientenverfügungen ist, dass es sich um einen vorweggenommenen Willen handelt, der den Einzelfall nicht genügend berücksichtigt. Vielleicht hat der Patient vorher über den vorliegenden Fall gar nicht nachgedacht. Wie häufig ändern wir theoretische Einstellungen, wenn wir in der konkreten Situation sind.

Ich selbst würde niemals ein Verfahren führen, um Sterbehilfe durchzusetzen. Ich könnte es nicht mit meinem Gewissen vereinbaren. Ich würde auch nie einen Arzt zur Sterbehilfe zwingen wollen. Oder – anderes Beispiel – jemanden zu einer Organspende verpflichten. Das alles sind Entscheidungen, die jeder für sich treffen muss. Und zwar ganz individuell.

Verjährung

Ein Anspruch muss nicht sofort geltend gemacht werden. Aber zu lange sollte man sich auch nicht Zeit lassen. Irgendwann verjährt ein Anspruch und die Person, die mir etwas schuldet, kann die Erfüllung des Anspruchs verweigern.

Nach 30 Jahren sind alle Ansprüche verjährt. Nach so langer Zeit kann man gar nichts mehr machen. Im Normalfall tritt die Verjährung schon wesentlich früher ein. Die regelmäßige Verjährungsfrist beträgt drei Jahre. Sie beginnt am Silvesterabend des Jahres, in dem die Zeit der Verjährung zu laufen begann, und endet drei Jahre später zum Jahreswechsel.

Wann sie zu laufen beginnt, ist unterschiedlich. Wenn ich gefragt werde, ob Verjährung eingetreten ist, antworte ich typisch juristisch: »Das kommt darauf an.« Denn manchmal tritt sie erst Jahre, nachdem der Patient fehlerhaft behandelt worden ist, ein. Manchmal auch bereits am Silvesterabend des Jahres, an dem die Behandlung stattfand.

So wurde Frau Bauer am 9. November 2007 an der Gallenblase operiert. Nach der Operation stellte sie fest, dass der Gallengang verletzt worden war. Die Ärzte im Krankenhaus erklärten, dass es zu einer Verletzung des Gangs gekommen und dies eine typische Komplikation der Operation sei, eine Komplikation, die nicht immer zu vermeiden wäre. Anfang 2011 kam Frau Bauer zu mir, um sich beraten zu lassen. Sie erzählte, dass sie noch nicht wisse, ob die Ärzte bei der Operation im Jahr 2007 einen Fehler gemacht hätten. Allerdings wolle sie das jetzt klären. Aufgrund der Gallengangverletzung habe sie wiederkehrende Entzündungen und Beschwerden, sodass sie ihren Beruf nur noch eingeschränkt ausüben könne, ihre körperliche Leistungsfähigkeit sei stark eingeschränkt und sie habe Angst, dass sich eine Leberzirrhose entwickeln werde. Sie wolle nun klären, ob bei der Behandlung wirklich alles richtig gelaufen war.

Weil sie nicht wusste, ob sie falsch behandelt wurde, hatte die Verjährungsfrist noch nicht zu laufen begonnen. Die Verjährung konnte daher noch nicht eingetreten sein, auch wenn die Operation schon mehr als drei Jahre zurücklag, als Frau Bauer mich aufsuchte. Damit der Lauf der Verjährungsfrist beginnt, reicht es nicht aus, dass der Patient weiß, dass eine Behandlungsmaßnahme anders als erwartet war, denn das stellt der Patient im Normalfall sofort fest. Es ist vielmehr erforderlich, dass der Patient als Laie erkennt, dass der Arzt fehlerhaft gehandelt hat. Allein aus der Tatsache, dass »Komplikationen« aufgetreten waren, kann er das nicht schließen, da es auch bei fehlerfreier Behandlung zu unerwarteten Verläufen kommen kann.

Wann die Verjährungsfrist in Kraft tritt

Typische Fälle, in denen der Patient von einem Behandlungsfehler erfährt und so die Verjährungsfrist in Gang gesetzt wird, sind Gutachten, in denen Behandlungsfehler festgestellt werden oder auch Aussagen des Hausarztes: Erzählt der seinem Patienten, dass bei der Operation Fehler begangen worden sein müssen, reicht das aus, um die Verjährung in Gang zu setzen.

Verkompliziert wird die Frage, wann die Verjährung anfängt zu laufen durch die gesetzliche Regelung, dass die Verjährung auch dann beginnt, wenn man von der falschen Behandlung und dem Verantwortlichen zwar nichts wusste, aber man beides ohne Weiteres hätte in Erfahrung bringen können.

In so einem Fall muss der Patient sich den Vorwurf der groben Fahrlässigkeit gefallen lassen. Man darf nicht die Augen vor sich aufdrängenden Tatsachen verschließen. Zwar betonen die Gerichte, dass der Patient nicht verpflichtet ist, von sich aus Nachforschungen anzustellen, um herauszufinden, ob er falsch behandelt wurde oder nicht. Andererseits nehmen sie grobe Fahrlässigkeit aber an, wenn Erkenntnismöglichkeiten nicht ausgenutzt wurden, die auf der Hand lagen, und die erforderlichen Informationen ohne größere Mühe hätten beschafft werden können. Ab wann diese grobe Fahrlässigkeit anzunehmen ist, die die Verjährungsfrist in Gang setzt, ist letztlich eine Frage des Einzelfalls und schwer vorherzusagen.

Im Fall von Frau Bauer war zur Klärung der Frage, ob ein Behandlungsfehler vorlag oder nicht, ein Gutachten erforderlich.

Musste Frau Bauer schicksalhaft die Verletzung des Gallengangs mit den Folgen hinnehmen? War es zu der Läsion des Gallengangs ohne oder durch einen Behandlungsfehler gekommen? Beides ist möglich. Und dass Frau Bauer bisher kein derartiges Gutachten eingeholt hatte, konnte sicher nicht als grobe Fahrlässigkeit bewertet werden. Insofern konnten wir uns erst einmal ein wenig zurücklehnen, da die Zeit nicht drängte.

Einfach sind die Fälle zu beurteilen, bei denen während einer Operation die Zange im Bauch des Patienten zurückgelassen wird. Dass das nicht vorkommen darf, ist klar. Dafür braucht niemand ein Gutachten. In derartigen Fällen beginnt die Verjährung dann, wenn der Patient weiß, dass die Zange in seinem Bauch zurückgelassen wurde.

Als Faustregel kann formuliert werden, dass die Klärung, ob ein Behandlungsfehler vorliegt oder nicht, nicht auf die lange Bank geschoben werden sollte. Es besteht das Risiko, dass das Zuwarten auch dann, wenn man noch nichts Genaueres weiß, als grobe Fahrlässigkeit bewertet wird, was den Lauf der dreijährigen Verjährungsfrist in Gang setzt.

Wie die Verjährung gehemmt werden kann

Wenn die Verjährungsfrist zu laufen begonnen hat, gibt es eine Reihe von Möglichkeiten dafür zu sorgen, dass die Verjährung gehemmt wird. Das ist, als wenn die Zeit stillstünde. Das ist während der Verhandlungen mit dem Gegner über den Schadenersatzanspruch der Fall. Auch die Durchführung von Schlichtungsverfahren bei den Schlichtungsstellen der Ärztekammern hält die Zeit an. Die gerichtliche Geltendmachung von Ansprüchen hemmt die Verjährung ebenfalls, allerdings mit der Einschränkung, dass sie dies nur in dem Umfang tut, in dem Klage erhoben wird. Hier ist es Aufgabe des Rechtsanwalts, die Ansprüche umfassend gegen die Verjährung zu sichern.

Verzicht auf die Verjährung

Zum Ende eines jeden Jahres fällt dem einen oder anderen Mandanten auf, aber zuweilen auch mir selbst, dass noch bis zum 31.

Dezember dringend etwas getan werden muss, damit er auf jeden Fall sicher sein kann, dass keine Verjährung eintritt, die wie der gezielte Schlag mit dem Hammer auf die Tasse seinen Anspruch kaputtmachen würde.

Damit man in derartigen Fällen nicht unter Zeitdruck gerät, kann der Gegner auf die Verjährung verzichten, was er im Allgemeinen auf Bitte macht. Man mag sich fragen, warum er freiwillig auf diese verzichtet, wenn er doch die Chance wittert, dass der Anspruch zum Jahreswechsel verjährt. Eben weil er weiß, dass der gegnerische Anwalt – auch wenn er Nachtschichten einlegen muss – noch rechtzeitig Klage erheben wird und dies mit Kosten für ihn verbunden wäre.

Kürzlich kamen die Eltern eines dreijährigen Mädchens zu mir. Sie hatte sich bei einem Unfall die Wirbelsäule verletzt. Die notwendigen Röntgenaufnahmen im Krankenhaus wurden angefertigt, ohne dass die Eierstöcke des Kindes gegen die Röntgenstrahlung geschützt wurden. Dass dies ein Behandlungsfehler war, erfuhren die Eltern kurz darauf, als sie dem Kinderarzt davon erzählten. Für die Verjährung von Schadenersatzansprüchen bedeutet das, dass die Eltern als gesetzliche Vertreter ihrer Tochter wussten, dass das Kind falsch behandelt wurde. Sie wussten auch, wer dafür verantwortlich war. Die Verjährung begann damit, zu laufen. Was sie nicht wissen können ist, ob ihre Tochter durch die Strahlenbelastung einen Schaden erleiden wird. Erfahren werden sie das voraussichtlich frühestens mit Beginn der Pubertät, spätestens, wenn das Kind erwachsen ist. Wenn der Schaden sichtbar geworden ist, werden weit mehr als drei Jahre vergangen sein. Ansprüche wären dann verjährt.

Im Falle des bestrahlten Mädchens bestanden zwei Möglichkeiten: Entweder schon jetzt zu klagen, nur um die Verjährung zu unterbrechen, oder aber zu erreichen, dass die Haftpflichtversicherung des Krankenhauses auf die Verjährung verzichtet. Ich konnte die Haftpflichtversicherung überzeugen, dass ein Verjährungsverzicht bis zum 25. Lebensjahr des Kindes eine sinnvolle Möglichkeit ist, einen Prozess zu vermeiden, der sonst bereits jetzt hätte geführt werden müssten, nur um der Verjährung zu entgehen. Da wir so eine Klage mit großer Wahrscheinlichkeit gewinnen würden, müsste der Gegner hierfür die Kosten tragen. Wenn – was alle Beteiligten hoffen – die Strahlenbelastung nicht zu einem Schaden geführt hat, ist die Angelegenheit damit glücklicherweise erledigt. Sollte doch ein Schaden eintreten, ist noch genügend Zeit, Ansprüche geltend zu machen.

Ich kann es nicht oft genug sagen: Wenn Sie das Gefühl haben, dass Sie falsch behandelt wurden, unternehmen Sie etwas!

Politikerpfusch gegen Ärztepfusch?!

Das neue Patientenrechtegesetz löst die Probleme nicht

Was wurden im Vorfeld doch für Hoffnungen in das Patientenrechtegesetz gesetzt. »Die Patientenrechte werden greifbar«, sagte die Bundesjustizministerin, »das neue Gesetz gleicht das bestehende Informationsgefälle zwischen Arzt und Patient aus. Das Gesetz wird zu mehr Transparenz und Rechtssicherheit für alle Beteiligten führen.« Es soll, so sagte auch der Patientenbeauftragte der Bundesregierung, ein neues Fundament für das Vertrauen von Patienten, Krankenkassen und Ärzten bilden.

Doch ein großer Wurf ist das Gesetz nicht, es ist weit entfernt davon, ein Meilenstein in der Geschichte der Gesundheitspolitik zu werden. Ich sehe es als ein Politikum. Wir brauchen es nicht. Aber Politiker schmücken sich gern damit, etwas für die Patienten zu tun.

Ursprünglich sollte das Gesetz Patientenschutzgesetz heißen. Das Wort unterstellt, dass der Patient vor der Handlung des Arztes geschützt werden muss. Das wirft ein falsches Licht auf das, worum es geht. Der Arzt will dem Patienten helfen. Er hat den Eid des Hypokrates geschworen. Der Arzt ist dem Leben verpflichtet und muss alles dafür tun, Krankheiten zu heilen, das Leben zu verlängern, es schöner zu machen. Inzwischen ist der Name in Patientenrechtegesetz geändert, das passt sehr viel besser.

Ich glaube nicht, dass ein Gesetz so gefasst sein kann, dass ein Patient es wirklich versteht. Entscheidungen, bei denen es um Arzthaftung geht, sind immer Entscheidungen im Einzelfall. Ein Gesetz, das alle Einzelfälle abdeckt, scheint mir nicht möglich. Immer wieder kommen neue Fälle dazu. Der Patient kennt die Ausnahmen nicht, er kann sie nicht alle kennen, und es ist unmöglich, alle Ausnahmen in einem Gesetz zu integrieren. In der Vergangenheit sind wir mit dem System, das auf Fachanwälten und der Rechtsprechung basierte, ziemlich gut gefahren. Ich fürchte, dass dieses Gesetz schneller wieder veraltet ist, als es durch die Instanzen des Bundestages beschlossen und geschrieben wurde.

Das Gesetz soll die Vertragsbeziehung zwischen Arzt und Patient im Einzelnen regeln, ebenso die zu Heilpraktikern, Hebammen und Physiotherapeuten, kurz: den Behandelnden. Nach dem Gesetz müssen die Behandelnden den Patienten umfassend informieren. Sie müssen ihn über Diagnostik und Therapie, die Risiken und auch über die Kosten, die auf ihn zukommen, genau aufklären. Und das rechtzeitig, damit der Patient Zeit zum Überlegen und Überdenken hat. Die Behandelnden müssen die Aufklärung dokumentieren und dem Patienten Einsicht in die Unterlagen gewähren. Die Beweislast für Behandlungsfehler liegt nach wie vor bei dem Patienten. Auch der grobe Behandlungsfehler und die unterlassene Befunderhebung sind genannt. Auch künftig kehrt sich die Beweislast dann um. Und was ist daran nun neu? Am Arzthaftungsrecht wird sich gegenüber der bisherigen Rechtsprechung durch dieses Gesetz nichts ändern, auf jeden Fall nichts zum Vorteil. Es normiert lediglich die von der Rechtsprechung entwickelten Grundsätze und bringt darüber hinaus gewisse Unsicherheiten, die nicht zum Vorteil des Patienten sind.

Was die Verfahren immer erschwert, ist das Problem der Beweise. Ich denke, man müsste dem Patienten den Beweis erleichtern – aber genau das tut das Gesetz nicht. Wie häufig bietet eine Klage keine Aussicht auf Erfolg, wenn man die Kausalität nicht nachweisen, also nicht beweisen kann, dass der Behandlungsfehler den Schaden verursacht hat – zumindest nicht mit der Sicherheit, die die Rechtsprechung fordert. Hier wäre der Maßstab zu verändern. Das neue Gesetz lässt keine Fortschritte auf dem Weg der Waffengleichheit, der Fairness, des Vertrauens erkennen. Vieles, was Experten im Vorfeld gefordert haben, wurde nicht umgesetzt: Spezialkammern bei den Gerichten, eine bessere Stellung des Privatgutachters, die Mitwirkung von Laienrichtern wird es alles nicht geben.

Als besonders problematisch empfinde ich, dass der Patient bei geringfügigen Eingriffen auch in Textform aufgeklärt werden kann. Das widerspricht der gesamten Rechtsprechung des Bundesgerichtshof, der bisher erst in einem einzigen Fall bei einer Impfung auf die mündliche Aufklärung verzichtet hat (VI ZR 48/99). Hier wird jetzt die Ausnahme zur Regel gemacht. Es ist eine Abwendung von dem bisher geltenden Grundsatz, dass die Aufklärung grundsätzlich mündlich zu erfolgen hat und die Dokumentation einzig Beweiszwecken dient.

Die Rechtsprechung wird nun erst einmal definieren müssen, was denn ein »geringfügiger« Eingriff ist. Geringfügig – das heißt ein kleines bisschen, aber ein kleines bisschen von was? Definieren wir einen »kleinen Eingriff« an Hand von der Zeit, die der Arzt dafür benötigt, oder an Hand von Komplikationen, die auftreten können? Oder daran, ob diese selten sind, oder wie schwer sie sein können? Orientieren wir uns an der Fähigkeit des Handelnden, ob der Eingriff für diesen geringfügig ist? Muss bei einer Blutabnahme nun keine mündliche Aufklärung mehr erfolgen, bei einer Spritze in das Gelenk, wie sie x-mal am Tag von dem Orthopäden durchgeführt wird, bei einer Unterspritzung von Hämorrhoiden, bei einer Ausschabung? Wird es ausreichen, dass der Patient an der Rezeption, im Sekretariat, ein Formular unterschreibt?

Als Arzthaftungsrechtlerin weiß ich, dass auch ein Bagatelleingriff zu Katastrophen führen kann. Es gibt keinen ärztlichen Eingriff, der nicht ganz verheerende Folgen haben könnte. Wer Blut abnimmt, kann eine bleibende Nervenverletzung setzen, die den ganzen Arm des Patienten dauerhaft lähmt und ihn erwerbsunfähig macht. Eine betäubende Spritze beim Zahnarzt kann jahrelang Schmerzen zur Folge haben, nach einer kleinen Hämorrhoiden-Unterspritzung kann sich das Bauchfell massiv entzünden und sogar Mandeloperationen führen, vor allem bei älteren Menschen, manchmal zu Nachblutungen oder zum Tod. Es gibt sie nicht, die harmlosen, ungefährlichen Bagatelleingriffe. Ich finde wichtig, dass man mit dem Einzelnen darüber spricht und mit ihm zusammen klärt, ob für den Patienten der Eingriff so wichtig ist, dass er das Risiko in Kauf nimmt.

Und die mündliche Aufklärung bietet noch andere Vorteile: Wenn der Arzt den Patienten mündlich aufklärt, kann er individuell auf ihn eingehen. Manche Menschen verstehen besser, was man ihnen sagt, andere informiert man besser schriftlich. Manche wollen genau wissen, was auf sie zukommt, anderen ist das nicht so wichtig. Nur im direkten Gespräch kann der Arzt auf den Einzelnen und seine Eigenheiten eingehen. Er kann auch feststellen, was dieser zum Beispiel beruflich macht und diese Information in das Gespräch miteinbeziehen. Für einen Sportler beispielsweise sind vor allem jene möglichen Komplikationen relevant, die dazu führen können, dass er seinen Sport nicht mehr ausüben kann. Der Arzt kann sagen: »Die Indikation ist nicht so wichtig, Sie müssen sich überlegen, ob Sie das Risiko eingehen wollen.« Er kann auch für jeden eigene Worte finden, Menschen sind intellektuell unterschiedlich, haben einen unterschiedlichen Bildungsgrad. Für manche Menschen muss man ganz einfache Worte finden, um ihnen zu erklären, worum es geht. Aufklärungsbögen berücksichtigen auch das nicht. Da legt die Sprechstundenhilfe der Patientin einen Zettel hin und sagt: »Unterschreiben Sie mal!«

In dem Gesetzesentwurf, der im Sommer 2012 vorgelegt wurde, hieß es: »Es bedarf einer Aufklärung nicht, wenn erhebliche therapeutische Gründe entgegenstehen.« Aber was sind »erhebliche therapeutische Gründe«? Früher gab es das therapeutische Privileg des Arztes, dem Patienten manche Dinge verschweigen zu dürfen. Das war aber längst abgeschafft. Hier soll es wieder eingeführt werden. Auch wenn der Patient eine eigene Fachkenntnis besitzt, muss der Arzt nicht aufklären. Welche Fachkenntnis ist denn da erforderlich? Reicht für die eigene Fachkenntnis aus, dass der Patient sich vor etlichen Jahren schon einmal einer ähnlichen Therapie unterzogen hat?

Darf der Arzt bestimmen, ob und was er dem Patienten sagt? Für uns Juristen eröffnen solche Regelungen ein Einfallstor, um fehlende Aufklärung im Nachhinein zu legitimieren. Wenn ein Arzt vertreten wird, der es versäumt hat, seinen Patienten aufzuklären, wird dieser den Patienten als Hypochonder beschreiben. Es wird vor Gericht lang und breit ausgeführt werden, dass der Arzt Sorge hatte, sein Patient könne aus dem Fenster springen und Selbstmord begehen, wenn er die Wahrheit über seinen Gesundheitszustand erführe. Der Arzt wird als Wohltäter dargestellt, der aus Rücksicht auf die Psyche seines Patienten darauf verzichtet hat, ihn aufzuklären – vielleicht, weil er verhindern wollte, dass der Patient womöglich lieber mit den Schmerzen lebt, als sich einer dringend gebotenen Therapie zu unterziehen, die nur einen geringfügigen Eingriff darstellt. Umgekehrt wird der Patient vor Gericht immer steif und fest behaupten, dass er schonungslos hätte aufgeklärt werden müssen. Er wäre ein ganz harter, der immer schon alles wissen wollte. Er kommt im Leben nicht klar, wenn er ein Informationsdefizit hat. Wann und für wen »erhebliche therapeutische Gründe« geltend gemacht werden können, ist Aufgabe der Gerichte.

Und an noch einem Punkt geht das neue Gesetz über die alten Regelungen hinaus: Wenn ein Anfänger die Operation gemacht hat, soll grundsätzlich eine Beweislastumkehr folgen. Der Anfänger muss beweisen, dass der Schaden auch entstanden wäre, wenn er kein Anfänger mehr wäre. Er muss also beweisen, dass er keinen Fehler gemacht hat. Das ist bei Komplikationen schwierig, denn es würde bedeuten, dass eine Komplikation regelhaft auftritt. Zudem ist es schwierig zu sagen, wann ein Anfängereingriff vorliegt. Es gibt den formellen Facharztstandard und es gibt den materiellen. Formell ist: Der Mann hat seinen Facharzt für Chirurgie. Materiell ist: Er hat zwar nicht seinen Facharzt, aber er beherrscht die Operation, um die es geht. Seine Fähigkeiten entsprechen denen eines Facharztes. Manche machen sehr zügig ihren Facharzt, andere kriegen ihren Operationskatalog nicht voll und haben im neunten Jahr keinen formellen Facharzt. Man muss dafür eine Prüfung machen, das kostet Zeit und Kraft und manch einer scheut das. Und: Auch ein Facharzt kann bei einer bestimmten Operation ein Anfänger sein und weil er sie noch nie oder noch fast nie gemacht hat.

Ein Beispiel: Wenn die Bauchschlagader platzt, blutet der Patient wie verrückt und muss sofort operiert werden. Das kommt sehr selten vor, und diese Operation gehört nicht zum Facharztstandard. Auch wenn der Chefarzt, der Oberarzt, der Facharzt die Operation gemacht hat, kann er nach meinem Dafürhalten trotzdem noch ein Anfänger sein. Wie viele dieser Operationen hat er denn schon hinter sich? Ganz wenige oder keine. Und damit kehrt sich die Beweislast um. Was das für den Arztberuf bedeutet, möchte ich mir nicht vorstellen. Ein Anreiz, Arzt zu werden, ist es definitiv nicht.

An so mancher Stelle war der Entwurf zum Gesetz gut gemeint, aber eben nicht gut gemacht. So soll der Behandelnde verpflichtet sein den Patienten »auf Nachfrage« über erkennbare Behandlungsfehler zu informieren. Wann liegt aber nun ein »erkennbarer« Behandlungsfehler vor? Wenn auf einem Röntgenbild eine Schere nach einer Operation zu erkennen ist, ist das sicherlich ein erkennbarer Fehler, denn die Schere gehört da nicht hin. Aber ist der Arzt verpflichtet, bei Abweichungen des Ist- vom Sollverlauf eigene Nachforschungen anzustellen? Wann liegt »Erkennbarkeit« vor? Verpflichtet ist der Arzt auf Nachfrage. Also vergessen Sie nicht, ihn bei Ihrem nächsten Besuch zu fragen, ob bei Ihnen ein erkennbarer Behandlungsfehler vorliegt, sonst wird er Ihnen vielleicht verschweigen, dass Sie eine Schere im Bauch haben.

Exemplarisch habe ich nur einige sachliche Kritikpunkte an dem Gesetzentwurf genannt, die aber zeigen, dass so viel Unsicherheit doch nicht das Ziel sein kann. Die Rechte der Patienten, die durch die jahrelange Rechtsprechung gesichert sind, werden durch dieses Gesetz nicht erweitert. Vielmehr schafft das Patientenrechtegesetz an vielen Stellen Unklarheiten, die durch die Gerichte erst wieder beseitigt werden müssen.

Die Politik hat versucht, die Rechtsprechung in ein Gesetz zu gießen, ohne dabei die Patientenrechte zu stärken, ohne Transparenz und Vertrauen zu schaffen. Vielmehr zeigt sich, dass man sich engagiert hat, die jahrelange Rechtsprechung zu normieren, ohne dass sich dadurch etwas Wesentliches zum Positiven ändert. Ich kann mich des Eindrucks nicht erwehren, dass die Politik, wie so oft, sich bemüht hat den Patienten in diesem Land, die wir alle potenziell sind, das Gefühl zu geben, diese ernst zu nehmen. Im Ergebnis leistet das aber kein Mehr an Patientensicherheit, sondern stellt nur eine Kodifizierung der Rechtsprechung dar. Vieles, was bislang klar war, ist nunmehr milchig.

Ausblick

Wohin die Reise geht, weiß ich nicht. Aber: Es ist vieles im Umbruch. In den Krankenhäusern und Arztpraxen haben sich auch nach 1968 die konservativen Wertvorstellungen noch lange gehalten. Die Ärzte und insbesondere der Chefarzt galten als quasi unfehlbar, die Arbeit der »Götter in Weiß« hinterfragte man nicht. Das war ein System von Über- und Unterordnung. Die alten Filme spiegeln und idealisieren das. Immer wieder gibt es Szenen, in denen der Chefarzt mit Schlips und Kragen zur wöchentlichen Chefvisite erscheint und mit den Schwestern und Assistenzärzten im Schlepptau durch die Station rauscht.

Dieses Bild vom Arzt ändert sich gegenwärtig. Auch im Gesundheitswesen wird spürbar, dass wir in einer äußerst transparenten Leistungsgesellschaft leben. Der Patient hinterfragt, und das ist auch gut so. Es ist an der Zeit, am Thron des Arztes zu rütteln. Das passiert, indem wir uns zunehmend mit Behandlungsfehlern befassen. Wir lösen uns von dem hierarchischen Denken und verhalten uns nicht mehr wie die Lemminge. Unsere Gesellschaft bricht mit einem Tabu. Fehlermanagement wird zu einem zentralen Begriff. Aber diese Entwicklung hat auch eine Kehrseite.

Die Ärzte selbst sind geradezu orgiastisch bemüht, sich Reglementierungen an die Seite zu geben. Sie versuchen, sich rechtlich abzusichern. Die Folgen sind Überdiagnostik und Therapien, die Leitlinien folgen, statt sich primär am Individuum zu orientieren. Das Ermessen des Arztes wird dadurch immer mehr reduziert. Das ist die Schattenseite des Arzthaftungsrechtes. Wir gehen weiter weg von der individuellen Medizin. Die Entscheidungsfähigkeit des Arztes, was er dem einen oder dem anderen zumuten kann, ist für mich ein wesentlicher Bestandteil der Therapie. Er soll gerade nicht einem Schema folgen, sondern die Behandlung auf das Individuum abstimmen. Für mich ist die individuelle Medizin das erstrebenswerte Ziel. Aber auch wir Juristen sorgen dafür, dass sie immer mehr eingedämmt wird. Wir sagen zu dem Arzt: Rechtfertige dich doch einmal, wenn Du von dem Schema abgewichen bist.

In den Therapien gibt es viele Grenzbereiche. Nehmen wir an, ein Patient hat einen Tumor. Der Standard heißt: Ist er kleiner als zwei Millimeter, wird lokal reseziert, was einen kleinen Eingriff darstellt, ist er größer, wird die Maximaltherapie gemacht. Nun ist der Befund 2,5 Millimeter. Hier kommen wir in einen Bereich, in dem wir die individuellen Interessen des Patienten abwägen müssen: Wie alt ist der Patient, was macht er beruflich, was kann ich ihm zumuten? Und: Was nehme ich ihm für Lebensqualität, wenn ich ihn dem Standard nach mit der Maximaltherapie behandele, die vielleicht zusätzlich in einer Leitlinie festgehalten wurde, die bereits zehn Jahre alt ist? Wenn wir einfach dem Schema folgen, wird das Individuum nicht mehr wahrgenommen. Aber wenn der Arzt sich nicht an den Standard hält, dem Schema folgt, läuft er Gefahr, dass der Patient ihn verklagt. Es ist zum Glück noch nicht so weit. Aber ich halte es nicht für ausgeschlossen, dass wir eines Tages dahin kommen.

Wenn Komplikationen auftreten, verfallen Ärzte heute schon oft in Angststarre. Sie fürchten juristische Konsequenzen. Auch wenn sie sich nicht dafür verantwortlich sehen, dass der Ist- vom Sollverlauf abweicht, haben sie Sorge, sich in irgendwelchen Fallstricken zu verknoten und straf-, berufs- oder zivilrechtlich belangt zu werden.

So könnte meine Arbeit letztlich darauf hinauslaufen, die standardisierte Medizin zu stärken. Fehlermanagement heißt eigentlich, klare Vorgaben zu machen, damit möglichst wenig schiefgehen kann. Ärzte werden jedoch, allein um sich zu schützen, dem Schema folgen, statt in erster Linie das Individuum zu sehen. Man will den Patienten immer weniger zuhören, man will sich in seinen Handlungskorridoren immer sicherer sein.

Wir können diesen Prozess nicht aufhalten. Er findet in vielen Bereichen der Gesellschaft statt. Überall wird reglementiert. Neue Vorschriften werden erlassen, neue Gesetze, 60 Prozent der Weltliteratur des Steuerrechtes kommt aus Deutschland. Reglementierung führt immer zu einer Einschränkung des Ermessens. Und eine Einschränkung geht immer auf Kosten des Individuums. Dann brauchen Sie nicht das Gespräch, sondern nur noch einen Fragebogen. Und am Ende übernimmt der Anwalt die Aufgabe des Arztes und erklärt dem Patienten, was der Arzt gemacht hat.

Aber ich glaube, dass es unterm Strich bei Weitem größere positive Folgen hat, wenn immer mehr Menschen ihre Behandlungsverläufe überprüfen lassen und gegebenenfalls auch Ansprüche geltend machen. Ich ermutige jeden, dies zu tun. Denn dieser Schritt befreit von dem Gefühl, abhängig und ausgeliefert zu sein, und macht den Patienten zu einem mündigen Gegenüber des Arztes und zu dessen Partner mit einem gemeinsamen Anliegen. Arzt wie Patient wollen die Krankheit heilen. Nur gemeinsam können sie es schaffen. Und wenn einer auf diesem Wege einen Fehler macht, dann muss man darüber reden und den Schaden ausgleichen und nicht so tun, als wäre nichts geschehen. Nur so kommt die Beziehung auf eine gesunde Basis.

Wenn einem Autofahrer ein anderer hinten aufgefahren ist, lässt er das ja auch nicht auf sich beruhen. Der Schaden wird aufgenommen und – meistens über die Versicherung – reguliert. Es ist dabei egal, warum der Unfall geschehen ist, ob der Fahrer einen Moment geträumt hat, ob plötzlich das Handy klingelte, ob er es ein bisschen zu eilig hatte. Vielleicht ist der Angefahrene im ersten Moment wütend und schreit: »Du Blödmann, kannst Du nicht aufpassen?« Aber im Grunde weiß er, wie jeder andere auch: Das kann jedem passieren. Wer einem anderen hinten reinfährt, tut das nicht um den anderen zu schädigen, bewusst und gewollt – so wenig wie in den allermeisten Fällen der Arzt, der einen Fehler macht. Zahlen muss er trotzdem, denn es war sein Fehler, und er muss dem Geschädigten den Schaden ersetzen. Solche klaren Regeln erleichtern das Miteinander.

In der Medizin sind wir noch weit davon entfernt, diese Form der Schadensregulierung als selbstverständlich zu betrachten. Zum Teil hängt das damit zusammen, dass es hier viel schwieriger ist, Fehler eindeutig zu identifizieren und den Schaden diesen zuzuschreiben. Aber wo immer es möglich ist, würde ich jeden ermutigen, dies zu tun. Und zwar nicht nur, weil mein Sinn für Gerechtigkeit das so vorgibt. Sondern auch, weil ich davon überzeugt bin, dass es dem Verhältnis zwischen Arzt und Patient guttut.

Für mich ist ein guter Arzt jemand, der dem Patienten zuhört, der sein soziales Umfeld, seinen Beruf, seinen Kontext, seine Einstellungen kennt, aber auf der anderen Seite auch die Courage hat, bestimmte Fragen offen zu lassen. Ein guter Arzt ist einer, dem seine Patienten vertrauen und der das nicht missbraucht.

Und ein guter Patient ist für mich jemand, der mit seinem Arzt zusammen versucht, seine Krankheit zu heilen. Er tritt dem Arzt mündig gegenüber, statt sich passiv zu unterwerfen und sich, wenn etwas schief geht, als Opfer zu sehen. Jeder weiß, dass auch Ärzte Fehler machen können und dass das schreckliche Folgen haben kann. Blindes Vertrauen hilft nicht dagegen. Mitdenken und aktiv den Heilungsprozess mitzugestalten dagegen schon. Viele Fehler wären vermeidbar, wenn Ärzte und Patienten intensiver miteinander ins Gespräch kämen. Manchmal rettet die einfache Frage »Könnte es sein, dass Sie da einen Fehler gemacht haben?« sogar Leben. Gerade bei komplexen und multiplen Krankheitsbildern ist der Patient oft der Einzige, der den Überblick hat.

Das Wissen um die eigenen Rechte löst den Patienten aus der Abhängigkeit und es befreit den Arzt von dem Druck, einen eingeschlagenen und als falsch erkannten Weg weitergehen zu müssen, statt ein vernünftiges Fehlermanagement zu betreiben. Wer einen Fehler macht, muss den Schaden regulieren – und nicht so tun, als ob es kein Fehler war.

Nur so kann Vertrauen entstehen. Es ist nicht das blinde Vertrauen eines Kindes, sondern das erwachsene Vertrauen eines mündigen Bürgers. Dazu möchte ich beitragen, wenn ich Menschen ermutige, ihre Ansprüche geltend zu machen. Und dort, bin ich überzeugt, liegt der Weg nach vorne.

Rechtliche Grundlagen

Das Arzthaftungsrecht hat bis zum Inkrafttreten des neuen Patientenrechtegesetzes keine eigene rechtliche Grundlage. Es stützt sich auf ein paar wenige Paragrafen aus dem Bürgerlichen Gesetzbuch. Es gilt Richterrecht – das heißt, die vorangegangene Rechtssprechung bestimmt, wie ein Richter etwas bewertet. Und wenn es noch nicht bewertet ist, betritt er im wahrsten Sinne des Wortes Neuland. In diesem Buch sind deshalb nur wenige Paragrafen überhaupt erwähnt. Die für den Patienten wichtigen habe ich hier noch einmal zusammengefasst.

I. Die Grundrechte
Artikel 1

(1) Die Würde des Menschen ist unantastbar. Sie zu achten und zu schützen ist Verpflichtung aller staatlichen Gewalt.

(2) Das Deutsche Volk bekennt sich darum zu unverletzlichen und unveräußerlichen Menschenrechten als Grundlage jeder menschlichen Gemeinschaft, des Friedens und der Gerechtigkeit in der Welt.

Artikel 2
(1) Jeder hat das Recht auf die freie Entfaltung seiner Persönlichkeit, soweit er nicht die Rechte anderer verletzt und nicht gegen die verfassungsmäßige Ordnung oder das Sittengesetz verstößt.

(2) Jeder hat das Recht auf Leben und körperliche Unversehrtheit. Die Freiheit der Person ist unverletzlich. In diese Rechte darf nur aufgrund eines Gesetzes eingegriffen werden.

Paragraf 66, Sozialgesetzbuch V
Unterstützung der Versicherten bei Behandlungsfehlern

Die Krankenkassen können die Versicherten bei der Verfolgung von Schadensersatzansprüchen, die bei der Inanspruchnahme von Versicherungsleistungen aus Behandlungsfehlern entstanden sind und nicht nach Paragraf 116 des Zehnten Buches auf die Krankenkassen übergehen, unterstützen.

Das bedeutet, die gesetzlichen Krankenkassen fertigen zum Beispiel über den Medizinischen Dienst Gutachten über die Behandlung an.

Paragraf 116, Sozialgesetzbuch X
Ansprüche gegen Schadenersatzpflichtige

(1) Ein auf anderen gesetzlichen Vorschriften beruhender Anspruch auf Ersatz eines Schadens geht auf den Versicherungsträger oder Träger der Sozialhilfe über, soweit dieser aufgrund des Schadensereignisses Sozialleistungen zu erbringen hat, die der Behebung eines Schadens der gleichen Art dienen und sich auf denselben Zeitraum wie der vom Schädiger zu leistende Schadenersatz beziehen. [...]

Das heißt: Sollte sich der Anspruch des Patienten als berechtigt herausstellen, kann auch die Krankenkasse, die Pflegekasse oder das Sozialamt Ansprüche gegen den Anspruchspflichtigen geltend machen, zum Beispiel, indem sie Behandlungskosten für die Schäden in Rechnung stellt.

Diese beiden Paragrafen sind für meine Arbeit sehr wichtig, denn es vereinfacht für die Patienten das Leben enorm, wenn die Krankenkasse ihren Teil der Arbeit übernimmt. Und es ist auf alle Fälle gut zu wissen, dass man als gesetzlich Versicherter nicht allein dasteht.

Paragraf 611, Bürgerliches Gesetzbuch
Vertragstypische Pflichten beim Dienstvertrag

(1) Durch den Dienstvertrag wird derjenige, welcher Dienste zusagt, zur Leistung der versprochenen Dienste, der andere Teil zur Gewährung der vereinbarten Vergütung verpflichtet.

(2) Gegenstand des Dienstvertrags können Dienste jeder Art sein.

Durch das Bürgerliche Gesetzbuch ist die Art des Patient-Arzt-Verhältnisses geregelt. Wer sich behandeln lässt, geht einen Dienstvertrag ein. Wer einen Dienstvertrag abschließt, geht im Rahmen des Vertrages ein Schuldverhältnis ein. Die Schuld ist in diesem Falle die Leistung: also die Behandlung nach den geltenden Standards. Und wer die verletzt, muss gegebenenfalls zahlen.

Paragraf 280, Bürgerliches Gesetzbuch
Schadensersatz wegen Pflichtverletzung

(1) Verletzt der Schuldner eine Pflicht aus dem Schuldverhältnis, so kann der Gläubiger Ersatz des hierdurch entstehenden Schadens verlangen. Dies gilt nicht, wenn der Schuldner die Pflichtverletzung nicht zu vertreten hat. [...]

Paragraf 823, Bürgerliches Gesetzbuch
Schadensersatzpflicht

(1) Wer vorsätzlich oder fahrlässig das Leben, den Körper, die Gesundheit, die Freiheit, das Eigentum oder ein sonstiges Recht eines anderen widerrechtlich verletzt, ist dem anderen zum Ersatz des daraus entstehenden Schadens verpflichtet.

Der Beweismaßstab richtet sich nach der Zivilprozessordnung.

Paragraf 286, Zivilprozessordnung
Freie Beweiswürdigung

(1) Das Gericht hat unter Berücksichtigung des gesamten Inhalts der Verhandlungen und des Ergebnisses einer etwaigen Beweisaufnahme nach freier Überzeugung zu entscheiden, ob eine tatsächliche Behauptung für wahr oder für nicht wahr zu erachten sei. In dem Urteil sind die Gründe anzugeben, die für die richterliche Überzeugung leitend gewesen sind.

Das ist ein wichtiger Grundsatz. Schließlich soll nicht der gewinnen, der am lautesten schreit oder die meisten Zeugen bringt, sondern derjenige, der dem Gericht glaubwürdig erscheint.

Paragraf 242, Bürgerliches Gesetzbuch
Leistung nach Treu und Glauben

Der Schuldner ist verpflichtet, die Leistung so zu bewirken, wie Treu und Glauben mit Rücksicht auf die Verkehrssitte es erfordern.

Das ist die »Generalklausel« für das materielle Zivilrecht. Mit dem Rechtsgedanken des Paragrafen 242 des Bürgerlichen Gesetzbuches begründet sich die Beweislastumkehr.

Das heißt: Wer grob behandlungsfehlerhaft arbeitet und damit gegen die Verkehrssitten beziehungsweise im Arzthaftungsrecht gegen den ärztlichen Standard verstößt, muss beweisen, dass sein Verstoß keinen Schaden verursacht hat. Grob hat nichts mit der Schwere der Vorwürfe zu tun, auch nicht mit der Größe des Schadens – es geht, um die Art des Fehlers und darum, dass der Arzt an diesem Punkt nicht davon profitieren soll, dass der Patient, ihm alles nachweisen muss.

Paragraf 254 BGB
Mitverschulden

(1) Hat bei der Entstehung des Schadens ein Verschulden des Be- schädigten mitgewirkt, so hängt die Verpflichtung zum Ersatz sowie der Umfang des zu leistenden Ersatzes von den Umstän- den, insbesondere davon ab, inwieweit der Schaden vorwiegend von dem einen oder dem anderen Teil verursacht worden ist.

Wenn der Patient sich gegen die Anweisungen des Arztes verhält, so muss er in Ausnahmen auch mal ein Mitverschulden gegen sich gelten lassen, was den Anspruch vielleicht sogar entfallen lässt.

Paragraf 278 ZPO
Gütliche Streitbeilegung, Güteverhandlung, Vergleich

(1) Das Gericht soll in jeder Lage des Verfahrens auf eine gütli- che Beilegung des Rechtsstreits oder einzelner Streitpunkte bedacht sein.

(2) Der mündlichen Verhandlung geht zum Zwecke der gütlichen Beilegung des Rechtsstreits eine Güteverhandlung voraus, es sei denn, es hat bereits ein Einigungsversuch vor einer außer- gerichtlichen Gütestelle stattgefunden oder die Güteverhand- lung erscheint erkennbar aussichtslos. Das Gericht hat in der Güteverhandlung den Sach- und Streitstand mit den Parteien unter freier Würdigung aller Umstände zu erörtern und, soweit erforderlich, Fragen zu stellen. Die erschienenen Parteien sol- len hierzu persönlich gehört werden.

(3) Für die Güteverhandlung sowie für weitere Güteversuche soll das persönliche Erscheinen der Parteien angeordnet werden. § 141 Abs. 1 Satz 2, Abs. 2 und 3 gilt entsprechend.

(4) Erscheinen beide Parteien in der Güteverhandlung nicht, ist das Ruhen des Verfahrens anzuordnen.

HINTERGRUNDKAPITEL

(5) Das Gericht kann die Parteien für die Güteverhandlung vor einen beauftragten oder ersuchten Richter verweisen. In geeigneten Fällen kann das Gericht den Parteien eine außergerichtliche Streitschlichtung vorschlagen. Entscheiden sich die Parteien hierzu, gilt § 251 entsprechend.

(6) Ein gerichtlicher Vergleich kann auch dadurch geschlossen werden, dass die Parteien dem Gericht einen schriftlichen Vergleichsvorschlag unterbreiten oder einen schriftlichen Vergleichsvorschlag des Gerichts durch Schriftsatz gegenüber dem Gericht annehmen. Das Gericht stellt das Zustandekommen und den Inhalt eines nach Satz 1 geschlossenen Vergleichs durch Beschluss fest. § 164 gilt entsprechend.

Das Gesetz gibt vor, dass das Gericht verpflichtet ist, auf eine Einigung zwischen den Parteien hinzuwirken.

Paragraf 779 BGB
Begriff des Vergleichs, Irrtum über die Vergleichsgrundlage

(1) Ein Vertrag, durch den der Streit oder die Ungewissheit der Parteien über ein Rechtsverhältnis im Wege gegenseitigen Nachgebens beseitigt wird (Vergleich), ist unwirksam, wenn der nach dem Inhalt des Vertrags als feststehend zugrunde gelegte Sachverhalt der Wirklichkeit nicht entspricht und der Streit oder die Ungewissheit bei Kenntnis der Sachlage nicht entstanden sein würde.

(2) Der Ungewissheit über ein Rechtsverhältnis steht es gleich, wenn die Verwirklichung eines Anspruchs unsicher ist.

Das ist der Paragraf, der den Begriff des Vergleichs im materiellen Recht definiert und Grundlage für eine außergerichtliche Einigung ist.

Regelungen für Verjährung:

Paragraf 195 BGB
Die regelmäßige Verjährungsfrist beträgt drei Jahre.

Paragraf 199 BGB
*Beginn der regelmäßigen Verjährungsfrist und Verjährungs-
höchstfristen.*

*(1) Die regelmäßige Verjährungsfrist beginnt, soweit nicht ein
anderer Verjährungsbeginn bestimmt ist, mit dem Schluss des
Jahres, in dem der Anspruch entstanden ist und der Gläubiger
von den, den Anspruch begründenden, Umständen und der
Person des Schuldners Kenntnis erlangt oder ohne grobe Fahrlässigkeit erlangen müsste.*

*(2) Schadensersatzansprüche, die auf der Verletzung des Lebens,
des Körpers, der Gesundheit oder der Freiheit beruhen, verjähren ohne Rücksicht auf ihre Entstehung und die Kenntnis oder
grob fahrlässige Unkenntnis in 30 Jahren von der Begehung
der Handlung, der Pflichtverletzung oder dem sonstigen, den
Schaden auslösenden Ereignis an.*

Ratschläge für Patienten und Ärzte

- Sprechen Sie miteinander, mit Ihrem Arzt, mit Ihrem Patienten, wenn Sie meinen, dass der Behandlungsverlauf nicht in Ordnung gewesen ist.

- Sollte dieses Gespräch nicht befriedigend gewesen sein, so scheuen Sie sich nicht, den Behandlungsverlauf überprüfen zu lassen.

- Sie haben ein Recht auf Einsicht in die Behandlungsunterlagen.

- Gehen Sie zu einem Fachanwalt für Medizinrecht und lassen Sie sich zunächst über das Vorgehen beraten.

- Arzthaftungsrecht bedeutet immer eine Einzelfallbetrachtung.

- Lassen Sie sich nicht zu viel Zeit. Arzthaftungsrechtliche Ansprüche verjähren innerhalb von drei Jahren ab Kenntnis oder grob fahrlässiger Unkenntnis des Fehlers.

- Lassen Sie sich nicht von der Überprüfung wegen fehlender finanzieller Ressourcen abbringen. Es gibt Möglichkeiten der Finanzierung.

• Bemühen Sie sich um eine außergerichtliche Lösung. Nicht jeder Fehler führt zum Anspruch.

• Der Arzt ist Partner. In der Regel wurde der Fehler nicht absichtlich gemacht. Doch wenn ein Schaden besteht, sollte dieser reguliert werden, wenn die Voraussetzungen gegeben sind.

Danksagung

Ein besonderer Dank gilt meiner Familie, die mich über die Jahre bei all meinen Tätigkeiten unterstützt hat. Sie hat mir zugehört, mich beraten und die Toleranz aufgebracht, meine Abwesenheiten zu akzeptieren. Das war manches Mal nicht leicht. Auch meinen medizinischen, anwaltlichen sowie juristischen Kollegen gebührt Dank, da sie mir mit Rat und Tat stets zur Seite gestanden, mit mir diskutiert haben, derweil ich sie oftmals von ihren originären Arbeiten abgehalten habe.

Die Realisierung dieses Buches ist insbesondere Wolfgang Rademann, einem Freund, der vor einigen Jahren in mein Leben getreten ist, Stefan Linde, der mich quasi entdeckt, dem Verlag, der mir großes Vertrauen entgegengebracht hat und meinen Mandanten, die gesagt haben:»Frau Doktor, so etwas muss erzählt werden«, geschuldet.

Meine Büroleitung, die liebe Daniela Meinert, durch ihre Kanzleiorganisation und die stete Versorgung mit Tee, ebenso wie mein mit mir zusammenarbeitender Kollege Olaf Peters durch seine anwaltliche Tätigkeit haben mir den Rücken freigehalten, damit ich Zeit zum Schreiben und Recherchieren finden konnte.

Dieses Buch ist all meinen Weggefährten zu verdanken, die mich begleitet haben. Jeder von ihnen hat ein Stück dazu beigetragen. Und so sage ich»Danke«. Danke, dass es Euch gibt.

Quellenverzeichnis

Seite 11: Berliner Zeitung (BZ) am 3. Oktober 2011.

Seite 24: Statistisches Bundesamt 2010, www.destatis.de.

Seite 25: Tagesthemen vom 14.12.2011.

Seite 26: Vortrag vom 20.04.2012, AG MedRecht Weimar, Dr. Jochen Gottstein, Köln.

Seite 30: AOK, www.aok.de.

Seite 62: Paragraf 286 der Zivilprozessordnung.

Seite 63: VersR 2004, 1321, 1322); NJW-RR 2008, 541; BGH, VersR 1999, 231; BGH, Urteil vom 27.03.2007, VI ZR 55/05.

Seite 64: Paragraf 242 im Bürgerlichen Gesetzbuch.

Seite 98: Arbeitsgemeinschaft der Wissenschaftlichen Medizinischen Fachgesellschaften AWMF, www.awmf.org.

Seite 106: Paragraf 278 Abs. 1 der Zivilprozessordnung.

Seite 135: Paragraf 254 im Bürgerlichen Gestzbuch.

Seite 186, 1: 1994 der BGH (Az.: VI ZR 105/92) und 1998 auch der 2. Senat des BVerfG (Az.:1 BvR 479/92 und 1 BvR 307/94).

Seite 186, 2: Bundesgerichtshof 2006 (Az: VI ZR 48/06).

Seite 198: DM Studdert, EJ Thomas, HR Burstin, BI Zbar, EJ Orav, TA Brennan, Negligent care and malpractice claiming behavior in Utah and Colorado. Med Care 38 (3): 250–260, 2000.

Seite 203: Institut für Patientensicherheit (Sekundärquelle) und Kommission für Krankenhaushygiene und Infektionsprävention beim Robert-Koch-Institut. Epidemologisches Bulletin 2008.

Seite 212 f.: Kommission für Krankenhaushygiene und Infektionsprävention beim Robert-Koch-Institut. Epidemologisches Bulletin 2008. Presseerklärung des Bundesministeriums für Gesundheit vom 08.07.2011; Interview mit Dr. Alfred Nassauer vom 27. Februar 2012.

Seite 215, 1: BGH, NJW 1991, 1541, 1542.

Seite 215, 2 und 3: BGH VI ZR 158/06.

Seite 216: OLG Hamm 26 U 192/10.

Seite 217: LG München I, 9 0 13805/05.

Seite 218: Paragraf 280 Absatz 1 S. 2 des Bürgerlichen Gesetzbuches.

Seite 225: BGH, Urteil des 3. Strafsenats 8.5.1991.